Cathie Draine • Barbara Hall

Kultur-Knigge

INDONESIEN

Simon&Magiera

Cathie Draine und ihr Mann leben und arbeiten seit inzwischen sechzehn Jahren im Ausland, davon seit zwölf Monaten in Indonesien. Cathie Draine interessiert sich nun schon lange Zeit für die Anpassungsweisen und -probleme ausländischer Familien an fremde Kulturen. Aus diesem Grunde arbeitet sie in einer Gruppe mit, die in Jakarta ein Orientierungsprogramm für diese Zielgruppe durchführt. Sie ist Mitherausgeberin zweier Ausgaben von „Introducing Indonesia", einer Einführung in das Leben in Indonesien und Jakarta, herausgegeben von der „American Women's Association" in Jakarta. Das vorliegende Buch entstand aus der liebevollen Faszination für Indonesien. Sie versucht, das Leben zu genießen, indem sie bei einem Musikprogramm der Grundschule mitarbeitet, mitunter in Nepal wandert und sich gelegentlich Gedanken macht über die emotionale Anpassung der vielen Haustiere ihrer Familie, als da sind: Hunde, Katzen, Hühner, Eulen, ein Eichhörnchen und eine achtzigjährige Schildkröte.

Barbara Hall kam 1979 zusammen mit ihrem Mann und ihren vier Kindern nach Jakarta. Bei ihr schlug der Kulturschock sogleich zu, was nach dem Umzug vom ländlichen Neuseeland nach Jakarta nur allzu vorhersehbar war. Barbara Hall arbeitete mehrere Jahre als Familienberaterin in Jakarta. Im Zuge dieser Tätigkeit und durch die Erfahrungen ihrer eigenen Familie erkannte sie die Notwendigkeit, Orientierungsprogramme für Neuankömmlinge in Indonesien zu erarbeiten. Sie war verantwortlich für das erste Programm dieser Art, das im Lande selbst durchgeführt wurde. Später organisierte sie weitere Programme, sowohl in Jakarta als auch in abgelegeneren Gegenden von Kalimantan, Ost- und Zentral-Java. Sie entwickelte auch für Indonesier, die mit Ausländern zusammenarbeiten, Programme zur Lösung von Problemen, die aus interkulturellen Wahrnehmungen entstehen.

Aus dem Englischen von Claudia Magiera und Gerd Simon,
mit technischer Unterstützung durch Ingrid Schott

Zeichnungen: Bernard Napitupulu
Fotos: Jakarta Post
Umschlagfoto links unten: Renate Ramb

*

Druck: G. J. Manz AG Dillingen

ISBN 3-88676-062-6

INHALT

Kulturschock: Eine Vorbemerkung

Wenn jemand für längere Zeit in einen ihm fremden Kulturkreis reist, so wird er nahezu unausweichlich von jener tiefen gefühlsmäßigen Verunsicherung heimgesucht, die man gemeinhin „Kulturschock" nennt.
Der Kulturschock hängt eng zusammen mit der neuen Möglichkeit, weite Entfernungen in allerkürzester Zeit zu überbrücken. In der Vergangenheit klagten die Reisenden über unendlich langweilige Tage auf hoher See und fade, vitaminarme Verpflegung. Wenn sie dann endlich die fernen und unbekannten Ufer erreichten, ungewohnte Speisen kosteten und neuen Verhaltensweisen begegneten, so waren sie meist glücklich gestimmt und positiv voreingenommen. Händler, die Asien und Indien auf schwankenden Kamelen gemächlich durchquerten, verglichen kaum in abträglicher Weise „das Leben hier" mit „dem Leben zuhause". Das behutsame Vorwärtskommen nahm dem Unbekannten seine Bedrohlichkeit, und so löste das Fremde, Neue, noch nicht Erlebte bei den Reisenden keine tiefgreifende innere Erschütterung aus – der Kulturschock blieb ihnen erspart.
Heutige Reisende sehen sich unvermittelt einem Nebeneinander von Neuem und Fremdem einerseits und Altbekanntem andererseits ausgesetzt. Kulturschock bedeutet, sich fortlaufend an sich verändernde Bedingungen anpassen zu müssen und sich dabei letztlich auch in die eigene Kultur wiedereinzugliedern.
Wir hoffen, daß unser Buch Sie freundlich neugierig stimmt auf das Land Indonesien und seine Menschen, die Wehen des Kulturschocks, der Sie unweigerlich befallen wird, lindern und die Augenblicke der Verzweiflung bei Rückfällen in den besiegt geglaubten Kulturschock überwinden hilft.

Cathy Draine/Barbara Hall

1
Einheit in Vielfalt

Reiseführer beschreiben vornehmlich, was Sie in Ihrem Reiseland *sehen* werden. Ziel dieses Buches, insbesondere seines ersten Teils, ist es, Sie mit einigen Wahrnehmungen bekannt zu machen, die Sie *fühlen* werden. Wir meinen dabei nicht etwa Hitze und Schweiß, sondern den Pulsschlag des Landes, die tiefen Gefühle von Nationalstolz und Kraft, die die Menschen aus ihrer *suku* (ihrer ethnischen Gruppe) und der Nation beziehen.
Nehmen Sie dieses erste Kapitel als unabdingbar notwendige Hausaufgabe hin. Danach machen wir dann endlich „Leinen los". Wir segeln aus zur Erkundung einiger geschichtlicher Ankerplätze und tauchen schließlich ein in die Gischt des Lebens in Indonesien, zunächst (im zweiten Kapitel) ins Straßengetümmel.

Merdeka! Freiheit!

Die moderne indonesische Nation entstand innerhalb von nur vierzig Jahren – also wenig mehr als einer Generation. Dies erklärt vielleicht den Überschwang, die Begeisterung, den Nationalstolz und die innere Überzeugung der Indonesier, viel erreicht zu haben.

Der Kampf für die Einheit der Nation

Der ersehnten Einheit der Nation stellte sich die Tatsache entgegen, daß das Land in Tausende von Inseln verstreut inmitten der Meere liegt. Als die Menschen für koloniale Unabhängigkeit und Einheit zu kämpfen begannen, sprach zunächst alles gegen den Erfolg dieses Kampfes. Und dennoch: Im Jahre 1928 verpflichteten sich die Mitglieder des Jugendkongresses im „Eid der Jugend" (*Sumpah Pemuda*) dem Ziel der Unabhängigkeit und Einheit. Sie erstrebten *satu nusa* (ein Land), *satu bangsa* (ein Volk) und *satu bahasa* (eine Sprache).

„,Tanah Air Kita': Unser Land und Wasser"

Tanah air heißt wörtlich übersetzt „Land und Wasser", und es wundert nicht, daß dieser Ausdruck für den Begriff „Vaterland" steht. Indonesien ist in seinen Außenmarkierung so groß wie Australien und größer als China oder die Vereingten Staaten von Amerika. Seine Landmasse allein umfaßt etwa ein Drittel der Größe Europas (ohne die Sowjetunion).

Jugend – Indonesiens Hoffnung

Der ehemalige Vizepräsident Hatta schrieb 1953: „Die Natur hat es so gefügt, daß Indonesien, da es zwischen zwei Kontinenten (dem asiatischen Festland und Australien) liegt und von den Wassern zweier riesiger Ozeane (dem Indischen und dem Pazifi-

schen) umflutet wird, Kontakt pflegen muß mit den Ländern, die in einem weiten Kreis um es herum liegen."
Diese Erkenntnis wurde zur politischen Verpflichtung, die sich heute noch in Indonesiens Aktivitäten im Bündnis der ASEAN-Staaten (Vereinigung südostasiatischer Nationen) ausdrückt.

Inseln

Die mehr als sechstausend bewohnten Inseln des größten Inselreiches der Welt werden üblicherweise unterteilt in: die Großen Sundainseln (Sumatra, Java, Kalimantan und Sulawesi), die Kleinen Sundainseln (die Inselkette von Bali bis Timor, auch bekannt als Nusa Tenggara) sowie die Molukken (nördlich der Kleinen Sundas und östlich von Sulawesi).
Java, Bali und Sumatra nennt man die „Inneren Inseln". Java ist das fruchtbarste Eiland und ernährt fast sechzig Prozent der Bevölkerung Indonesiens. Es ist ein Reich von Bauern, die in kleinen Dörfern leben und weiterhin Reis, Gummi, Kaffee, Tee, Zucker und Tabak erzeugen, Produkte, die jahrhundertelang für Wohlstand sorgten. Seine Hauptstadt Jakarta liegt an der Nordküste Javas, und von hier gehen die wesentlichen Impulse für das soziale und geschäftliche Leben des Landes aus. Sumatra ist mit ungefähr einem Viertel der gesamten Landfläche Indonesiens drittgrößte Insel.
Neu-Guinea (Irian Jaya) und Kalimantan sind die zweit- und drittgrößten Inseln der Welt. Kalimantan besteht überwiegend aus Sümpfen, dichtem Wald und in Mäanderschleifen dahinziehenden Flüssen. Nur wenige Einwohner leben dort – weniger als sechs Menschen pro km².

Bevölkerung

Mit mehr als 155 Millionen Einwohnern nimmt Indonesien den fünften Rang in der Liste der Weltbevölkerung ein. Diese Bevölkerung ist von Völkervielfalt geprägt. Neben den Ureinwohnern finden sich Araber, Chinesen, Pakistanis, Inder, Europäer, Eurasier, und dies erklärt den babylonischen Sprachenreichtum: Es soll zwischen 250 und 400 Sprachen und regionale Dialekte geben.

Der Staat: Ein Ameisenhügel von Dörfern

Indonesien ist ein Volk von Bauern. Die 27 politischen Provinzen zerfallen in die erstaunliche Zahl von 61.341 Dörfern, in denen fast neunzig Prozent der Bevölkerung leben. Dreißig Prozent der Gesamtbevölkerung verfügen über 71 Prozent des Bodens, während 46 Prozent sich nur zwölf Prozent des Bauernlandes teilen müssen.

Widersprüche

Die Grundlagen der indonesischen Nation

Es ist seit Jahrhunderten ein Kennzeichen der indonesischen Identität, daß sie die vielfältigsten fremden Kultureinflüsse aufgenommen, sich diese anverwandelt und schließlich in eigenständige und typische Wesensmerkmale umgewandelt hat. So hauchten etwa die indonesischen wayang-Puppenspieler den hinduistischen Mythenerzählungen des Ramayana und Mahabharata neues Leben ein und geben auch heute noch moralische Leitlinien für den einzelnen.

Die Erbauer der Nation erkannten und würdigten diese Anverwandlung fremder Kultur, waren sich jedoch auch der eigenen, weit zurückreichenden Wurzeln durchaus bewußt. Sie sahen die Menschen der neuen Nation als Erben von Verhaltensweisen, Persönlichkeit und Geist, die altüberliefert und als typisch indonesisch zu betrachten waren. Beim Rückblick auf diese Vergangenheit galt ihnen das hochentwickelte, fein- und kunstsinnige „Goldene Zeitalter" des Majapahit Reiches im 14. Jahrhundert (1293-1389) als Maßstab. Weiterhin beriefen sie sich auf das traditionelle Prinzip, Entscheidungen nur in Übereinstimmung zu treffen (musyawarah mufakat), sowie die langeingeübte Praxis der wechselseitigen Unterstützung (gotong-royong) bei der Bewältigung ökonomischer Aufgaben wie etwa dem Bau von Dämmen und Bewässerungssystemen in der Landwirtschaft.

Dieser traditionellen Werte, die sich zu wesentlichen Elementen des heutigen Nationalgefühls entwickelt haben, ist sich der indonesische Bürger sehr gewahr. So trägt auch heute noch gotong-royong dazu bei, das Gefühl der Zusammengehörigkeit zu erwecken, im Büro wie bei der Arbeit auf dem Feld.

Lebensqualität

Eine der politischen Verheißungen der Nationalrevolution lautete, die Lebensbedingungen für alle zu verbessern. In der Folge ist die Lebenserwartung auf fünfzig Jahre angestiegen. Weit über ein Drittel der Bevölkerung ist weniger als zwanzig Jahre alt, was Indonesien zu einer „jungen Nation" macht.

Indonesien wird international nicht mehr als unterentwickeltes Land eingestuft. Die Alphabetisierungsrate liegt landesweit und für alle Altersgruppen bei fast 75 Prozent; mehr als 700.000 Studenten besuchen Einrichtungen der höheren Bildung. In den Dörfern wurden puskesmas, öffentliche Gesundheitszentren, errichtet. Kliniken für Kleinkinder werden in verstärktem Maße gebaut, und die Familienplanung (keluarga berencana) gilt als nationales Anliegen.

Auf der anderen Seite jedoch haben nur zwölf Prozent der Menschen Zugang zu sauberem Trinkwasser. Über sechzig Prozent der Kinder sterben, ehe sie das Alter von fünf Jahren erreicht haben. Wir wollen hier nur Stichworte geben – die Liste der Widersprüche ließe sich lange fortsetzen.

Ein Stelldichein mit den wichtigsten Volksgruppen Indonesiens

Wo sollen wir beginnen? Wir sind überfrachtet von Statistiken, die die Unterschiede der indonesischen Volksgruppen offenlegen: Über dreihundert ethnische Gruppen; Kulturen zwischen Steinzeit und High-Tech; eine Landschaftsvielfalt, die Wüste und schneebedeckte Berge einschließt – und zwischen all dem zahllose Schattierungen. Wo also sollen wir ansetzen?

Dem Neuankömmling erscheint vieles merkwürdig. Er hört verwirrende Geschichten über die Steinzeitmenschen aus Irian Jaya. Allerdings sind die Chancen, zum Beispiel einem Nackten aus dem Baliem Tal, der lediglich eine Kürbisflasche zum Schutz seines verletzlichsten Teils trägt, tatsächlich auf einer Dinner Party gegenüberzustehen, eher gering (nun ja, wenn auch nicht ausgeschlossen). Bei Erzählungen über Kopfjäger aus Kalimantan (Borneo) sträuben sich die Haare zu Berge – und legen sich alsbald wieder, weil alles doch nur Vergangenheit ist. So sehr den Fremden all diese „exotischen" Dinge, die Indonesien in der Tat zu bieten hat, faszinieren mögen, geht es doch vordringlich darum, sich im alltäglichen Leben zurechtzufinden.
Wäre die Wirklichkeit doch bloß so simpel wie die Geistesblitze beim Cocktailglas-Klimpern: „. . . alle Batak spielen Gitarre und singen in Restaurants; alle Balinesen schnitzen Holzfiguren und tanzen; alle Javaner kichern, wenn sie traurig sind." Wo sollen wir also ansetzen?
Noch immer gilt: Nichts ist spannender als die Wirklichkeit. (Vielleicht merken Sie sich das für Ihren nächsten Cocktailplausch?) Deshalb bieten wir Ihnen einige wichtige Informationen über die am häufigsten anzutreffenden ethnischen Gruppen. In Indonesien wird man davon ausgehen, daß Sie über dieses Grundwissen verfügen (einschließlich einiger Anhaltspunkte, an denen Sie die Identität der einzelnen Gruppen, etwa am Namen, erkennen).
Diese Informationen bilden weder ein Vergleichsraster, noch sind sie vollständig. Sie stellen lediglich die wichtigsten Aspekte jeder Kultur kurz vor, um dem Neuankömmling so die Orientierung im Völkergemisch ein wenig zu erleichtern. Betrachten Sie

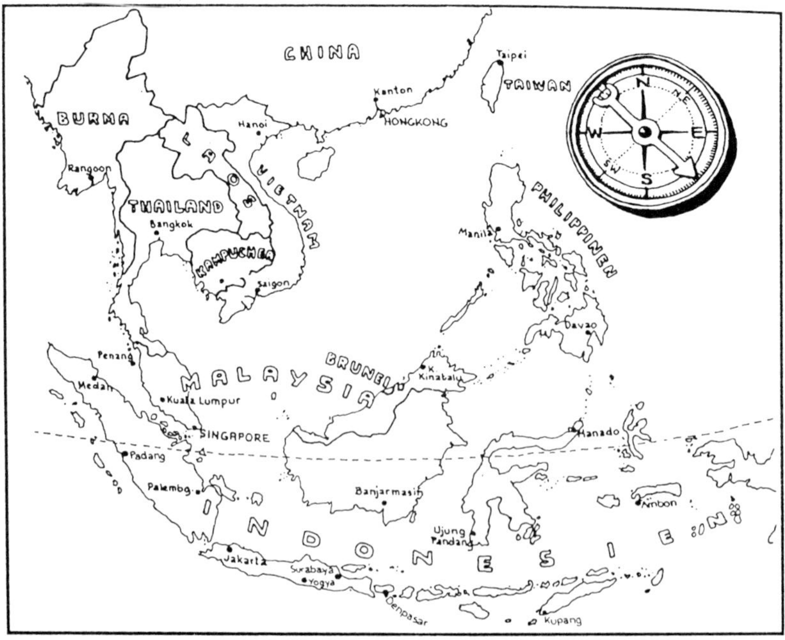

Karte aus Loose/Mlyneck/Ramb: Indonesien – Traveller Handbuch, Berlin 1988 (Stefan Loose Verlag)

diese Informationen als winzige Keimlinge und pflanzen Sie sie in Ihrem sozialen Garten an.

Atjèher

Die Atjèher (fälschlich: Atchinesen) entstanden aus der jahrhundertelangen Vermischung von Batakern, Hindus, Javanesen, drawidischen Völkern, Arabern, Chinesen und Sklaven aus Nisan als ein Menschenschlag von meist großem schlanken Wuchs und nahezu kaukasischem Aussehen.

Die Atjèher, ein kriegerisches und seefahrendes Volk, wurden erst im Jahre 1961 der indonesischen Nation eingegliedert. Seit mehr als tausend Jahren ist Atjèh ein wichtiger Umschlagplatz und kam als eine der ersten Gegenden Indonesiens mit dem Islam in Berührung.

Die Dörfer sind traditionell von Reisfeldern umgeben und von Bäumen dicht umfriedet. Die Bewohner arbeiten vorrangig als Bauern, Weber, Töpfer, Bootsbauer und Feinmetallhandwerker.

Hochzeiten finden im Rahmen der islamischen Tradition statt. Scheidungen und erneute Eheschließungen sind weit verbreitet, und das adat (das traditionelle Gesetz) übt starken Einfluß aus. Zwar ist der Islam bestimmend, doch behauptet sich neben ihm ein „ketzerischer, pantheistischer Mystizismus". Zauberei spielt im Landleben eine bedeutende Rolle. Man mißt Traumdeutungen großen Wert bei und führt Krankheiten häufig auf den Einfluß böser Geister zurück, die man wiederum durch Zauberei zu heilen versucht.

Personennamen der Atjèher klingen oft arabisch.

Badui

Ein geheimnisvolles Volk, das im Westen Javas in 35 kleinen, abgeschiedenen Dörfern lebt, die sich in die „inneren" und „äußeren" Dörfer teilen, je nach der Intensität des Kontaktes zur restlichen Gesellschaft. Es heißt, sie hätten 1579 das alte Königreich Pajajaran auf der Flucht vor den moslemischen Batamesen verlassen.

Die Badui sind Brandrodungsbauern und Jäger. Sie glauben an Geister und verfügen über ein umfangreiches System von Werten und Tabus. Schriftstücke zum Beispiel sind tabu, da ihnen Zauberkraft zugeschrieben wird. Die Badui scheinen sich nicht für die Welt außerhalb ihres Lebensbereiches zu interessieren. Sie gelten als Sammler von Durian-Früchten.

Balinesen

Bei vielen beschwört die Insel Bali paradiesische Traumvorstellungen herauf: Vulkane, tosende Brandung, terrassierte Reisfelder und ein reiches kulturelles und spirituelles Leben.
Seit 1950 haben sich auf Bali jedoch auch sehr diesseitige Entwicklungen eingestellt, im Bereich politischer Aktivitäten ebenso wie im Tourismus.
Durch den Einfluß Indiens (8.-11. Jh.) und später des hinduistischen Java (11.-15. Jh.) behielten die Balinesen die äußeren Erscheinungsformen hinduistischer Rituale bei, weniger dagegen die hinduistische Philosophie und den Mystizismus.
Ein typischer Wohnbereich im Dorf ist umgeben von hohen Mauern und besteht aus dem Wohnhaus, verschiedenen Höfen und kleinen Familienschreinen.
Fast jedes Dorf ist bekannt für ein bestimmtes Handwerk. So gilt Ubud zum Beispiel als Dorf der Maler und Mas als Dorf der Holzschnitzer. Die Formen von Landbesitz und -nutzung sind in den Dörfern sehr durchdacht organisiert. Reis wird mit Hilfe eines hochentwickelten Bewässerungssystems angebaut.
Die Vorstellung, jede Familie stamme von einer bestimmten nicht-menschlichen Ursprungsquelle ab, etwa einer Gottheit oder einem Ort, hält die einzelnen Familien eng zusammen. Der gesellschaftliche Rang spiegelt sich oft in den Namen wider.

Die balinesische Religion ist „die Religion des Wassers" oder das *agama tirta*. Der Brahmanenpriester segnet das Wasser und verwendet es bei Zeremonien. Ein jeder Tempel feiert sein Fest (alle 210 Tage nach dem balinesischen oder alle 365 Tage nach dem gregorianischen Kalender), wobei Essen, Musik, Tanz (mitunter auch Trance-Tänze), Gebete und das Verspritzen heiligen Wassers eine große Rolle spielen. Vielen Touristen werden die Masken und das Tanzschauspiel um die Hexe Rangda und den Drachen Barong bekannt sein, jene beiden Charaktere, die eng mit dem Totentempel und adat desa (Gesetz des Dorfes) verbunden sind.

Die Balinesen glauben, daß Krankheiten von Geistern ausgelöst und durch Zauberei in spiritistischen Sitzungen geheilt werden können. Aufwendige Verbrennungszeremonien sorgen für die Befreiung der Seele nach dem Tod.

Batak

Diese Bevölkerungsgruppe aus dem Inneren Nordzentral-Sumatras gilt Völkerkundlern als ein Modell der urmalaiischen Sozialkultur, das sich bis in die heutigen Tage erhalten hat. Die Batak stehen in dem Ruf, früher Kannibalen gewesen zu

sein. Ihr heroischer Vorfahr ist Si Radja Batak, der der Überlieferung nach auf dem heiligen Fels in der Nähe des Tobasees als Sohn übernatürlicher Eltern das Licht der Welt erblickte. In den letzten 150 Jahren wurden sie stark von der Rheinischen Mission beeinflußt; die größte christliche Gruppe findet sich am Toba-See.

Die charakteristischen Häuser der Batak verfügen über eine im Boden eingelassene Falltür und große Giebelenden und sind mit geschnitzten Büffelhörnern verziert. Die Holzschnitzereien und Webarbeiten, vor allem die ulos (Schals), dieser Volksgruppe sind weithin bekannt.

Die Batak gelten als stolz, von leb- und wechselhaftem Temperament. Viele ihrer berühmten Sänger sind über die Grenzen Sumatras hinaus als Unterhalter bekannt. Die Mädchen und Jungen machen sich bei Dichtwettbewerben den Hof und haben komplizierte Heiratsrituale zu beachten. Das Toba-Wort für „Dorf", huta, erscheint in vielen Familiennamen.

Buginesen

Diese „Schiffsmenschen" von den Stränden und Meeren des südlichen Sulawesi,

lange bekannt als seefahrende Zigeuner, stammen angeblich von der gleichen ethnischen Gruppe ab wie die Torajas aus dem Binnenland. Sie sind als Händler, Piraten und Kolonisatoren der Küstenregion in die Geschichte eingegangen. Ihnen gehören die farbenfrohen Segelboote, die im Hafer von Sunda Kelapa auf Java vor Anker liegen. Sie waren schon sehr früh Anhänger des Islam.
Sie produzieren in Heimarbeit Seide bester Qualität, die bei Einheimischen wie Touristen sehr begehrt ist.
Der männliche Vorname Andi deutet auf die Zugehörigkeit zum Bugis-Clan hin und zeigt einen hohen sozialen Rang an.

Dajak

Diese Bevölkerungsgruppe ist nicht moslemisch und lebt in Langhäusern an den Flüssen Kalimantans (Borneo). Die

Dajak sind Fischer, gehen aber auch mit Blasrohren auf die Jagd.

Sie haben äußerst komplizierte Regeln für den Umgang der Geschlechter und die Ehe sowie eine Vielzahl von Tabus entwickelt. Neben diesen ist auch heute noch der Glaube an die Geister der Vorfahren, die in Bäumen, Felsen, im Wasser und in Pflanzen hausen, lebendig. Schamanen, meist alte Frauen, sorgen für das physische und psychische Wohlergehen der Gemeinschaft.
Die Dajak beherrschen vielfältige, altüberlieferte kunsthandwerkliche Fähigkeiten bei der Holz- und Bambusschnitzerei, Metallbearbeitung, Weberei sowie der Herstellung von Perlenschmuck und dem Korb- und Mattenflechten.

Javaner

Die Bezeichnung Jawa, wie sie sich selbst nennen, geht auf das Sanskrit-Wort Y a w a (Gerste) zurück. Zwei Drittel der

Bevölkerung Indonesiens leben auf Java. In den meist wie Eidotter in kleinen

Baumhainen gelegenen Dörfern leben jeweils zwischen 300 und 3.000 Einwohnern. Die Bauern leben vom Naß-Reisanbau auf kleinen, verstreut liegenden Feldern. Die meisten von ihnen sind mittlerweile jedoch landlose Tagelöhner.

Die traditionellen Häuser der Oberschicht und auch die Regierungsgebäude auf Java verfügen über einen großen offenen Pavillon, den p e n d o p o.

Die javanische Literaturgeschichte reicht bis ins 11. Jahrhundert zurück. Die Javaner haben die Batik zu einer Kunstform entwickelt, das Spiel des g a m e l a n kultiviert und das indische Schattenspiel als w a y a n g k u l i t ihrer eigenen kulturellen und ethischen Welt angeeignet.

Die moderne javanische Sprache kennt neun Sprachebenen, die Rang, Stellung, Alter und Grad der Beziehung und Bekanntheit der Sprecher widerspiegeln. Selbst die Namen kennzeichnen eher die soziale Stellung (älter/jünger) als die Geschlechtszugehörigkeit (Bruder/Schwester). P r i y a y i, ein Wort, das Sie häufig hören werden, heißt heute soviel wie Regierungsangestellter und Beamter. Früher bezog sich der Ausdruck auf die ersten Nationalisten, die für die Unabhängigkeit kämpften.

Die Javaner tragen meist nur einen Namen; Mitglieder der Oberschicht nehmen darüber hinaus einen Familiennamen an. Allgemein gängige Nachnamen enden oft auf „o": Subroto, Suharto, Sukarno, Widodo, Sartono . . .

Minahasa

Die Minahasa, eine größtenteils eurasische Bevölkerungsgruppe aus dem nördlichen Sulawesi, sind ebenfalls Bauern. Ihrem Glauben nach wurde ihre Stammutter Liminu'ut, die Göttin der Erde, aus einem Stein geboren und heiratete später ihren Sohn To'ar, den Sonnengott.

Die Holländer christianisierten die Minahasa fast völlig, doch haben sich einige a d a t (Verbote, Tabus) bis heute erhalten. Feste und große soziale Zusammenkünfte finden bei ihnen häufig statt.

Typische Familiennamen lauten: Lantang, Kawilarang, Gerungan, Rumantir, Mantik, Wowor, Pontoh, Wowungan und Mogot.

Minangkabau

Die Minangkabau sind Moslems und kommen aus dem Hochland West-Zentral-Sumatras. Ihre Provinzhauptstadt ist Padang. Funde weisen auf Verbindungen der Minangkabau zum Hindu-Königreich von Majapahit hin. Im 19. Jahrhundert standen sie unter starkem Einfluß der Holländer. Sie waren während der indonesischen Revolution sehr aktiv und sind auch heute in der Regierung unübersehbar.

Das typische große Minangkabau-Haus wird von einem weit geschwungenen Satteldach in Form von Wasserbüffelhörnern bedeckt. Ihre Gesellschaft beruht auf dem Mutterrecht, und die Frauen beherrschen das Haus. Scheidungen und erneute Eheschließungen sind üblich. Die Minang-

kabau glauben an Übernatürliches und Geister. Sie sind davon überzeugt, daß „der Himmel sich unter der Fußsohle der Mutter befindet"; eine himmlische Erlösung kann also nur der erlangen, der seine Mutter liebe- und respektvoll behandelt.

Die Namen der Minangkabau klingen oft islamisch. Es gibt viele Eigennamen mit dem Buchstaben „z" wie in Faizal, Gozali und Armizal.

Überseechinesen

Diese größte und wichtigste fremde Bevölkerungsgruppe Indonesiens ist meist in den Hafenstädten, auf Java, im östlichen Sumatra und in West-Kalimantan anzutreffen.

Die Chinesen sind schon seit Jahrhunderten in Indonesien. In der zweiten Hälfte des 19. Jahrhunderts warben die Holländer viele ledige Männer der Hakka und Hokkien als Arbeitskräfte für die Plantagen und den Bergbau an und ermutigten später die Chinesen, mittlere Positionen im Handel- und Finanzwesen zu übernehmen. Chinesische Frauen erhielten erst im frühen 20. Jahrhundert die Erlaubnis, nach Indonesien einzuwandern.

Es ist heute sehr schwierig, den Begriff „chinesisch" als Kategorie für eine Nationalitätenbestimmung zu fassen: die peranakan-Chinesen scheinen völlig eingegliedert zu sein, während die totok-Chinesen nach wie vor China als ihre Heimat begreifen und somit weniger angepaßt erscheinen.

Sundanesen

„Land des parahyangan" (Paradies), so nennt man auch ihre Heimat im Hochland von Priangan in West-Java. In seinem Buch „Die Geschichte Javas" bezeichnet Sir Stamford Raffles die Hochebenen als Zentrum des von den Holländern im 19. Jahrhundert erzwungenen und kontrollierten Kaffeeanbaus.

Die Sundanesen teilen mit den Javanern nicht nur die Insel, sie haben auch manche Zeremonien und Kunstformen mit ihnen gemein. So ist eine sundanesische Hochzeit etwa eine gleichermaßen liebevoll bis ins kleinste vorbereitete, überaus anmutige Feier. Wayang golek (Holzpuppen) sind die sundanesische Form der javanischen Lederpuppen (wayang kulit). So wie man das gamelan-Orchester mit den Javanern assoziiert, so die suling-Flöte mit den Sundanesen.

Magie und Zauberei spielen in allen Bereichen des sundanesischen Lebens eine wichtige Rolle. Die Sundanesen glauben zum Beispiel, daß „ehrlose Menschen" sich nach dem Tode in ewig umherirrende böse Geister verwandeln.

Typische Familiennamen und auch Vornamen enden oft auf „a": Suhanda, Suhanya, Juanda ... Häufige Spitznamen sind: Ujang, Iim, Juju, Ucup und Dadang.

Torajas

Diese „Bergmenschen" aus den zerklüfteten Gebieten von Zentral-Sulawesi sind Jäger und Schnitzer und stellen Stoffe aus Baumrinde her. Büffel und Büffelhörner gelten bei ihnen als Statussymbole; Büffel dienen auch als Brautgeschenk.

Bestattungen sind bedeutende Familienereignisse (und mittlerweile auch beliebte Touristenattraktionen). Die Toten der Torajas finden ihre letzte Ruhestätte in den Kalkfelsen, und auf den Zugängen zu diesen Felsen werden Figuren der Verstorbenen zurückgelassen.

Die südlichen Stämme glauben, daß sie mit Kanus (lembang) auf die Insel kamen. Ihre Häuser erinnern im Aussehen an Boote.

2
Im Straßengetümmel

Einstieg ins indonesische Leben

Wer zähneknirschend in einem hoffnungslosen Verkehrsgewirr eingekeilt ist, wird sich wohl kaum gelehrten Gedanken über jenen mythischen Prinzen hingeben wollen, dessen Namen die Straße trägt, in der er unfreiwillig festsitzt. Doch gerade in solch unglaublichen Gegensätzen, dem Aufeinanderprallen von Lächerlichem und Heiligem, die sich dennoch ergänzen wie Yin und Yang – und natürlich dem unaufhörlichen Hupen und Schreien in den Straßen – scheint das Geheimnis der Würze des Lebens zu liegen.
In diesem Kapitel wollen wir einige jener wichtigen Persönlichkeiten vorstellen, die in den Straßennamen und den Straßen selbst fortleben. S e l a m a t j a l a n ! Wir wünschen Ihnen eine gute Reise!

Straßennamen: Eine Reise in die Geschichte Indonesiens

Überall in Indonesien sind die Straßen nach landesweit bekannten und geehrten Heroen benannt. Wenn Sie diese heldenhaften Persönlichkeiten bei Namen kennen, so wissen Sie auch schon ein wenig über indonesische Geschichte. Mit diesem Wissen können Sie außerdem bei jeder Unterhaltung glänzen und Ihre indonesischen Freunde begeistern.
Übrigens: Straßennamen werden immer klein geschrieben.

Könige und Königreiche

Straßenbezeichnungen, die auf das 6. bis 10. Jahrhundert zurückverweisen, beziehen sich meist auf Könige, Dynastien und Königreiche. Purnawarman war der erste hinduistische Herrscher auf Java. Um 500 u.Z. erstreckte sich sein Reich, Taruma Negara, von Jakarta bis Bogor. Sriwijaya (600 – 1378 u.Z.) hingegen bezeichnet nicht einen König, sondern ein Reich in Südsumatra, das sowohl als Zentrum der buddhistischen Lehre als auch für seine seefahrerischen und ökonomischen Leistungen bekannt war. Es wurde von javanischen Herrschern zerstört, und noch im heutigen Indonesien lebt die Erinnerung daran fort, daß Sumatra einst ein Rivale Javas war.

Die Namen Shailendra und Daksa verweisen auf die „Könige der Berge", die angeblich aus Kambodscha kamen. Sie waren die Herrscher des vom Hinduismus beeinflußten Königreiches in Zentral-Java (759 – 900 u.Z.) und schrieben sich durch den Bau der Tempelanlagen von Prambanan ins Geschichtsbuch ein.

Airlangga und sein Schwiegervater Darmawangsa gehörten der Kediri-Dynastie (1135 u.Z.) in Ostjava an. Airlangga, ein Mystiker und Ästhet, war zur Hälfte balinesischer Abstammung. Da zahlreiche Episoden seines Lebens im Laufe der Zeit von Legenden umwoben wurden, bezeichnet man ihn oft als den indonesischen „König Arthur".

Das Königreich der Majapahit

Namen aus der Zeit zwischen dem 10. und 16. Jahrhundert, nach denen Straßen benannt sind, stehen meist in Zusammenhang mit dem sagenverklärten Königreich Majapahit, dessen Errungenschaften noch heute für die indonesische Identität und das nationale Selbstwertgefühl von Bedeutung sind.

Während Europa gerade erst dem Mittelalter entrann und sich der weiteren Welt bewußt wurde, erfuhr Indonesien den Aufstieg und Niedergang großer Hindu-Königreiche sowie den umfangreichen kaufmännischen und intellektuellen Austausch mit China. Daran schloß sich erst der Kontakt mit europäischen Entdeckern und Händlern an.

Das Königreich Majapahit, das seinen Ursprung in Java hatte, dehnte sich von 1293 bis 1500 u.Z. so weit aus, daß es fast soviel Landfläche umschloß wie das heutige Indonesien. Es strebte nach nationaler Einheit und einer nationalen Identität. Während der gegen die Kolonialherrschaft gerichteten indonesischen Unabhängigkeitskämpfe beflügelte das Vorbild des Reiches von Majapahit die Träume und Zielsetzungen der Freiheitskämpfer.

Der Begründer und erste König des Reiches war Wijaya. Die Namen der drei Herrscher Hayam Wuruk, Prapanca und Gajah Madah sind eng miteinander verknüpft, so unterschiedlich sie auch waren. Der erste von ihnen war der mächtigste, der zweite ein Dichter (der als Einsiedler lebte und seine Werke unter einem Pseudonym veröffentlichte) und der dritte ein rücksichtsloser, sehr erfolgreicher Premierminister. Glücklicherweise müssen Sie heute, wenn Sie in der Jalan Hayam Wuruk wohnen, bei

der Anschrift nicht den vollständigen Namen dieses Herrschers angeben: „Dyah Hayam Wuruk Sri Rajasanagara".
Prapanca verfaßte im Jahre 1306 in der Einsamkeit seiner Höhle das Nagarakertagama, ein nationales Epos, in dem er Hayam Wuruk pries. Gajah Madah gelang es durch Macht und Diplomatie, das Majapahit-Reich beträchtlich zu vergrößern. Er leistete den berühmten Palapa-Schwur (Sumpah Palapa): „Ich werde nicht rasten, bis wir das gesamte nusantara erobert haben ... Irian Jaya ... Bali ... Kalimantan ... Sunda ... Palembang. Erst wenn wir diese Inseln unterworfen haben, werde ich zur Ruhe kommen." Sich der Bedeutung der Nachrichtenverbindung für die Vereinigung der Inseln bewußt, tauften die Indonesier ihr modernes Satellitensystem auf den Namen Palapa.
Sang Aditiawarman, ein weitgereister Diplomat am Hofe von Majapahit, gründete das Malayapura-Reich in Minangkabau auf Sumatra. Brawijaya und sein berühmter Sohn Raden Patah stehen für die Wende vom Hinduismus zum Islam in der Majapahit-Ära. Obwohl sein Vater ein königlicher Hindu war, konvertierte Raden Patah zum Islam, wurde ein Schüler von Sunan Ngampel und gründete den islamischen Staat Demak in Nordjava. Sunan Ngampel ist auch bekannt unter den Namen Raden Rehmat und Bong Swee Ho. Die moslemische Gemeinde in Surabaya, die er ins Leben rief, gilt als die erste auf Java. In der Zwischenzeit fügte Raden Patah, nachdem er mit seinen islamischen Truppen die hindu-buddhistischen Armeen seines Vaters besiegt hatte, seinem Namen den Titel Premierminister, Senopati, bei. Raden Patahs vollständiger Name lautete: „Senopati Jimbun Ngabdurrahmon Panembahan Palembang Saidin Pantagama". Glücklich der, der nicht in der nach ihm benannten Straße wohnen muß!

Die Straße von Malakka

Beim Bummeln durch die Straßen werden Ihnen auch die Namen einiger Männer aus dem Gebiet der Malakka-Straße begegnen. Zu den Personen aus dem 15. Jahrhundert, die in die Geschichte eingingen, gehört Iskandar Syah, der Begründer des Königreiches von Malakka. Die Taten der seefahrenden Helden Hang Tuah, Hang Jebat, Hang Lekir und Hang Lekiu wurden im Sejarah Melayu, einem Klassiker der malaiischen Literatur, verewigt. Das Wort „Hang" vor einem Namen ist eine Titelbezeichnung und dem englischen Adelstitel „Sir" vergleichbar.
Zwei Herrscher machten sich um 1500 von Demak auf, um gegen die Portugiesen zu kämpfen. Patiunus, der Sohn von Raden Patah, blieb ohne Erfolg; Fatahillah jedoch gelang es, Sunda Kelapa, den alten Hafen von Jakarta, zu erobern. Heute ist das Stadtmuseum von Jakarta nach ihm benannt.
Auf Java gab es zwei dynastische Reiche des Namens Mataram. Im 9. Jahrhundert gründete die Senjaya-Familie die erste Dynastie. Das zweite Königreich geht auf Sultan Agung zurück, der adat (Tradition) und das islamische Gesetz festschrieb. Pakubuwono hießen die Höfe in Yogyakarta und Solo, die von den Holländern mit dem (später auch erreichten) Ziel errichtet worden waren, die Macht des zweiten Mataram-Königreiches zu brechen und zu dezentralisieren.

Die neue Nation

Straßennamen, die auf Persönlichkeiten aus der Zeit seit dem 17. Jahrhundert zurückgehen, erinnern an Widerstandskämpfer, Kämpfer für die Einheit der Nation sowie pragmatsche Politiker, die sich für eben dieses Ziel einsetzten.
Mehr als dreihundert Jahre lang kämpften indonesische Führer überall auf den Inseln gegen die Holländer, so zum Beispiel: Hasanuddin in der Mitte des 17. Jahrhunderts auf Sulawesi, Tuanku Iman Bonjol im frühen 19. Jahrhundert, der den Widerstand der Minangkabau auf Sumatra anführte, sowie Prinz Diponegoro und sein Berater Kyai Maja beim Java-Aufstand von 1826 auf Zentral-Java. Im 20. Jahrhundert gingen die Namen des Atjèher Teuku Umar und des Bataker Widerstandskämpfers Sisingamangaraja XII. in die Geschichte ein. Nach Dr. Cipto Mangunkusumo, der fast sein ganzes Leben im Exil verbrachte, wurde Jakartas größtes Krankenhaus benannt. Jenderal Sudirman gilt nahezu als Volksheld, weil er, obgleich tödlich an Tuberkulose erkrankt, seine Truppen in der Endphase des Unabhängigkeitskrieges führte.
Drei Männer sind eng mit dem aufblühenden Nationalbewußtsein und dem Sarekat Islam, der ersten politischen indonesischen Massenorganisation, verbunden: der Javanese Cokroaminoto, ein früher Freund Sukarnos, der oft als „Großvater" der indonesischen Unabhängigkeit bezeichnet wird; der aus Sumatra stammende Schriftsteller Abdul Muis und der Politiker Haji Agus Salim.
Es hat ganz den Anschein, als täten sich die Indonesier schwer damit, Straßen nach noch lebenden Persönlichkeiten zu benennen. Hin und wieder stößt man jedoch auf Namen von Politikern der jüngeren Vergangenheit, die in den ersten Regierungen der jungen Republik auf sich aufmerksam gemacht haben.
Es wird Ihnen auffallen, daß Straßen häufig mehrfach ihren Namen ändern, überwiegend an Kreuzungen. So heißt die Jalan Gunung Sahari im Norden Jakartas während ihres Verlaufs nach Süden Jalan Pasar Senen, Jalan Kramat Raya, Jalan Salemba und schließlich Jalan Mataram Raya. Versuchen Sie besser nicht, dies mit schnöder Logik verstehen zu wollen. Halten Sie sich vielmehr vor Augen, daß bis vor kurzem auch Hausnummern und die Numerierung von Stockwerken eher dem persönlichen Geschmack der Hausbewohner entsprangen (Lieblings- oder Glückszahl) als einer systematischen Kennzeichnung der Ortslage. Um sich leichter zurechtzufinden, sollten Sie daher zumindest bei den wichtigsten Hauptstraßen die verschiedenen Namen ihrer einzelnen Abschnitte kennen.
Straßen ändern also in regelmäßigen Abständen ihre Namen, obwohl niemand genau weiß, warum dies so ist. Vielleicht, um Ihnen ganz einfach Gelegenheit zu geben, beim Umherstreifen durch die Straßen Indonesiens mit möglichst vielen wichtigen Persönlichkeiten Bekanntschaft zu schließen . . . Lassen Sie sich nicht verwirren, auch wenn Sie sich auf folgende Reaktionen gefaßt machen sollten: „Die Jalan Saban? Ach so, für mich ist sie die Jalan . . . Ja, und hieß sie früher nicht mal Jalan . . . ?"

Die Straße: Jahrmarkt des Lebens

Ein Thema, das bei fast allen westlichen Ausländern leidenschaftliche Gefühlsaufwallungen und entsprechend dramatische Wortergüsse auslöst, sind die Straßen Indonesiens. Der westliche Besucher wird die meisten Straßen als Inferno empfinden: völlig verstopft, unbefahrbar, kaum beschildert; ein nerventötendes Tollhaus, zu dem sich alle erdenklichen Verkaufsstände auf Rädern, einem mobilen Warenhaus gleich, gesellen. Und nur rein zufällig scheint da auch noch Raum für Autos und Lastwagen vorhanden zu sein.
Die Indonesier hingegen sehen in der Straße ein willkommenes Badminton- und Volleyball-Feld, die geeignete Gelegenheit zur gemütlichen Erweiterung des Vorgartens oder Wohnzimmers, einen idealen Standort für kleine Gemüselädchen, zusätzliche Weidefläche für Schafe, Gänse, Hühner und Ziegen; sie ist der beste Platz für den Abfall-Kompost-Haufen des kampung, ein öffentlicher Ort zum Trocknen der Erntefrüchte und Aushandeln von Geschäftchen, hier kann man sich erschlagener Ratten und Schlangen entledigen ... Auf einer breiten Allee erweitern sich die Möglichkeiten: Schulkinder können in 6er- oder 8er-Reihen paradieren, kleinere Kinder in Ruhe das Radfahren lernen – und (last but least!) vor kurzem wurde auch die Eignung der Straßen für Autos und Lastwagen entdeckt.
Die Behauptung, der motorisierte Straßenverkehr habe erst seit der letzten Generation ein Anrecht auf Nutzung der Straßen, ist gar nicht so wagemutig. Denn noch heute ist es so, daß außerhalb der Städte die befahrbaren Straßen in Fußwege „versanden".

Straßenlärm

Der Straßenlärm rührt eher von den Händlern und dem geschäftig/geschäftlichen Treiben als von motorisierten Fahrzeugen her. Der Bürsten- und Besenverkäufer lenkt mit „SaPUUU" die Aufmerksamkeit auf sich, „s'pat TUUU" tönt der Schuster und „Nyak, nyak" der Speisenölverkäufer, während der Fischhändler mit einem lauten „AAOOO" durch die Straßen zieht.

Der Rhythmus der Straßen

Die Straßen kommen nie zur Ruhe. Den Gläubigen, die schon im ersten Morgengrauen zur Moschee eilen, um dort ihre Andacht zu verrichten, folgen die Frühsportler und diesen die Lastwagen und Busse, die sich in den Straßen drängen und sie mit Abgasen verpesten. Hähne krähen und begrüßen lauthals die aufsteigende Sonne, während sie mit ihrem Hennenharem am Straßenrand nach Futter picken.
Um die Mittagszeit gehören die Straßen den Frauen, die überall an den Hauseingängen mit den vom Markt heimkehrenden Freundinnen den neuesten Klatsch austauschen. Andere verkaufen Flaschen und Zeitungen und halten ein liebevoll-wachsames

Auge auf ihre am Straßenrand spielenden Kinder. Hin und wieder erscheint ein Müllmann mit seinem von Plastikabfällen, gefalteten Pappkartons, leeren Flaschen und gebündelten Zeitungen überbordenden Karren auf der Szene.
Es ist beileibe keine Fata Morgana, die Ihnen vorspiegelt, Indonesiens Straßen würden unablässig von hin- und herflutenden Wellen uniformierter Schulkinder überrollt. Unterrichtsbeginn und -schluß (und die genannten Halluzinationen) finden von 7.00 - 12.30 Uhr und 13.00 - 17.30 Uhr statt.
Bei Sonnenuntergang werden die zahlreichen Stände und Buden errichtet, die ihre Kunden nicht allein zum Essen, sondern auch zum Plaudern, Sehen und Gesehenwerden einladen.
Auf den Straßen ist so vieles in ständiger Bewegung, wird so vieles in allerkürzester Zeit auf- und wieder abgebaut, daß man dabei leicht die dauerhaften Einrichtungen, wie etwa die fest installierten Standplätze der Eisbehälter, übersieht. Zu ihnen zählen auch die tambal-ban-Reifenreparaturwerkstätten, die – meist im Schatten eines großens Baumes befindlichen – Stände der Straßenfriseure, die kleinen Zigaretten- und Süßwarenbuden, die Motoröl-Verkäufer, die eingestreuten Müllhalden und – als Gegensatz dazu – die kleinen Gärtnereien mit ihren Pflanzzöglingen.

Die Lernprobleme des Ausländers

Für den im Netzwerk von Autobahnen und Überlandstraßen aufgewachsenen Ausländer ist die Wohn-, Speise-, Klassenzimmer- etc. -Funktion der Straße etwas Unbekanntes. Je öfter die Ampeln ausfallen und sich Autos, Busse, Fahr- und Motorräder sowie alle denk- und undenkbaren Schubkarren und Vehikel dicht an dicht an den Kreuzungen drängen und einander scheinbar aussichtslos auffordern, doch endlich loszufahren, desto unwirscher wird er und sinkt seine Laune.
Aber bereits nach sehr kurzer Zeit werden Sie die wichtigsten Verkehrsregeln gelernt haben. Ein Mitglied der Ausländergemeinde in Indonesien hat den Versuch unternommen, die Ordnung des Verkehrschaos in humorvollen Grunderkenntnissen zu erfassen. Er betitelte sein verdienstvolles Werk: „Vereinfachter Ratgeber für erfolgreiches Autofahren in Asien unter besonderer Berücksichtigung von Kindern, Hühnern, Hab-ich-nicht-gesehen-Objekten und anderen Unwägbarkeiten".

Verkehrsfluß: Es ist völlig gleichgültig, wie viele weiße Linien auf der Straße eingezeichnet oder wie viele Verkehrsspuren offiziell vorgesehen sind – passen Sie sich einfach dem fließenden Verkehr an. Unser Ratgeber kann sich daran erinnern, mitten im Gewimmel von acht Spuren, die sich allesamt in eine Richtung bewegten, gefahren – und angekommen – zu sein. Vorgesehen waren in der Tat jedoch nur vier Spuren, zwei in jeder Richtung.

Vordrängeln (oder: „Das Platzhirsch-Spiel"): Die wichtigste Spielregel lautet: Jeder, der ein, wenn auch noch so kleines, Chromteilchen seines Fahrzeuges vor das eines anderen Verkehrsteilnehmers bugsieren kann, hat gewonnen – also Vorfahrt. Da alle

Indonesier dieses Spiel kennen und beherrschen, gibt es schier unglaubliche Drängeleien um die besten Plätze an den Kreuzungen.

Fahrzeuggröße (oder: „Big is beautiful"): Die Regel ist überaus einfach: Der Größte gewinnt. Wenn Sie jedoch die beiden oben genannten Techniken perfekt beherrschen, rücken Sie dabei immer ein paar Felder vor. In zweifelhaften Situationen gilt allerdings: Der Kleinere (=Klügere) gibt nach. Besondere Vorsicht ist bei Müllwagen geboten. Trachten Sie danach, sich aus deren Wind- (Duft-) -Schatten zu lösen, und gönnen Sie einem anderen Mitspieler dieses Vergnügen.

Das „Blinde-Kuh-Spiel": Ein tolles Spiel für Wagemutige mit begrenzter Sicht! Hier lautet das ungeschriebene Gesetz: Wenn Sie das andere Fahrzeug einfach nicht zur Kenntnis nehmen, werden Sie mit großer Wahrscheinlichkeit die Vorfahrt be- oder erhalten. Sollte sich der Konflikt zuspitzen – Stoßstange gegen Stoßstange wie bei zwei kämpfenden Wasserbüffeln –, dann können Sie mit Ihren schauspielerischen Fähigkeiten glänzen und so tun, als sei der Zweite im Bunde soeben erst aus dem Nichts aufgetaucht. Hupen bringt Sie in solchen Situationen nicht voran; hingegen wirkt die Lichthupe wie ein Zeus'scher Blitz.

Beachten Sie das einzige Verkehrszeichen:
die verbogene Ampel

„Kavaliere des Straßenverkehrs" gibt es in Indonesien nicht. Da sich nun einmal niemand nur zu dem Zweck ins Auto wagt, gemütlich Tee zu trinken oder freundlich zu plaudern – wozu also nett und rücksichtsvoll sein? Gelegentlich und mit sehr unterschiedlichem Einsatz unternimmt die Polizei jedoch Aufklärungskampagnen. Und sie zeigen offenbar sogar Wirkung. Ausländer, die lange genug in Indonesien leben, konnten verfolgen, wie sich die öffentliche Wahrnehmung von Ampeln, Straßenmarkierungen usw. im positiven Sinne verändert hat. Sie gelten nicht mehr als Farb- und Malspielereien, sondern tatsächlich als anzuerkennende Mittel zur Regelung des Verkehrs. Auch wird von der Öffentlichkeit Fehlverhalten im Verkehr nicht mehr ohne weiteres entschuldigt.

Straßenszene während der Regenzeit

3
Sprachprobleme

Wir erinnern uns gern an den Ratschlag eines Bekannten, der fast sein ganzes Leben in der Fremde verbracht hat. „Ich versuche immer, zumindest einige Brocken der Sprache meines Gastlandes zu lernen. Die ersten Worte sind natürlich ‚Danke', ‚Bitte', ‚Guten Tag', ‚Entschuldigung' und ‚Wie bitte?' Diese einfachen Vokabeln öffnen mir die Tür."

Wir können seine Erfahrungen bestätigen. Deshalb wollen wir Ihnen nun einige Informationen über die Nationalsprache B a h a s a I n d o n e s i a geben und Sie ermutigen, diese Sprache zu lernen. Wir wollen zeigen, welche Bedeutung den Begrüßungsformen zukommt, und empfehlen Ihnen Redewendungen, die Ihnen weiterhelfen werden. Dann bereiten wir Sie auf die erstaunliche Tatsache vor, daß es in diesem Land nur erfreuliche Neuigkeiten und Nachrichten gibt, selbst wenn diese im Grunde zutiefst erschreckend sein mögen. Zu guter Letzt erklären und zeigen wir Ihnen die sechs Möglichkeiten, „Bitte" zu sagen, und die zwölf Versionen des „Nein".
Vermutlich werden Sie nie ein Virtuose der Bahasa Indonesia werden, aber wir können Ihnen hoch und heilig versichern, daß bei den Indonesiern bereits der gute Wille zählt. Daher lohnt sich der Zeit- und Energieaufwand sowohl aus praktischen wie menschlichen Gründen. Und es ist inzwischen eine Binsenweisheit, daß Touristen und längerfristige Besucher, die die Sprache des Gastlandes beherrschen, die alltäglichen Probleme und Frustrationen besser überwinden können.Sie haben also nichts zu verlieren – aber viel zu gewinnen.

Bahasa Indonesia

Die meisten Fremden in einem anderen Land vermitteln sich in sprachlich vermeintlich eindrucksvoller, weil dramatischer Weise: erhobene Stimme, fuchtelnde Arme und Hände, l-a-n-g-s-a-m-e Sprechweise und/oder furchterregende Gestik und Mimik. Das ist der Senderton. Das Empfängergeräusch ist sehr schrill: Die Indonesier empfinden lautes Reden und wildes Armfuchteln als Aggression. Artikulierte Sprechweise wird nur dann geschätzt, wenn sie nicht belehrend oder verdummend wirkt. Spontane ausdrucksstarke Körpersprache mag zwar unterhaltend und lustig anzusehen sein, hat aber nicht immer den gewünschten kommunikationsfördernden Erfolg.

Ein Ausländer lernt Bahasa Indonesia aus demselben einfachen Grunde wie die auf Inseln räumlich verstreut lebenden Indonesier auch: um sich verständlich machen zu können. Bahasa Indonesia wird fast überall im Lande verstanden – außer in den völlig abgeschiedenen Gegenden. In der Presse wird die Kenntnis der Nationalsprache klar und unverblümt beschrieben als „ein Mittel, sich mehr Wissen anzueignen und somit auch bessere berufliche Aufstiegschancen einzuhandeln". Bahasa Indonesia ist also für jeden, der einen guten Posten, Ansehen und einen höheren sozialen Rang anstrebt, der Schlüssel zum Erfolg. Sie ist Grundlage der allgemeinen Verständigung, der Ausbildung, des Geschäftslebens und der Regierungsgeschäfte.

Die angenehmen Seiten der Bahasa Indonesia

Etwa siebzig Prozent der Bevölkerung Indonesiens beherrschen Bahasa Indonesia. Es gibt keinen triftigen Grund, weshalb sich der Ausländer dieser eindeutigen Mehrheit nicht anschließen sollte, wenn er sich in der Gesellschaft besser zurechtfinden, sich sicherer in ihr bewegen und Zugang zu den Einheimischen finden will.

Zum Glück kann sich jeder durchschnittlich begabte Fremde die wichtigsten Kenntnisse der Bahasa Indonesia recht leicht aneigenen. Im Gegensatz zu anderen fernöstlichen Sprachen wie etwa Thai oder Chinesisch spielt die Tonhöhe keine Rolle. Sie müssen sich weder mit ungewohnten Zisch- und Pfeiflauten noch mit komplizierten Deklinationen und Konjugationen quälen, auch gibt es keinen Genus. Die Grammatik ist äußerst logisch aufgebaut. Sie müssen nicht mühselig mit ungelenker Hand mysteriöse Schriftzeichen pauken, denn man verwendet das Ihnen wohlvertraute lateinische Alphabet. Bahasa Indonesia war (und ist noch immer) die Sprache der Händler, also eine praktische Geschäftssprache ohne ein lange literarische Tradition. Sie ist eine phonetisch angelegte Sprache.

Bahasa Indonesia wurde zu Beginn dieses Jahrhunderts zur Nationalsprache erhoben, und sie war und ist in der Tat für die Einheit und nationale Identität des Landes von großer Bedeutung. Sowohl Radio Republik Indonesia als auch Televisi Republik Indonesia haben sich, ein Glück für den Ausländer, für eine einheitliche Aussprache eingesetzt.

Eine große Anzahl von „Lehnwörtern" ist in die Bahasa Indonesia eingegangen und

eine ebenso große Zahl von „Anglizismen", wie etwa konpoi (convoy), demokrasi (democracy), opisboi (office boy). Mit nur einem kleinen Funken Selbstvertrauen, das sich mit dem Üben verstärkt, werden Sie die meisten Gespräche meistern. Improvisation und Phantasie zählen mehr als sprachliche Pedanterie!
Natürlich ist es wichtig, sich ein Wörterbuch zuzulegen und nach einem Lehrer umzusehen. Es ist sicher sinnvoll, sich so rasch wie möglich mit der Schreibweise und den Zahlen vertraut zu machen und zu lernen, den eigenen Namen auf indonesisch zu buchstabieren. Dies ist notwendig, wenn Sie häufig telefonieren und Nachrichten hinterlassen wollen. Denn wer sich erfolglos bemüht, seinen Namen zu buchstabieren, fühlt sich leicht wie ein Mensch mit einstelligem Intelligenzquotienten.

Das geheimnisvolle Wort „Yah"

Mit Entzücken wird der Ausländer den Lauten „Yes", „Ya", „Yah" lauschen, insbesondere wenn diese Fragen wie „Haben Sie mich verstanden?" beantworten. Sein Gegenüber wird ihn strahlend anlächeln, heftig mit dem Kopf nicken und die betörenden Worte „ya, ya" von sich geben.
Leider hat dies nicht unbedingt Zustimmung zu bedeuten. Häufig bekundet Ihr Zuhörer damit lediglich, daß er noch nicht eingeschlafen, daß er fähig ist, mit seinem Kopf zu nicken, und daß er den unbezähmbaren Drang verspürt, Ihnen zu gefallen und alles zu sagen, was Sie von ihm zu hören wünschen. Folglich: „Ya . . . ya . . . ya . . . "

Phonetische Besonderheiten

Mißverständnisse, wie auch immer sie entstehen, rufen Ärger und Frustrationen hervor, und man ist nur allzugern geneigt, den, der sie auslöst, als dumm oder ignorant zu bezeichnen.
Mitunter helfen schon einfache Kenntnisse weiter. Als wir einmal bei einem chinesischen Metzger einkauften, überreichte er uns einen Zettel mit der rätselhaft verschlüsselten Botschaft: „pop cap, pop lion, sperip" sowie einer Preisliste. Da wir wußten, daß in Bahasa Indonesia der Buchstabe „c" vor Vokalen „tsch" ausgesprochen wird, ging uns plötzlich ein Licht auf. Er hatte lediglich unsere Bestellung bestätigt: Schweinekoteletts (pork chops), Schweinelende (pork loin) und Rippenspeer (spare ribs).
Seien Sie auf der Hut und steigen Sie vorsichtig – nicht wie der Elefant in den Porzellanladen – in Unterhaltungen ein. Andernfalls könnten Sie, ohne es zu merken, Worte wie Schlüssel, Hase, Knöpfe und Urin durcheinanderbringen:

„Schlüssel"	kunci	ausgesprochen:	*kuntschie*
„Hase"	kelinci	ausgesprochen:	*klientschie*
„Knöpfe"	kancing	ausgesprochen:	*kantsching*
„Urin"	kencing	ausgesprochen:	*kentsching*

Einmal baten wir den Fahrer, den Hasen zu holen, um endlich den Wagen anlassen zu können. Auf ähnliche Weise werden Hosen (celana) häufig mit Fenstern (jendela) verwechselt. Man kann sich leicht die peinliche Verlegenheit vorstellt, die sich ausbreitet, wenn die Dame des Hauses einem männlichen Hausangestellten erklärt, er solle seine Hosen waschen, die so schmutzig seien, daß man nicht mehr durch sie hindurchsehen könne.

Verwirrung stiften auch die Worte rumput (Gras) und rambut (Haare). Wir waren einmal einer Freundin beim Einstellungsgespräch mit ihrem neuen Koch behilflich. Im Laufe der Unterhaltung erzählte sie ihm, daß ihr Mann „in den besten Jahren" wäre und allmählich eine Glatze bekäme. Ernsthaft bemüht beschrieb sie dem neuen Hausangestellten, daß ihr Mann nicht sehr viel Gras auf dem Kopf hätte.

Die Begeisterung, die sich auf den Gesichtern Ihrer indonesischen Gesprächspartner widerspiegelt, wenn sie bemerken, daß Sie ihre Sprache sprechen – oder es immerhin versuchen –, wird Sie für all die geopferte Zeit und Mühe entschädigen. Sie werden Ihr Bemühen sehr zu schätzen wissen und Sie leidenschaftlich darin unterstützen. Eine soeben in Indonesien angekommene Ausländerin stöhnte gedankenverloren: „Meine Enkel würden nicht schlecht staunen, wenn sie sähen, daß ich wie eine ABC-Schülerin die ersten Zahlen pauke." Nun, ihre Enkel würden ihre Mühen vielleicht tatsächlich nicht zu würdigen wissen, um so mehr aber ihre indonesischen Mitmenschen, allen voran die Verkäufer auf den Märkten und in den Geschäften!

Grußformen

Wir hoffen, Sie von den Vorteilen und auch dem Spaß, den das Lernen der Bahasa Indonesia bereitet, überzeugt zu haben. Also fangen wir doch gleich damit an – am besten mit den Grußformen, die Ihnen Tür und Tor öffnen werden. Die Indonesier legen höchsten Wert auf die Begrüßungsregeln. Sie sind mehr als nur ein Ausdruck von Höflichkeit oder ein Lächeln. Sie sind Ausdruck des zivilisierten Miteinanders und Versicherung gegenseitiger Ehrerbietung.

Überall und zu jedem Anlaß wird gegrüßt. Der gebräuchlichste (und zudem vom sozialen Rang unabhängige) Gruß ist das islamische Wort „selamat" („Segen" oder „Friede"). Diese Grußform findet überall Anwendung: gegenüber hochgestellten Regierungsbeamten, zwischen Arbeitgeber und -nehmer, bei Hausangestellten, Straßenbekanntschaften und bei ehrwürdigen alten Personen ebenso wie bei jungen Leuten.

Ungeduldige und unhöfliche Redeweise ist verpönt. Ob Sie nur beim Gärtner eines Freundes eine Nachricht hinterlassen oder sich im pasar nach dem Preis für die Tomaten erkundigen wollen: Sie sollten jegliche Unterhaltung mit der höflichen und ordnungsgemäßen Anrede „selamat" einleiten. Der Tageszeit bzw. dem Rahmen entsprechend, können Sie diesen Gruß erweitern (siehe spätere Ausführungen).

Das westliche Allerweltswort „Hallo!" wird in den unterschiedlichsten Situationen verwandt, so etwa im Restaurant, um die Aufmerksamkeit der Bedienung auf sich zu lenken: „Hallo . . . Könnten Sie mir bitte noch einen Kaffee bringen?" Am Telefon dient „Hallo" oft dazu, die gewählte Nummer zu bestätigen: „577436? Hallo!"

Eine lockere Begrüßung unter Freunden ist „Apa khabar?" („Hallo, was gibt's Neues?"), und die entsprechende Antwort lautet: „Baik, baik sahaja, Mas". („Soweit ist alles okay, alter Freund.")
Überall in Asien und besonders in Indonesien hört der Reisende das bekannt-berüchtigte „Hello Mister". Es richtet sich an Kinder wie Erwachsene und gleichermaßen an Männer und Frauen. Es ist ratsam, darauf mit einem Lächeln zu antworten, statt in epischer Breite zu erklären: „Wie Sie sehen, bin ich kein Mann, sondern eine Frau!"
In ländlichen Gegenden, wo man Englisch meist nur aus dem Fernsehen oder aus Comics kennt, werden Sie mitunter „Hello Baby! Kiss me? Do you love me?" und ähnliche lästige Annäherungsversuche vernehmen. Sie sollten sich nicht aufregen. Ein freundliches Lächeln und ein angemessener Gruß, z.B. „Selamat pagi", wird die Situation immer retten und entspannen.

Grußformen

„Apa khabar?"	Eine lockere Begrüßungsform unter Freunden, etwa: „Was läuft? Was gibt's Neues?" Höflich, aber informell.
„Bagaimana?"	Etwa zu übersetzen mit: „Wie geht's – wie steht's?" Sehr informell.
„Selamat!"	Allgemeine Begrüßung, bedeutet im Wortsinne „Frieden" oder „Segen". Kann, je nach Situation, mit anderen Grußworten verbunden werden. Es ist zugleich die förmlichste Begrüßungsart und wird von Personen aller sozialen Schichten verwandt.

Das Erfreulichste ist: Es gibt nur Erfreuliches!

Nachdem Sie nun über das Arsenal von Grußformen verfügen, mit dem Sie Ihre Umwelt erobern können, möchten Sie nun wahrscheinlich mit den geläufigen „Wie geht es Ihnen?"-Fragen das Gespräch eröffnen und somit die erste Stufe auf der Gesprächsleiter erklimmen. Hierbei werden Sie eine indonesische Besonderheit kennenlernen: Es gibt nur positive und erfreuliche Neuigkeiten.

Unannehmlichkeiten aus dem Wege gehen

In Indonesien möchte niemand schlechte Nachrichten übermitteln. Es schickt sich einfach nicht. Es ist stillos. Es ist schlicht unmöglich. Schlechte oder unerfreuliche Nachrichten werden verstohlen, nahezu unmerklich, „durch die Blume" vermittelt. Die Indonesier sind auf diesem Gebiet überaus sensibel, hören „das Gras wachsen" und vermögen die leisesten Anzeichen und Signale entsprechend zu interpretieren, während der Ausländer häufig wie der „Ochs vorm Berge steht" und sich demgemäß fühlt (und erscheint). Schlechte Nachrichten werden oft verpackt in ein Paket unwahrscheinlichster Mutmaßungen darüber, warum etwas mißlang, nicht eintrat, nicht unternommen wurde ... Oft lindert eine gutwillige Notlüge die schlechte Nachricht. Man kann die erschreckende Neuigkeit in flehendem Ton oder mit einem breiten Lächeln übermitteln. Auf jeden Fall muß der einleitenden Frage „Apa khabar?" („Was gibt's Neues?") die Antwort „Baik, baik" („Alles in Ordnung") folgen, selbst wenn einem eine Schreckensbotschaft auf der Zunge liegt.

Die Indonesier sind so sehr darauf eingestellt, „um den heißen Brei" zu reden, daß die meisten von ihnen die unverblümte westliche Art des „Sagen wir doch, wie es ist" und „Karten auf den Tisch" als Methode der Problemerfassung und -lösung nicht kennen und folglich auch nicht mit ihr umgehen können. Deshalb ist es sinnvoll, sich anzupassen, Probleme „von hinten durch die Brust ins Auge" anzugehen, im Passiv zu sprechen und stets eine dritte, neutralisierende, unsichtbare Partei ins Gespräch einzubringen. Die Indonesier verwenden viel Zeit und Energie darauf, Tatsachen so zu „arrangieren", daß sie dem allgemeinen Bedürfnis nach Problemverdrängung entsprechen.

Um den heißen Brei reden

Zwölf Möglichkeiten, „Nein" zu sagen

Wenn Sie in Gesprächen und Unterhaltungen die Welt nicht mehr verstehen, weil Ihnen nie etwas Negatives oder eine Verneinung zu Ohren kommt, dann ist es an der Zeit, die verschiedenen Ausdrücke zu lernen, die „Nein" bedeuten, ohne es offen

auszusprechen. Wenn Sie dann erkennen lassen können, daß Ihnen diese indonesischen Eigenheiten nicht fremd sind, so wird dies in Ihren indonesischen Gesprächspartnern ein Gefühl der Gelöstheit, Entspannung und Vertrautheit erzeugen, da ihre subtile Art verstanden wird. Zugleich und zudem wird Ihre eigene Frustrationsschwelle sinken.

Indonesier entwickeln sich zu wahren Formulierungsartisten, wenn es darum geht, ein „Nein" zu vermeiden – siehe die folgenden Beispiele.

12 x „Nein"

● 1. Belum ●

Noch nicht; nichts wurde versprochen, nichts unternommen.
„Ist das Mittagessen fertig?" – „Belum." (Noch nicht, aus ungeklärten bzw. nicht näher erklärten Gründen: Es gab keine Lebensmittel, der Herd ist zusammengebrochen, die Katze hat das Suppenhuhn gefressen . . .)
„Sind Sie verheiratet?" – „Belum". (Noch nicht, selbst wenn Sie schon biblisches Alter erreicht haben.)

● 2. Tidak usah ●

Nicht nötig; nicht erforderlich; machen Sie sich darüber keine Gedanken.
„Brauchen Sie einen Regenschirm?" – „Tidak usah". (Nein, danke. Ich will keinen.)
„Haben Sie die Blumen gegossen?" – „Tidak usah". (Nein, es hat ja gerade geregnet.)

● 3. Lebih baik tidak ●

Ein Ausdruck, um tasächlich Mißbilligung etwa in der Weise auszudrücken: „Ich glaube, das ist wirklich keine sehr gute Idee" oder „Es wäre mir lieber, wenn Sie dies nicht tun würden." Wenn man also eine junge Frau nicht allein ausgehen lassen will, könnte man zu ihr sagen: „Lebih baik tidak pergi luar sendiri." („Ich würde Ihnen nahelegen, nicht ohne Begleitung zu gehen.")

● 4. Tidak boleh ●

Es ist verboten, nicht erlaubt.
Kleine Kinder sagen oft „Tidak boleh . . . ", wenn sie sich brav an Verbote halten.

● 5. Tidak senang ●

Ich bin darüber nicht glücklich, damit nicht zufrieden.
Ein Ausdruck, seine Unzufriedenheit mit der Arbeit der Angestellten und Untergebenen zu äußern. Wenn etwa eine Hausfrau nach der Rückkehr von einer Reise alle Pflanzen verkümmert und vertrocknet vorfindet, weil sich während ihrer Abwesenheit keiner der Hausangestellten darum gekümmert hat, so wird der Ausruf „Saya tidak senang!" („Ich bin sehr ungehalten, daß man vergessen hat, sie zu gießen!") überdeutlich ihre Kritik zum Ausdruck bringen.

● 6. Tidak terima ●

Ich kann dies nicht akzeptieren; kann dazu nicht meine Zustimmung geben.
„Tidak terima" wird in Situationen angewandt, in denen ein Deutscher

sagen würde: „Willst du mich auf den Arm nehmen? Das darf doch nicht wahr sein! Du machst wohl Witze!" Man meldet damit seine starken Zweifel an.

• 7. Jangan •

Tu's nicht! Nicht doch!

Ein warnender Ausdruck, der Unheil vorbeugen will und dabei zugleich an die möglichen Konsequenzen und Strafen denken läßt. „Jangan duduk di sini!" („Setz dich hier nicht hin!")

• 8. Bukan •

Wird oft langgezogen zu „Buuukan!" „Wer hat das getan?" – „Bukan saya!" („Ich nicht!")

• 9. Enggak •

Ein nicht sehr wohltönender Kehllaut, der klingt, als versuchten Sie gerade, ein Maiskorn aus Ihrer Luftröhre zu befördern. Das Wort bedeutet im Jakarta Dialekt das gleiche wie „tidak".

• 10. Tidak •

Hat die gleiche Bedeutung wie „enggak". Das Wort wird selten allein verwandt, meist in Verbindung mit dem Verb „mahu" („wollen, wünschen") und drückt aus, daß Sie etwas nicht möchten.

„Möchten Sie etwas essen?" – „Tidak mahu". („Nein, danke.")

• 11. Terima kasih •

Danke!

Zusammen mit einem unbestimmten Lächeln und einem leichten Kopfschütteln hervorgebracht, bedeutet es „Nein, danke!"

„Hätten Sie gern ein Glas Tee?" – „Terima kasih" („Nein, danke"). (Wenn Sie aber gern ein Glas Tee hätten, würden Sie das Angebot mit einem kurzen Nicken annehmen. In höflichen Gesprächssituationen würde man Sie nicht erst danach fragen, man würde Ihnen das Getränk einfach anbieten. In besonderen Fällen, etwa wenn ein Kind durstig ist, sind höfliche Umwege nicht nötig. Es heißt dann ohne Umschweife: „Dia haus" „Das Kind hat Durst.")

• 12. Ma'af tidak •

Eine recht deutliche, dennoch höfliche Art, „Nein, es tut mir leid, ich möchte nicht . . . " zu sagen.

„Eine kleine Spende, gnädige Frau!" – „Ma'af tidak" („Nein, tut mir leid.")

* * *

Es gibt noch einen weiteren Weg, „nein" zu sagen. Wenn ein Indonesier in einer westlichen Sprache zu Ihnen sagt „Ja, aber . . . " – dann meint er „nein".

Sechs Möglichkeiten, „Bitte" zu sagen

Wo die deutsche Sprache sich mit einem einfachen „Bitte" begnügt, kennt die Bahasa Indonesia verschiedene Formulierungen, die die feinen Bedeutungsunterschiede sehr genau erfassen und zum Ausdruck bringen. So wird zum Beispiel unterschieden, ob man jemanden um körperliche Hilfe bittet, nach etwas fragt oder etwas fordert. Ihre indonesischen Freunde und Kollegen werden es zu schätzen wissen, wenn Sie mit dieser Besonderheit vertraut sind.
Es gibt mindestens sechs höfliche und gewandte Weisen, Bitten auszudrücken.

6 x „Bitte"

• 1. Tolong •

Mit „tolong" bittet man um körperlichen Beistand. Im Deutschen würde es etwa heißen: „Könnten Sie bitte mal Hand anlegen?"
„Tolong, cuci piring." („Spülst du bitte Geschirr?")
Ursprünglich beinhaltete tolong, sich die Lasten einer Aufgabe zu teilen, zum Beispiel: „Minta tolong dari Tuan dan Nyonya untuk bikin rumah." („Unterstützen Sie uns doch bitte finanziell, damit wir uns ein Haus bauen können.")

• 2. Minta •

(Auf-) Forderung, etwas zu erledigen, zu unternehmen.
„Minta beli jeruk di pasar." („Wenn du im pasar bist, dann kauf doch bitte auch ein paar Orangen.")

• 3. Cuba •

Versuchen, bemühen.
„Cuba buka botol ini." („Öffne doch bitte diese Flasche.")

• 4. Harap •

Hoffen, erwarten.
„Saya harap anda bisa datang." („Komm doch bitte. Wir hoffen, daß du kommst.")

• 5. Silakan •

Ein sehr förmlicher Ausdruck für „Bitte" („... greifen Sie doch zu, nehmen Sie Platz, fangen Sie an.")
„Silakan minum." („Lassen Sie sich das Getränk schmecken.")

• 6. Mohon •

Erbitten, ersuchen, erflehen.
„Mohon" ist der Ausdruck für eine ehrerbietige, ergebene Bitte. „Mohon ma'afkan saya datang terlambat." („Entschuldigen Sie bitte meine Verspätung.")

Das javanische Alphabet

Die engen Verbindungen der Kultur Javas mit dem Hinduismus zeigen sich besonders deutlich im javanischen Alphabet. Die javanische Schrift geht ganz offensichtlich auf das Devanagri, die Schrift der Hindus, zurück. Ein kurzer Blick darauf, und Sie werden erleichtert sein, daß die Bahasa Indonesia die Nationalsprache ist.
Wie dem auch sei: Javanisch ist die Sprache der Literatur und in prägender Weise mit der Geschichte Indonesiens verbunden. Viele Indonesier können diese Schrift lesen (und auch schreiben).
Über die javanische Sprache gibt es zahlreiche Anekdoten. Eine kleine, amüsante Geschichte, die aus den Lauten der einzelnen Buchstaben entsteht, bringt das Alphabet, und wie es gelehrt wird, näher. Wir illustrieren sie hier mit den javanischen Schriftzeichen und erzählen sie nach Sir Stamford Raffles, der die javanische Kultur sehr bewunderte.

ꦲꦤꦕꦫꦏ
ha na ca ra ka

Es waren einmal zwei Krieger . . .

ꦢꦠꦱꦮꦭ
da ta sa wa la

. . . die gegeneinander kämpften . . .

ꦥꦣꦗꦪꦚ
pa da ja ya nya

. . . beide gleich mutig . . .

ꦩꦒꦧꦛꦔ
ma ga ba ta nga

. . . bis sie beide starben.

4.
Essen wie Gott in Indonesien

Liebe geht durch den Magen, und nicht zuletzt aus diesem Grunde werden Sie Indonesien lieben lernen. Wir wollen Sie mit dem unerschöpflichen Reichtum der indonesischen Küche und ihrer Vielfalt bekannt machen, auch die östlichen und westlichen Eßgewohnheiten und Eßkulturen vergleichen und Sie dabei auf einige Essenstabus aufmerksam machen, die Ihnen im Dunkel des ethnischen Schmelztiegels auflauern.

Ein Schlaraffenland auf Rädern

Indonesien ist wahrhaftig ein Schlaraffenland mit einer unendlichen Vielfalt an Speisen, den unterschiedlichsten Küchen, voller Atmosphäre und all dies zu angenehm überraschenden Preisen. Eine seiner ersten wirklich erfreulichen Erfahrungen erlebt der Ausländer, wenn ihm die gebratenen Tauben (fast wörtlich) in den Mund fliegen – denn das Essen kommt zu ihm. Leckerbissen strecken sich ihm durchs Autofenster entgegen, wenn die Ampel gerade auf Rot steht, wenn der Zug kurz an einem Bahnhof hält, an den Busstationen . . .

Diese kleinen Eßpakete sind bekannt unter dem Namen bungkusan, was soviel heißt wie „in Bananenblätter oder Papier eingeschlagen". Meist ist es tatsächlich nur ein Bananenblatt, in das Reis mit verschiedenen Zutaten eingewickelt, mit einem Holzspießchen oder einer Palmblattrippe verschlossen und so schließlich gedünstet wird. Das Bananenblatt dient als Kochgefäß, als Tragebehälter und letztendlich auch als Teller. Neuerdings ersetzt man dieses vielseitig verwendbare und umweltfreundliche Verpackungsmaterial mehr und mehr durch Plastik. Und diese achtlos fortgeworfenen Plastikverpackungen, die sich in den Flüssen und Kanälen und an Straßenrändern wiederfinden, stören nicht nur das Auge, sondern haben sich inzwischen auch zu einem ernstzunehmenden Umweltproblem entwickelt.

Der rantang, der unentbehrliche „Henkelmann", besteht aus mehreren Eßbehältern unterschiedlicher Größe, die von einem langen Außengriff zusammengehalten werden. Sie können mit Reis, Fleisch, Fisch, Suppe und/oder Obst gefüllt sein, kurz: einer vollständigen Mahlzeit für unterwegs. Erfindungsreiche Unternehmer wittern in dieser praktischen Einrichtung alsbald ein Geschäft und versorgen heute auf diese Weise Büroangestellte mit einem Mittagsessen. Am späten Vormittag werden Ihnen auf den Treppen und in den Aufzügen die rantang-Männer und -Frauen begegnen. Sie erkennen sie an den zahllosen Behältern, mit denen sie beladen sind und die sie den Angestellten an den Arbeitsplatz liefern. Untere und mittlere Angestellte nehmen sehr häufig ihre Mahlzeit am Schreibtisch ein, oder sie speisen, was noch wahrscheinlicher ist, in kleinen Gruppen auf dem Boden sitzend.

Eine Freundin von uns war einmal in einer der größeren Botschaften in Jakarta zum Mittagessen verabredet. Sie wollte sich am Fenster der Empfangsloge ausweisen. Das Büro schien jedoch unbesetzt, und so machte sie sich durch ein schüchternes „Hallo" und zaghaftes Klopfen bemerkbar. Daraufhin kroch die Empfangssekretärin unter ihrem Schreibtisch hervor; sie war nämlich gerade dabei, auf dem Boden sitzend ihr in Bananenblätter eingewickeltes Mittagessen zu verzehren.

Straßenverkäufer

Kaki lima-Männer verkaufen die traditionellen, auch heute noch überall und jederzeit beliebten, zahlreichen schmackhaften Zwischenmahlzeiten. Sie sind ein typischer und wesentlicher Teil des Lebens in Indonesien, und Sie werden sich nach Ihrer Reise noch lange an ihr Aussehen und ihren Singsang erinnern. In jeder Stadt und in jedem kampung begegnen Ihnen diese Straßenverkäufer mit ihren zweirädrigen Karren. Sie bieten nicht allein preisgünstige Leckerbissen an, sondern verbreiten auch die aktuellsten Neuigkeiten und den letzten Klatsch.

Früh am Morgen hören Sie das Pfeifen des bubur ayam-Mannes, der als Frühstück dicke Reissuppe mit Huhn feilbietet. Im Laufe des Tages macht dann der cendol-Mann mit seinem „Kling! Kling!" auf sich aufmerksam, indem er mit einem Löffel gegen den Rand eines Glases schlägt. In ein solches Glas füllt er seinen Kunden einen Imbiß aus zerkleinerten Früchten, Pudding und süßem Sirup. „Tok, tok" tönt der bakso-Mann, der auf einen kleinen hölzernen Gong schlagend seine Runde macht. Seine Spezialität ist Suppe mit bakso, kleinen Bällchen aus gehacktem Fleisch, Huhn oder Fisch. Ein hohes „Ting, ting" verrät Ihnen, daß der bakmi-Mann, der Nudelverkäufer, am Tor wartet. Rhythmisch schlägt er einen Löffel gegen den Rand einer jener unverwechselbaren Hühnersuppenschalen.

Abends warten die Kinder sehnsüchtig auf das hohe, anhaltende Dampfkessel-Pfeifen des putu-Mannes. Bei ihm gibt es die unwiderstehlichsten Leckereien aus gedünstetem Reismehl, Tapioka, geschmolzenem braunen Zucker und geraspelter Kokosnuß. Und das durchdringende „Teh, teh" des saté-Mannes, das allnächtlich klar und deutlich erklingt, wird Ihnen das Wasser im Munde zusammenlaufen lassen. Dann steigert sich ihr Appetit allmählich zum Heißhunger, wenn Sie zusehen, wie er marinierte, köstlich gewürzte Fleischstreifen für Sie grillt.

kaki lima-Mann

Entscheiden Sie selbst:

Die kaki lima-Männer bereiten das Essen meistens frisch zu. Dabei spülen sie die Gläser und Schüsseln, in denen der Imbiß serviert wird, in einem kleinen Wassereimer aus, der an ihrer mobilen Garküche befestigt ist. Sehr viele Hausfrauen und Angestellte, die sich bei den kaki lima-Männern mit Essen versorgen, bringen jedoch eigenes Geschirr mit. Wägen Sie also das Hygienerisiko ab, und ziehen Sie selbst Ihre Schlüsse daraus.

Eßstände für den Abend und die Nacht

An den fest installierten, nur abends geöffneten Ständen können Sie die verschiedensten kleinen Spezialitäten kosten. Hier finden Sie zum Beispiel martabak, pastetenähnliche Teigtaschen, gefüllt mit einer delikat gewürzten Mischung aus Fleisch, Eiern, Frühlingszwiebeln, die gut und gern eine volle Mahlzeit ersetzen. Die wenigsten solcher Spezialitäten werden auch zuhause am eigenen Herd zubereitet.
Beim Straßenbummel entdecken Sie allerorten kleine, an allen Seiten offene Stände mit manchmal vier bis sechs Tischen. Manche dieser warung verkaufen lediglich Kaffee oder Getränke in Flaschen, andere sind auf Suppen oder Reisgerichte spezialisiert. Meist hat der Besitzer die Speisen daheim bereits vorbereitet, so daß die Zubereitung am warung in allerkürzester Zeit geschieht.

Das „rumah makan"

Die rumah makan sind Restaurants, in denen Speisen auf Bestellung zubereitet werden. Sie können sich das Essen auch ohne weiteres zum Mitnehmen einpacken lassen. Es wird Ihnen auffallen, daß die Speisekarten mitunter umfangreicher sind als die lokalen Tageszeitungen – ruhig Blut! Die sechs- oder achtseitige Auswahl bedeutet nicht unbedingt, daß alles Genannte auch serviert wird. Dieses verwirrend reiche Angebot entspringt eher dem Wunsch der Küche, all dies kochen zu können, bzw. der Annahme, daß die Gäste gern (zumindest theoretisch) ein Restaurant mit solch umwerfender Speisenvielfalt besuchen. Ersparen Sie sich die Qual der Wahl und das lange Anhören von Entschuldigungen wie „Ma'af, tidak ada" und „Sudah habis" („Tut uns leid, das gibt es nicht." „Das ist leider ausgegangen."). Am besten fragen Sie, der Einfachheit halber und Ihren Nerven zuliebe, was es noch gibt: „Sedia makana apa?"

Schnellimbiß / „Fast-Food"-Restaurant

Früher blieb der Besuch eines Schnellimbißlokals nicht ohne Folgen, denn schon kurz darauf probten Magen und Darm den Aufstand. Die Zeiten haben sich jedoch geändert. Heutzutage finden Sie überall auf den Inseln Schnellimbiß-Ketten westlichen Stils, die Hähnchen, zubereitet auf die verschiedensten Weisen, und Eiscreme anbieten. In solchen Restaurants stoßen Sie sowohl auf indonesische Familien als auch auf zahlreiche Ausländer, die lange anstehen, um endlich einmal wieder „wie bei Muttern" (?!) essen zu können.
Immerhin gaben diese Plastiklokale den Anstoß dazu, daß heute überall auf Sauberkeit und schnelle Bedienung Wert gelegt wird. In den „guten alten Tagen"wußten sich die Ausländer noch Geschichten zu erzählen von Katzen und Ratten, die die Hafenrestaurants bevölkerten, und von überall auf Bali auf der Suche nach Essensabfällen herumstreunenden Hunden, ganz zu schweigen von all den Nagetieren, die regelmäßig

wohlbekannte Restaurants heimsuchten und so zu deren einschlägigem Ruhm beitrugen.

Tragbares Restaurant

Restaurants von internationalem Standard

In größeren Städten finden Sie auch Restaurants von sogenannt internationalem Standard, besucht von solchen Feinschmeckern, die dieses Niveau (oder sich selbst als Teil desselben) zu schätzen wissen. Manche von ihnen genießen zu Recht einen sehr guten Ruf. Gemeinsam ist jedoch fast allen eines: Sie sind sehr teuer.

Essen: Ein ethnokultureller Spiegel

Die indonesische Speisenpalette ist so schillernd bunt wie die Völkervielfalt des Landes. Die verschiedenen Landesteile, Regionen und Volksstämme haben alle ihre eigene Eßkultur. Die einzelnen „Nationalspeisen" sind wie Erkennungszeichen. Einige davon wollen wir Ihnen vorstellen und schmackhaft machen.

Man hat einmal junge berufstätige Indonesier befragt, worunter sie bei einer plötzlichen Versetzung in einen anderen Landesteil am meisten zu leiden hätten. Man erwartete Antworten wie: Angst vor der Trennung von der Großfamilie, vor den Schwierigkeiten, neue Freundschaften zu schließen, vor Entfremdung von der eigenen ethnischen Gruppe. Doch weit gefehlt! Sie waren ausnahmslos gequält von der Vorstellung, altvertraute Speisen missen zu müssen und „exotische" Gerichte vorgesetzt zu bekommen. Nach dem Motto: „Was der Bauer nicht kennt, das frißt er nicht."
Einige Gerichte, so etwa nasi goreng (gebratener Reis) und seine Variationen, gelten als Nationalspeisen im eigentlichen Wortsinn. Viele andere jedoch sind typisch nur für bestimmte Landesregionen. So wie man bei Gouda an Holland denkt, bei Plum Pudding an England, bei Ice Cream Sundae an die USA, bei Quiche Lorraine ans Elsaß und bei Würstl mit Kraut an Süddeutschland – ebenso werden bestimmte Gerichte in Indonesien mit bestimmten Landesteilen in Verbindung gebracht:
Bei nasi liwet (weißer Reis mit Huhn in Kokoscreme) drängt sich stets Solo in Zentral-Java in den Sinn. Wer eine Schwäche für nasi jaha und onde-onde besitzt, ist ein Liebhaber der Minahasa-Küche. Sayur asam (saures Gemüse) kommt aus West-Java und sayur lodeh (verschiedene Gemüse in Kokosmilch) aus Zentral-Java. Und alle Speisen aus den rumah makan von Padang sind ohnehin sofort identifiziert: Sie befreien unweigerlich Ihre Stirnhöhlen mehr, als die Heilmethoden aller HNO-Ärzte es je vermögen könnten. Essen in Padang bietet dem westlichen Ausländer einen Vorgeschmack auf das Fegefeuer: Er stöhnt, schreit, zieht kühlende Luft über die verbrannten Lippen und Schleimhäute scharf ein und läßt Tränen und Hitzeschweiß freien Lauf. Wenn Sie ein echter Aficionado der Padang-Küche sind, so stöhnen Sie entrückt: „Einfach himmlisch!" – während auf Ihren Lippen die ersten Blasen aufspringen, und bekräftigen, da Ihre Stimme versagt, Ihr Lob mit heftigem Nicken.

Sowohl die Zutaten als auch die Zubereitungsweisen der indonesischen Küche spiegeln die unterschiedlichen Geschmacksrichtungen der Kochkulturen von Chinesen, Indern, Arabern, Holländern und Portugiesen wider, die seit Jahrhunderten schon auf dem Archipel angesiedelt sind. Eine solch reich und abwechslungsreich gefüllte Vorratskammer stellt jeden Gaumen zufrieden.
Eine der reizvollsten Eigenschaften der indonesischen Küche liegt in der Einheit des Widerspruchs, dem Yin und Yang der geschmacklichen Gegensätze: Jedes scharfe Gericht wird durch ein gaumenkühlendes ergänzt. In der Verwirklichung führt dieses Prinzip der kulinarischen Gegensätze zu einem überbordenden Speisenangebot. Bewir-

tungen von Gästen geraten nicht selten zu sinnlichen Orgien; die Tafeln sind Augen- und Gaumenschmaus zugleich und drohen unter der Fülle der aufgetischten Speisen zusammenzubrechen. Im westlichen Ausland wohl am bekanntesten ist die Rijsttafel (Reistafel), die traditionell von zahlreichen Hausangestellten serviert wird.

Am reich gefüllten Obstkorb des Landes Geschmack zu finden, wird Ihnen ganz gewiß nicht schwerfallen. Ihr Gaumen wird Ihnen für diese Genüsse dankbar sein. Und Ihrem indonesischen Gastgeber schmeichelt es, wenn Ihnen die jeruk bali (eine Pomelo von der Größe einer Kokosnuß) und die salak bali (eine wundersame Frucht mit einer echsenähnlichen Haut) vertraut sind oder die herrlichen Mangos aus Probolinggo in Ost-Java munden. Dies ist eine angenehme und harmlose Art, sich als Kenner und Feinschmecker zu zeigen, die, wie Sie vergnügt feststellen werden, den Indonesiern sehr gefällt und zugleich die Unterhaltung anregt.

Exotische kulinarische Entdeckungen

Überall in Asien, aber insbesondere in Indonesien, erscheint nahezu jeder tierische Körperteil auf der Speisekarte. Ein indonesischer Freund erzählte uns die folgende Anekdote: Während seiner Studienzeit in Australien wollte seine Frau einmal sein Leibgericht kochen, für das sie (nach westlichen Maßstäben minderwertige) Fleischabfälle benötigte. Vorsichtshalber schwindelte sie dem Metzger vor, daß der „Abfall" für ihren Hund bestimmt sei. Ein sehr kluges Vorgehen, denn hätte jemand das schmackhafte Mahl gekostet, so wären die Preise für solche Fleischabfälle sicherlich in die Höhe geschnellt.
Hier nun einige exotische Spezialitäten, die Ihnen auf der Speisekarte eines warung oder rumah makan begegnen werden:

Belut blado: *Aal, zubereitet mit reichlich Chilisoße. Diese Spezialität stammt von den Minangkabau in West-Sumatra.*

Hund: *Bei den Batakern Nord-Sumatras und den Minahasa des nördlichen Sulawesi gelten Hunde, vor allem schwarze Hunde, als Delikatesse. Jeder kennt dort den kleinen Knittelvers:*

„Die Maus hat Angst vor der Katze,
Die Katze hat Angst vor dem Hund,
Der Hund hat Angst vor den Minahasa."

Gulai kambing: *Ein Ziegenfleisch- oder Lammfleisch-Curry. (Speisen mit dem Namensteil gulai sind Currygerichte.)*

Gulai otak: *Rinderhirn-Curry. Ein sehr scharfes Reisgericht, das von den Minangkabau in West-Sumatra stammt.*

Jeroan goreng: Gebratene Innereien wie Lunge, Leber, Hühnerklein und Nieren. Eine ursprünglich javanische, mittlerweile aber gesamt-indonesische Spezialität.

Pecel lele: Ein Gericht aus gekochtem Fisch, der in Stückchen zerteilt mit Chilisoße und *kemangi*-Blättern (süßes indonesisches Basilikum) zubereitet wird. Es verströmt einen sehr intensiven Geruch.

Sambal goreng saren: Eine sehr nahrhafte, daher oft für Kinder zubereitete Mahlzeit aus eingedicktem, gebratenem Hühnerblut.

Sop kaki kambing: Eine köstliche Suppe aus Ziegen- oder Lammkeulen mit Innereien, gehackter Lunge, Blase und Penis, gewürzt mit Kokoscreme.

Soto madura: Suppe nach Madura-Art, mit vielerlei möglichen Zutaten, u.a. Hühnerfleisch, Innereien und Gemüse.

Soto ayam: Der indonesische Beitrag zum internationalen Hühnersuppen-Kochwettbewerb, und viele Gourmets würden der *soto ayam* sicher den ersten Preis verleihen. Sie ist eine wunderbar leichte, mit Zitronengras und anderen Gewürzen abgeschmeckte Hühnerbrühe. Man fügt bei Tisch nach eigenem Geschmack Glasnudeln, geschnittene hartgekochte Eier, zerteiltes Hühnerfleisch, gehackte Schalotten oder Frühlingszwiebeln, knusprig gebratene Kartoffeln, Bohnensprossen, *emping* (zarte Kräcker aus Melindjo-Nuß), frischen Limettensaft und *sambal* (Chilisoße) hinzu. Ein Genuß jenseits des Irdischen!

Haben Sie auch Bockwurst oder Pommes mit Mayo?

Usus gajah: (Wörtlich übersetzt: Elefanteninnereien). Wer weiß, vielleicht war dies früher eine für Könige bestimmte Spezialität, bei der tatsächlich die Innereien von Elefanten verwandt wurden? Heute jedoch beschränkt man sich auf Rindfleisch, das gebraten und von einem Ei gekrönt serviert wird.

Etwas ganz anderes und meist sehr süß sind einige dickflüssige, klumpige Getränke wie es cendol und es adpokat oder die Kokosmilchgetränke, die oft mit Zuckersirup und Kokosnußstücken serviert werden.

Besondere Eßgewohnheiten und Tabus

Reis gilt als Symbol des Lebens und Wohlstands, weist jedoch auch eine unangenehme Nebenwirkung auf: Kinder bekommen leicht faulige Schneidezähne, und zwar wegen der Gewohnheit, beim Essen den Reis unter ihre Oberlippe zu schieben und gegen die Zähne zu pressen. Der im Reis enthaltene natürliche Zucker greift den Zahnschmelz an. Die Zähne der Erwachsenen sind allerdings meist makellos und gesund.
Ubi (weiße oder gelbe Süßkartoffeln) gelten als Arme-Leute-Essen. Sie sollten also besser davon absehen, Gästen Kartoffeln zu servieren. Eine Ausnahme wäre wohl eine europäische Mahlzeit, etwa Schweinebraten, mit kandierten Süßkartoffeln (ubi kuning). Sie könnten erklären, daß es sich dabei um ein traditionelles Gericht aus Ihrer Heimat handelt, so daß Ihre Gäste nicht beleidigt wären. Und man wird Ihnen dann vielleicht erzählen, daß kandierte Süßkartoffeln hier kolak heißen und oft als süßer kleiner Nachmittagsimbiß gereicht werden.
In Indonesien essen nur die Sundanesen West-Javas rohe Gemüsekost (lalap); ansonsten wird Gemüsse nur gekocht oder gedünstet verzehrt. (Dies erklärt vielleicht, weshalb indonesische Gäste Ihren liebevoll zubereiteten Rohkostsalat ignorieren.)
Javanische Frauen nehmen während der Stillzeit keinen Fisch zu sich. Zudem vermeiden auf Java, nach unserer Kenntnis aber auch auf anderen Inseln, viele Frauen den Verzehr von Gurken, Ananas und Bananen, weil dadurch angeblich die Scheidenhaut zu feucht wird.
Nicht allein Moslems, auch Angehörige anderer Religionsgemeinschaften verzichten auf den Genuß von Schweinefleisch. Mancher Koch wird sich sogar weigern, das unreine Schweinefleisch auch nur zu berühren. Befinden sich unter Ihren Gästen Moslems, so sind diese Ihnen für den Hinweis sehr dankbar, daß oder ob Schweinefleisch auf der Speisekarte steht. Falls ja, sollten Sie Schweinefleischgerichte auf einem gesonderten Serviertisch, etwas abseits von den anderen Speisen, anrichten, niemals aber zusammen mit anderen Speisen auf einem Teller.
Die meisten Indonesier halten sich an die Tabus ihrer ethnischen bzw. religiösen Gruppe, aber Sie werden natürlich auch Verstöße gegen diese Tabus bemerken. Dies ist nur allzu menschlich angesichts einer strikten religiösen Zuordnung, die sich sinnfällig darin ausdrückt, daß die Religionszugehörigkeit auch im Personalausweis vermerkt ist.

5
Weltsicht · Perspektive Wahrnehmung

Für den Blickwinkel der Wahrnehmung kennen wir vielerlei Begriffe: Standpunkt, Weltsicht, persönliche Perspektive, persönliches Wertesystem, Daseinsgrund. Sie alle schließen die starke Verhältnismäßigkeit der Wahrnehmung jedes einzelnen Menschen ein. Der Bauer, der in die Stadt zieht, wird bemerken, daß seine altvertrauten Wertvorstellungen, die daheim auf den Feldern und im Dorf (desa) galten, im Stadtleben nicht zählen. Er wird sich isoliert, ausgesetzt und verlassen fühlen, aller Sicherheit beraubt, die ihm seine Familie und die Dorfgemeinschaft gaben. Ein hektischer, einsamer Kampf um den Tageslohn löst den Rhythmus gemeinschaftlicher Feldarbeit ab.

Wertmaßstäbe, Einschätzungen und Reaktionen hängen natürlich nicht nur von Situationen und Personen, sondern auch von sozialen und ethnischen Gegebenheiten ab. Eine vielzitierte Anekdote verdeutlicht die ganz unterschiedlichen Verhaltensweisen indonesischer sukus (ethnischer Gruppen) in ein und derselben Situation:

Ein Mann tritt einem anderen Mann auf die Füße. Wäre dieser andere ein Batak, so würde sich seine Miene verfinstern und er sein Mißfallen sogleich laut und unüberhörbar kundtun – doch dies wäre alles. Wäre er hingegen Javaner, würde er sich höflich räuspern, mit vorsichtigen Gesten auf das gepeinigte Körperteil hinweisen, möglichst viele Leute um sich scharen und durch Übereinstimmung mit den Umstehenden zu der

Entscheidung gelangen, daß er höchstwahrscheinlich irgendwann irgend etwas unternehmen wird. Ein Balinese würde beten, ein Buginese oder Madurese den Übeltäter auf der Stelle zusammenschlagen. Käme er aus Padang, so würde er dem Missetäter Geld anbieten, um die Angelegenheit gütlich zu regeln.

Diese liebenswerte Anekdote ist eigentlich philosophisch: Sie umfängt ein Meinungsspektrum von 360° und zeigt zugleich, wie eng die jeweiligen Blickwinkel sind. Und wenn zu den persönlichen und ethnischen auch noch die nationalen, sozialen, wirtschaftlichen ... Interessen und Blickwinkelverengungen bzw. -erweiterungen treten, – nun, dies ist das Thema der restlichen nachfolgenden Seiten.

Handeln

Es gibt zahlreiche, unterschiedliche Einstellungen gegenüber dem Feilschen. Man kann es als ehrenwertes, kaufmännisches Verhalten betrachten, als geldsparende Technik, als eine lästige Übung, als eine allseits erwartete Form von Höflichkeit, als eine soziale Möglichkeit, Entgegenkommen zu erbitten, oder schlicht nur als Merkmal einer unterentwickelten Ökonomie.

Fällen Sie Ihr Urteil nicht vorschnell! In ganz Asien ist das Handeln über Warenpreise und Dienstleistungen eine Kunstform, verfeinert wie ein Tanzschauspiel und ausdrucksvoll wie ein Gemälde oder ein Gedicht. Beim Handeln in Indonesien sollten Sie wissen: Alles hat mehrere Preise – jeder Kunde den ihm entsprechenden. Festgesetzte Preise würden die Freude am Spiel nur verderben, die Möglichkeit rauben, zum Beispiel einem guten Kunden entgegenzukommen oder einem unkundigen Käufer das Fell über die Ohren zu ziehen.

Während gehandelt und mit Preisvorschlägen Ping-Pong gespielt wird, bleibt genügend Zeit, sich über die Kinder zu unterhalten oder den neuesten Klatsch auszutauschen. Natürlich kreisen beim Feilschen die Gedanken vornehmlich um das zu ersparende Geld und will jeder als Sieger aus dem Gefecht hervorgehen, doch würden die meisten Händler und Kunden dies wohl nicht als das wahre Lustmotiv des Handelns angeben. Der meist von geschäftlicher Unrast getriebene Ausländer ist verblüfft (oder gar verärgert), wenn er den Widerwillen und Widerstand seines Handelspartners spürt, das Geschäft schnell abzuwickeln. Statt dessen verschwendet er viel Zeit, Mühe und Geduld auf die Suche nach Läden mit festen Preisen, um sich dort scheinbar sicher und wie daheim zu fühlen.

Die charmanten Rituale des asiatischen Handelns verführen zum Lächeln – so die Ehrenbezeichnung l a n g g a n a n (besonders geschätzter Kunde) oder das zusätzliche Stück Obst im Korb, ein Blumenstrauß oder eine Pflanze als kleines Geschenk. „Unterentwickelt" und völlig unzivilisiert ist dagegen nur das herablassende Betragen des Ausländers, der hochmütig nach den vertrauten, computergesteuerten elektronischen Registrierkassen Ausschau hält und sich dann enttäuscht einem höflich lächelnden t u k a n g gegenübersieht, der alle vorhandenen Taschen nach dem erforderlichen Wechselgeld durchforstet.

Wie Sie beim Handeln am besten handeln

In den größeren Städten finden sich inzwischen viele Läden mit festen Preisen – ohne Überraschungen, effizient, unpersönlich und standardisiert. In den kleineren Geschäften jedoch ist Handeln, zumindest das Fragen nach einem Preisnachlaß, üblich. Sind Sie im Zweifel, dann lächeln Sie und fragen nach einem Nachlaß und runden dabei die Summe auf einen glatten Betrag ab, der etwas unter dem geforderten Preis liegt. Denn schließlich: Was riskieren Sie schon?

In den Straßenläden (Ausnahme sind die Eßstände) ist Handeln die Regel. Fangen Sie bei etwa fünzig bis sechzig Prozent unter dem ersten Angebot an, und erhöhen Sie so lange weiter, bis Sie sich mit dem Verkäufer geeinigt haben (üblicherweise liegt der letzte Preis etwa zehn bis zwölf Prozent unter dem geforderten Ausgangspreis). Die-

Kleines Wörterbuch des Handelns

„Bagaimana?"	Was meinen Sie (zu meinem Angebot)?
„Berapa rupiah, ini?" („Ini berapa?")	Wieviel kostet das?
„Harganya berapa?"	Was ist der Preis?
„Laris!"	Verkauft! (Oft werden Sie beobachten, daß der *tukang* beim Aussprechen dieses Wortes mit dem Geld auf andere Waren klapst, womit er seine Hoffnung zum Ausdruck bringt, auch diese bald absetzen zu können.)
„Masa!"	Unmöglich! Unglaublich! Das darf doch nicht wahr sein! (Am eindrucksvollsten ist es, wenn Sie bei diesem Ausruf die Hand ans Herz führen, um anzudeuten, daß Sie wegen des sündhaft teuren Preises einem Infarkt nahe sind.)
„Rugi!"	Ruin! (Mit diesem fatalistisch gemurmelten Wort beantwortet der *tukang* ihr „*Masa!*")
Untung!	Viel Glück, ein guter Fang, ein Bonus – gilt bei Geschäftsabschluß für beide Seiten, für Sie mit den frisch erstandenen Waren unter dem Arm, für den *tukang* mit Ihrem Geld in der Tasche.

ses Wechselspiel mag sich fünfzehn bis dreißig Minuten hinziehen, in der Zwischenzeit können Sie sich über die Einkäufe der anderen Kunden auslassen, die eine oder andere Bemerkung über das Wetter fallen lassen, also nach Belieben plaudern, während die Preise neu überdacht werden. Zögern Sie auch nicht, mit den Schultern zu zucken und gegebenenfalls sogar aus dem Laden zu gehen. Die Chancen, daß man Sie zurückruft und das Geschäft doch noch zum Abschluß kommt, sind äußerst günstig.

Es sollte Ihnen bewußt sein, daß Sie kaufen müssen, wenn Sie sich mit dem tukang auf einen Preis geeinigt haben. Es gilt als flegelhaft, handelseinig zu werden und dann nicht kaufen zu wollen. Auch sollten Sie keinesfalls wütend werden, sondern stets die Ruhe bewahren.

Handeln ist ein Zeitvertreib, ein soziales Miteinander, das nach den Regeln eines Spiels verläuft. Seien Sie sich bewußt, daß das Gedächtnis eines tukang dem eines Elefanten gleicht und er darin alles „abspeichert", um es bei künftigen Geschäften wieder abzurufen.

Viele Ausländer gewöhnen sich so sehr ans Handeln und beherrschen die Spielregeln derart lustvoll, daß sie auch nach ihrer Rückkehr in die Heimat nicht davon lassen können – oft mit ungeahntem Erfolg.

Baden

Jeden Indonesier würde es freuen, von einem Ausländer zu hören, eine seiner schönsten Erinnerungen an Indonesien sei das Geräusch des den lieben langen Tag plätschernden Badewassers im mandi.

Nun klingt dieses Geräusch in einem heißen Land nicht nur angenehm und verlockend – es ist in Indonesien auch Erkennungszeichen eines wichtigen Lebensbereiches, der Körperpflege. Die meisten Indonesier baden zweimal täglich. Sie lieben und schätzen das Gefühl körperlicher Sauberkeit. Badelust/Lustbaden ist allgemeines Gesprächsthema. Sie werden kleine Kinder fröhlich rufen hören: „Sudah mandi!" („Ich habe gerade gebadet!") Auf Zentral-Java stellen Besucher, die am späten Nachmittag vor der Türe stehen, häufig die höfliche Frage: „Wie geht es Ihnen? Haben Sie schon gebadet?" Wenn nicht, so können Sie nun gelassen im Badezimmer verschwinden, während Ihr Gast verständnisvoll und geduldig wartet.

Im kühlen Naß macht Baden Spaß

Manche Ausländer, die zum ersten Mal das traditionelle indonesische Spritzbad mandi kennenlernen, werden vielleicht das gewohnte heiße Fließwasser und die intime Abgeschiedenheit vermissen oder das befremdliche Baden in Kleidung als störend empfinden.

Die indonesische Art des Spritz-Badens gleicht einer Wasserschlacht! Das Wasser

klatscht gegen Körper, Wände, Boden, sogar gegen die Decke – und dieses Geräusch wird von Rufen lustvollen Schauders des Badenden begleitet. Üblicherweise ist das Badewasser kühl oder hat Außentemperatur. Nur für Kranke, Kleinkinder und Ausländer wird Wasser erhitzt. Indonesier trauen kaum ihren Augen, wenn sie in den Badezimmern von Ausländern tiefe, flauschige Teppiche erblicken, denn ihr Badevergnügen besteht gerade darin, das Badezimmer unter Wasser zu setzen.
Das tempat mandi kann ein Badezimmer westlicher Art sein oder ein kleiner Raum im hinteren Teil des Hauses, ebensogut ein durch Flechtmatten abgeschirmter Bereich im Freien oder auf dem Lande einfach ein lauschiges Fleckchen am Flußufer. Manchmal teilen sich einige Familien das „Badezimmer". Handtuch, Seife und Shampoo bringt jeder selbst mit. Meist tragen die Badenden Gummisandalen, da der Boden aus Fliesen, Zement, Sand, Brettern oder festgestampfter Erde besteht.
Indonesier lächeln mit hochgezogener Augenbraue über die zahlreichen (wahren) Geschichten, nach denen Ausländer in den bak mandi (Wasserzuber) hineinkletterten – und es dort scheußlich unbequem fanden. Ist doch der bak nur ein Wasserbehälter, keine Badewanne.

Volkstümlich baden ...

... bedeutet keineswegs immer, dabei splitternackt zu sein. Wenn Ihnen allerdings ein halbwegs geschlossener Raum (Wände und Dach) zur Verfügung steht, dann werfen Sie Ihre Kleider ab und plantschen Sie ungehemmt nach Herzenslust! Im Dorf, am Fluß oder in einer Waschgelegenheit, die nur durch eine Flechtmatte abgetrennt ist, sollten Frauen sich im sarung, in den sie sich von den Achseln abwärts einwickeln, waschen. Wenn Sie Ihre Toilette beendet haben, hüllen Sie sich in einen trockenen sarung ein, halten die Enden mit den Händen oder Zähnen fest und lassen den nassen sarung darunter fallen. Der trockene sarung ist nun Handtuch und Kleidungsstück zugleich. Männer sollten in solcher Umgebung die Unterhosen nicht abstreifen. Kinder bis zum Alter von acht Jahren müssen sich nicht an diese Regeln halten und können nackt baden, ohne damit irgend jemanden vor den Kopf zu stoßen.

Kulturschock Wasserleitung

Es ist ein ungeschriebenes Gesetz, nach dem Bad den Ort sauber und den Wasserbehälter gefüllt zurückzulassen. In den Dörfern läuft das Becken oft ohne Beaufsichtigung voll, weil man davon ausgeht, daß es sicher irgend jemand hören wird, wenn der Behälter überläuft.
Diese Gewohnheit, das Wasser ohne Aufsicht nachlaufen zu lassen, findet sich allerdings auch in den Städten wieder, in den Toiletten von Privathäusern und Büros, in den Küchen etc. Die triefenden Wände und quatschnassen Böden in den Waschräumen von Büros und Wohnungen verführen den Fremden leicht zu der Annahme, es gäbe in Indonesien keine Klempner. Und die hochgerollten Hosenbeine von Büroangestellten lassen den Ausländer instinktiv eine Überschwemmungskatastrophe vermuten. Streng dazu erzogen, Wasserhähne stets sorgfältig abzudrehen, erleidet der Fremde einen dauerhaften Kulturschock. Es fällt ihm nicht ganz leicht, sich daran zu gewöhnen, daß die Indonesier nicht nur das Toilettenbecken spülen, sondern gleich den gesamten Toiletten- und Baderaum (obwohl dies sicherlich weitaus hygienischer ist als eine Toilettenumrandung aus Flokati).
Früher hielt man im bak mandi Goldfische und andere kleine Fische, um die Insekten zu vernichten und somit auch der Übertragung des Denguefiebers vorzubeugen. Heute ist diese ökologische Gesundheitsvorsorgemaßnahme aber meist nur noch in den Dörfern zu finden. Chemikalien, zu erhalten in allen Gesundheitsstationen, haben diese Aufgabe übernommen.

Etikette der Toilette

Westliche Ausländer, deren innere Organtätigkeiten im fremden Land oft genug in Verwirrung geraten, verfallen häufig in Panik, wenn sie verzweifelt – meist ohne Erfolg – nach abschließbaren Stehtoiletten mit Wasserspülung Ausschau halten. In solchen Fällen verlangen sie von Blase und Darm heroisches Durchhaltevermögen. Dabei sollten Sie in Indonesien diese doch so menschlichen Bedürfnisse nicht durch falsche Scham unterdrücken. Haben Sie ein waches Gefühl für das zu Erwartende und planen Sie voraus.
In vielen ländlichen Gebieten laufen die Dorfbewohner weite Strecken, um am Fluß ihre Notdurft zu verrichten, oder aber sie graben ein kleines Loch, das nach Gebrauch wieder aufgefüllt wird. Selbstverständlich sind Sie, und nur Sie, für die Beseitigung Ihres biologischen Mülls verantwortlich.
So sauber die beschriebenen Verhaltensweisen auch sind, denken Sie stets daran, daß in Bächen, Flüssen und Teichen die für das tropische Asien typischen Parasiten hausen. Das rein erscheinende Wasser ist häufig voller tückischer Krankheitserreger, die insbesondere Ihre Darmflora derart zu beeinträchtigen vermögen, daß es Ihnen endlich

gelingt, Tolstois „Krieg und Frieden" sozusagen „auf einen Sitz" in der Toilette zu lesen.
Wenn Sie sich im Dorf waschen wollen bzw. zur Toilette müssen, sollten Sie sich unmißverständlich ausdrücken. Es ist allgemein üblich, in der Badestelle auch Wasser zu lassen. „Größere Geschäfte" sind dort nicht erlaubt. Man erwartet daher, daß Sie Ihr Bedürfnis klar benennen (und wird Sie auch unverblümt fragen!). Dann wird man Sie zur Familientoilette, einer Grube oder einem Graben, führen. Meist, jedoch nicht immer, werden die Gruben mit etwas Wasser „gespült", oder man deckt sie mit Erde ab. Sehen Sie sich einfach um, dann wird Ihnen die gängige Praxis leicht erkenntlich.
Es setzt sich mehr und mehr durch, den b a k m a n d i (zum Waschen) und die Stehtoilette (korrekter: Hocktoilette) zusammen in einen Raum zu verlegen (so z.B. in Restaurants, Flughäfen, Bahn- und Busbahnhöfen). Hier benutzt man das Wasser des b a k m a n d i ebenso zum Toilettenspülen wie zu einer schnellen, erfrischenden Dusche – ein Segen für jeden Reisenden in diesem Land.

Die Stehtoilette

Reisende, die mit Stehtoiletten (eigentlich: Hocktoiletten) nicht vertraut sind, empfinden zunächst Argwohn – dabei werden sie von weit über der Hälfte aller Menschen benutzt.
Die Indonesier entledigen sich beim Toilettenbesuch der Hosen und Unterwäsche und hängen sie an einen Haken oder Nagel. Dies ist bequem und erspart den lästigen Kampf mit der eigenen Kleidung. Zudem ist der Inhalt ihrer Hosentaschen vor dem Fall in den Toilettenschlund bewahrt. (Die Rückgewinnung Ihrer verlorenen Habseligkeiten würde sicher nicht zu den rühmenswertesten Erlebnissen Ihrer Zeit in Indonesien gehören.) Außerdem ist es ratsam, die Kleidung möglichst weit von der Wasserspülung entfernt aufzubewahren. Denn es ist hoffnungslos, gezielt spülen zu wollen – es wird vernünftigerweise immer ein großer Aufwasch werden, der die gesamte Toilette zum Wasserklosett (im wahrsten Sinne des Wortes) macht.
Verzichten Sie auf die Suche nach Toilettenpapier in den traditionellen WCs. Bereiten Sie auch Ihre Kinder auf diese Neuartigkeit vor. Wenn Sie nicht ständig Ihre eigene Toilettenpapierrolle mit sich tragen wollen, dann lautet das Motto: waschen, nicht wischen. Die linke Hand (mit kurzen Nägeln) und reichlich Wasser beenden das Toilettenritual. Denken Sie daran, daß nur die linke Hand diese Aufgabe erfüllt. Jetzt erklärt sich auch, weshalb man die linke Hand niemals zum Essen benutzt oder mit ihr Waren oder Nahrung überreicht.
Für Kinder bestehen kaum Reinlichkeitstabus. Nasse Hosen und ähnliche Mißgeschicke werden von den Eltern ruhig und gelassen zur Kenntnis genommen. Man zieht die Kinder um, wischt die störenden Pfützen auf, und das Problem ist ohne viel Aufhebens beseitigt.
Die auf dem Lande üblichen Toilettengepflogenheiten lassen sich nicht immer ohne Konflikte auf eine neue Umgebung übertragen. So haben auch die Landbewohner Schwierigkeiten, sich den ungewohnten, modernen Sitten anzupassen, die vor allem in

Badezimmer- und Toiletten-Knigge

• Tu! und Tabu! •

Tabu!: In der Öffentlichkeit nackt baden. Halten Sie sich bedeckt!

Tu!: Führen Sie die Reinigung Ihres Astralkörpers unbekümmert fort, selbst wenn Sie eine Menschenmenge anziehen. Dabei ein wenig mit Zahnbürste, Kamm oder Shampoo herumzualbern, lockert die Stimmung, und Sie können Freunde gewinnen.

Tabu!: Das Badezimmer dient ausschließlich der Körperpflege. Die „innere Reinigung" findet an einem anderen Ort statt.

Tu!: Hinterlassen Sie das Badezimmer in sauberem Zustand.

Tu!: Nehmen Sie bei Bedarf Ihr eigenes Toilettenpapier und Feuchttücher mit.

Tu!: Danken Sie jedem, der Ihnen weitergeholfen hat. Menumpang mandi (das Benutzen von Bade- und Waschgelegenheiten) ist wichtiger Teil der indonesischen Gastfreundschaft.

• Hygiene-Lexikon •

Bak mandi:	Der Wasserbehälter (aus Zement oder verfliest) im Baderaum/Waschbereich
Gayung:	Duschkelle, Schöpfkelle zum Baden (dies kann auch eine kleine Dose oder ein Plastikeimer sein)
Kamar mandi:	Badezimmer oder Waschbereich
WC:	Toilette (ausgesprochen „wei sei") – nicht zu verwechseln mit kamar mandi
Mandi:	Baden bzw. Badebereich
„Permisi, boleh menumpang mandi?"	„Entschuldigung, dürfte ich bitte ein Bad nehmen?"
„Ada WC?"	„Gibt es hier eine Toilette?" (Diese Frage schließt ein, daß Sie die Toilette auch benutzen wollen. Sie müssen nun Ihr Anliegen – wie folgt – konkretisieren.)
„Mahu buang air kecil."	„Ich muß Wasser lassen."
„Mahu buang air besar."	„Ich möchte Stuhlgang verrichten."

den Zügen, Flugzeugen und Großstädten Einzug gehalten haben. In Flugzeugen geben die Stewardessen und Stewards stets genaue Anweisung, wie die chemischen WCs zu benutzen sind. Oft kann man auf den Toiletten der größeren Flughäfen gequältes Personal beobachten, das die Fluggäste vom Land davon abzuhalten versucht, aus gewohnter Bequemlichkeit und einer durchaus vernünftigen Hygienevorstellung heraus die Toilettenbrillen zu erklettern.

Düfte

Oft werden Ihnen in den Toiletten Mottenkugeln auffallen, die scheinbar die Aufgabe von „Luftreinigern" übernommen haben. Keine Angst, es gibt auch keine Monstermotten, die Fliesen anknabbern. Die Kugeln sollen lediglich eine Invasion der Küchenschaben abwehren, die Bildung von Schimmelpilz hemmen und die Luft „verbessern" - wenn es schon keine frische gibt. In Gegenden, wo der Wasserdruck sehr niedrig ist, scheint Sauberkeit durch einen Berg von Mottenkugeln ersetzt.

Schenken und beschenkt werden

Sie werden bewundernd bemerken, wie graziös die Indonesier ihre Hände „handhaben". Es ist besonders graziös, wenn diese Hände Geschenke überreichen. Die Indonesier lieben es, andere zu beschenken. Gebefreudigkeit scheint ein nationaler Charak-

● Tu! und Tabu! ●

Tabu!: Geschenke werden nicht vor den Augen des Gebers geöffnet. Dies geschieht üblicherweise später im engen Kreis der Familie. (Ausnahme: Überreicht man Ausländern bei öffentlichen Anlässen Geschenke, so wird erwartet, daß sie diese auch sogleich öffnen. Achten Sie auf Zeichen aus Ihrer Umgebung, die Ihnen andeuten, wie Sie sich am besten verhalten.)

Tu!: Denken Sie daran, daß man sich in Indonesien nicht förmlich für Geschenke bedankt.

Tabu!: Sie können sicher sein, daß Ihre indonesischen Freunde sich daran erinnern werden, was Sie ihnen geschenkt haben, und bei späterer Gelegenheit einmal darauf zu sprechen kommen. Viele Indonesier führen tatsächlich Buch darüber, wer was für sie getan bzw. ihnen geschenkt hat, so daß sie sich im richtigen Augenblick mit einem gleichwertigen oder sogar höherwertigen Geschenk erkenntlich zeigen können.

terzug zu sein. Schenken bestärkt das Gefühl des sozialen Miteinanders. Und es kann durchaus geschehen, daß der Fremde in diese liebenswerte Sitte einbezogen wird. Auf jeden Fall sollten Sie die typischen und wesentlichen Gelegenheiten, bei denen Geschenke überreicht werden, kennen.

Wenn Sie einen Gegenstand mit allzu offenkundiger Begeisterung loben, so kann dies

Geschenk-Knigge

• Anlässe •

Wenn der tuan oder die nyonya von einer längeren Reise zurückkehrt, so erwarten die Hausangestellten ein ole-ole, ein kleines Geschenk im Sinne eines Reisesouvenirs.

* * *

Wenn Sie in eine Gegend reisen, die für bestimmte Delikatessen bekannt ist, so sind derlei lokale Spezialitäten die besten Mitbringsel (zum Beispiel die salak-Frucht aus Bali, gula Jawa aus Zentral-Java oder Fisch bei einer Reise ans Meer).

* * *

Für einen erwiesenen Dienst oder Gefallen bedankt man sich häufig mit einem Geschenk, das den Gaumen erfreut.

* * *

Bei den meisten Volksgruppen Indonesiens ist es liebenswerter Brauch, nach einer Feier die Essensreste aufzuteilen und den Gästen mit nach Hause zu geben. (Hier vereinen sich Gastfreundschaft und praktische Vernunft, denn nicht jeder hat die Möglichkeit, größere Mengen von Lebensmitteln längere Zeit frisch und kühl zu halten.)

* * *

Wenn Indonesier Sie nach Hause, insbesondere zum Essen, einladen, dann sollten Sie der Gastgeberin eine Kleinigkeit mitbringen, etwa eine Schachtel Pralinen, Kekse oder einen Blumenstrauß, und Ihr Gastgeschenk ohne Förmlichkeit übergeben.

* * *

Wenn offizielle Gruppen oder Delegationen (von Firmen, Schulen, sozialen Organisationen o.ä.) Bildungseinrichtungen, Fabriken oder sonstige Betriebe besichtigen, so ist es üblich, ihnen kleine Andenken (kenang-kenangan) zu überreichen. Indonesier verschenken meistens kleine Fahnen oder gravierte Plaketten; manche Ausländer halten für solche Gelegenheiten einen Vorrat von Bildbänden über ihr Heimatland bereit.

* * *

Hadiah ist ein Geschenk in Form eines Preises. Ein hadiah mag eher ein Trostpreis sein, etwa ein Glas in einem Paket Waschpulver, oder auch ein echter, in einem Wettkampf errungener Preis.

* * *

Kado heißen anläßlich einer Einladung (zum Geburtstag, zur Hochzeit o.ä.) überreichte Geschenke. Das Einschlagpapier nennt man kertas kado und die entsprechenden Glückwunschkarten kartu kado.

dazu führen, daß Ihr indonesischer Gastgeber Ihnen das so sehr bewunderte Objekt zum Geschenk macht. Zwar ist dieser Brauch in Indonesien weniger verbreitet als in anderen Teilen Asiens, doch Sie sollten sich der möglichen Folgen solcher Komplimente bewußt sein. Sagen Sie es ruhig frank und frei, wenn Ihnen etwas gefällt, aber zähmen Sie Ihre Euphorie, bis Sie gelernt haben, die sozialen Signalzeichen richtig zu deuten und einzusetzen.

Von Tieren und Haustieren

Es wird überliefert, daß der Prophet Mohammed eher ein Loch in seinen Gebetsteppich geschnitten als eine darauf schlummernde Katze aufgestört hätte.
Nun, ob diese Tierliebe und Wertschätzung der Kreatur noch heute und für ganz Indonesien gilt, wissen wir nicht und erscheint dem Ausländer wohl fraglich. Ebensowenig wissen wir, ob die merkwürdig aussehenden Schwänze der Katzen tatsächlich auf einer besonderen genetischen Anlage beruhen. Dem Fremden werden unweigerlich die zahlreichen Katzen mit ihren verstümmelten oder verbogenen Schwänzen ins Auge fallen. Man findet sie auf allen Inseln des Landes, doch scheint es die meisten von ihnen auf Java zu geben. Sie sind klein und fressen mit Vorliebe Reis und Fisch. Sie streichen auf Müllhalden und Abfallbergen herum, in den *pasars* und auf Hausdächern, wo sie als eine Art Hausmeister die Ratten jagen. Manche Hauskatzen mögen in der Tat von der Jagd auf Ratten und ähnlich unliebsame Parasiten leben – die meisten allerdings heften sich in der Hoffnung auf regelmäßiges Futter auf die Fersen des Küchenmädchens.

Knigge „tierisch"

• Tu! und Tabu! •

Tu!: Halten Sie sich vor Augen, daß Ihr Haushund und Ihre Hauskatze vermutlich regelmäßiger mit (vor allem proteinhaltigerer) Nahrung versorgt werden als die Menschen in den *kampungs* Ihrer Nachbarschaft.

Tabu!: Erwarten Sie von moslemischen Hausangestellten nicht, daß sie Ihren Hund versorgen, ihn ausführen oder gar mit ihm spielen.

Tu!: Bereiten Sie sich aber andererseits auch darauf vor, daß man Ihnen beim Tod eines verhätschelten Haustieres „beistehen" will. Es gibt Erzählungen über Hausangestellte, die die verschiedene Kreatur in Leichentücher hüllen, mit Duftwasser besprenkeln und Blütenblättern bedecken oder gar ein *selamantan* bereiten, um den Schmerz des Besitzers lindern zu helfen.

Die indonesischen Hunde (anjing kampung) haben die Eigenschaften aller verwilderten Hunde: Sie sind schlau, zäh und verteidigen hartnäckig ihr Territorium. Immerhin sind uns bislang keine Schreckensmeldungen über Hunde, die sich zu gefährlichen, reißenden Rudeln zusammenrotten, zu Ohren gekommen. Zwar treten Fälle von Tollwut auf, doch besteht für wohlversorgte Haustiere keine ernsthafte Gefahr.
Wie viele Asiaten, so sind auch die Indonesier Vogelliebhaber. Man hängt die Käfige häufig im Freien, in Bäumen oder an Stangen, auf. Singvögel sind sehr beliebt und begehrt, jedoch auch teuer. Geschäfte bieten Kassetten mit dem Gezwitscher besonders sangeslustiger Vögel an. Im „Taman Mini Indonesia Indah" in der Nähe von Jakarta gibt es einen riesigen, begehbaren Vogelzwinger, wo Sie die Vögel in einer verhältnismäßig natürlichen Umgebung beobachten können.
Auf Schlangen, Alptraum vieler Ausländer, werden Sie in den inneren Stadtbereichen kaum stoßen. Mitunter wird man Ihnen zwar eine abenteuerliche Geschichte vom Fang einer Riesenpython in Ost-Java erzählen, doch sind die häufigeren und gefährlichen Giftschlangen glücklicherweise meist scheue Wesen, die vor dem Menschen die Flucht ergreifen.

Ehre und Gesicht

Auch der soeben erst eingetroffene Fremde nimmt unmittelbar die verfeinerte soziale Etikette der Javaner wahr, die ganz Indonesien geprägt hat. Der Versuch, sich in diesem Benimmsystem „zu verhalten", führt beim westlichen Ausländer häufig entweder zu Frustration oder zu Faszination. Beide Reaktionen sind Ausdruck einer zu überwindenden Schwelle, die akademisch (es gibt sehr viele gelehrte Bücher darüber!) durch den jahrhundertealten hinduistischen Einfluß erklärt werden kann. Dies wird Ihnen jedoch nicht erklären, weshalb zum Beispiel Ihr Taxifahrer lacht, während er Ihnen berichtet, daß vor kurzem sein jüngstes Kind gestorben ist.
Es ist bekannt, daß die Javaner ihre Gefühle verbergen und kaum jemals offen zeigen, was sie wirklich empfinden. „Es ist sehr schwer, uns kennenzulernen", lautet die Herausforderung – und die Verlockung: „Wenn es dir jedoch gelingt, so sind wir auf immer gute Freunde."
Der Reisbauer, der zwar nicht die historischen und mystischen Wurzeln der sozialen Verhaltenskultur genau kennt, weiß immerhin, daß jedem sein Platz zugeteilt ist und daß es Sicherheit und Seelenruhe bedeutet, diese Gegebenheit hinzunehmen. Und in den Nischen dieses Ordnungssystems (oder draußen vor der Tür? oder im Niemandsland?) befindet sich der Ausländer, krampfhaft bemüht, das Richtige zu tun.
Wie immer Ihre Herangehensweise auch sein mag – weltbürgerlich liberal, traditionell oder einfach nur zurückhaltend wohlerzogen –, Sie müssen sich grundsätzlich folgendes vor Augen halten:

- Jeder Indonesier nimmt einen gesellschaftlichen Rang ein.
- Niemand steht auf der gleichen Stufe mit irgend jemand anderem.

- Der gesellschaftliche Rang ändert sich mit den äußeren Gegebenheiten.
- Achtungserweise sind immer und überall Grundlage des sozialen Verhaltens.
- Diesem Sozialverhalten liegen die folgenden Wertkategorien zugrunde:
  Malu – Soziale Scham und Schande
  Gengsi – Äußerer Schein
  Asal bapak senang – Den Chef bei Laune halten
  Memojokan – Nicht beachtet werden

Jeder nimmt einen gesellschaftlichen Rang ein

Wir können uns an folgende Begebenheit erinnern: An einem späten Nachmittag trafen wir in einem winzigen Dorf in einer abgelegenen Gegend West-Javas ein. Erschöpft und schmutzig von der Reise, entstiegen wir unseren schlammverkrusteten Landrovern, um in gebührender Weise den Dorfältesten und seine Frau zu begrüßen. Hofften wir doch auch, bei ihnen übernachten zu können. Die Tatsache, daß bei ihr die Zähne nur noch Jugenderinnerung waren und er seine Arbeitstage im Schatten und Schutz eines behäbigen Wasserbüffels zubrachte, änderte gar nichts daran, daß wir ihnen in diesem Augenblick Respekt zu bekunden hatten.
Wir wurden uns dessen im nachhinein noch deutlicher bewußt, als andere Reisende, ebenso schmutzig und ebenso dringend auf der Suche nach einer Schlafgelegenheit, im Dorf ankamen. Ohne die „gesichtsverleihenden" Begrüßungsformalitäten zu beachten, verlangten sie recht unverblümt Bewirtung und Unterkunft. In der höflichen, distanzierten javanischen Art gab ihnen die alte Frau zu verstehen, daß sie ihnen nicht weiterhelfen könnte. Später gestand sie ein: „Sie haben meine Gefühle verletzt, als sie meinen Mann nicht so begrüßten, wie es seinem Rang entspricht."

Niemand steht auf der gleichen Stufe mit irgend jemand anderem

In Indonesien ist es sehr wichtig, den wechselseitig gebührenden Respekt zu zeigen. Ein westlicher Ausländer schilderte uns humorvoll, wie fremde Gäste, die einen ähnlichen sozialen Rang innehatten wie ihre Gastgeber, in der Provinz empfangen wurden. Unzählige Male war zu hören: „Bitte, nach Ihnen ... Nein, nach Ihnen ... Aber ich bitte Sie ... ", bis es endlich allen Anwesenden gelungen war, über die Schwelle zu treten und Platz zu nehmen. Dem folgte wiederum eine lange Zeitverzögerung, da innerhalb der Gruppe erst irgendwie/irgendwann geklärt werden mußte, wer/weshalb rangmäßig dazu auserkoren war, das Treffen offiziell zu eröffnen.

Der gesellschaftliche Rang ändert sich mit den äußeren Gegebenheiten

Eine Form der Respektbezeugung gegenüber gesellschaftlich Höhergestellten zeigt sich darin, daß man sehr nachsichtig auf Verspätungen, Störungen oder Unannehmlich-

keiten reagiert, die von ihnen ausgelöst wurden. Man erwartet, dies gelassen und verständnisvoll hinzunehmen – zumindest an der Oberfläche. Jedes andere Verhalten würde auf Mangel an gutem Benehmen (kurang ajar) schließen lassen. Als Entschädigung schlägt das eigene Stündlein zu Hause: Hier erwartet man, daß die Hausangestellten gutgelaunt das Essen servieren, auch bei verspäteter oder unangemeldeter Heimkehr. Status und das jeweils angemessene Verhalten ändern sich mit der Situation und den beteiligten Personen.
Auf einige typische Situationen, die solche gegenseitigen Respekterweisungen verlangen, wollen wir näher eingehen, denn auch Sie als Ausländer werden sich diesen Situationen mit großer Wahrscheinlichkeit gegenübersehen.

Die Regeln des Respekts gelten immer und überall!

Ehrerbietung drückt sich unter anderem darin aus, daß Sie zu einer Verabredung oder einem Treffen früh genug erscheinen, um auf das Erscheinen den Ehrengastes zu warten. Zwar wurde das Motto: „Spute dich und warte dann!" nicht gerade in Indonesien erfunden, aber als Respektsbezeugung findet es durchaus Anwendung und Beachtung.
Sie bekunden Respekt auch dadurch, daß Sie einen Gast zu seinem Auto begleiten, bei geselligen Zusammenkünften alle eintreffenden und sich verabschiedenden Gäste mit Handschlag grüßen und in Gesprächen unangenehme Themen vermeiden.

Ehrerbietung, ausgedrückt durch Handhaltung und Kopfhöhe

Selbstverständlich bringen Sie gegenüber allen älteren Menschen (also gleich, welcher sozialen Schicht sie angehören) Ihre Ehrerbietung zum Ausdruck.
Es mag verwirrend klingen, doch zollt ein Gastgeber seinen Gästen gerade dadurch

Respekt, daß er sie zunächst im Wohnzimmer warten läßt, während er sich umkleidet, Tee zubereitet und Gebäck serviert. Dann erst erfolgen auf beiden Seiten die Höflichkeitsrituale, und niemand erwähnt die vorangegangene Wartezeit.
Es ist Zeichen rücksichtsvollen Respekts, dem anderen schlechte Nachrichten vorzuenthalten. Läßt sich dies nicht vermeiden, so sollten Sie sie mit einem Lächeln überbringen. Man wird Sie also, begleitet von flehendem Gekicher oder unterdrücktem Lachen, über persönliche Dramen, den Tod eines Kindes oder den Verlust von Haus und Hof, unterrichten - ein Verhalten, das Ausländer immer wieder aufs neue an ihrem Verstand zweifeln läßt. Niemand wird darauf belustigt reagieren. Eine angemessene Erwiderung ist betroffenes Murmeln.
Der äußere Höflichkeitskodex zählt mehr als die Auseinandersetzung mit der Realität. Deshalb muß man seinen Gästen Speis und Trank anbieten, selbst wenn die Kekse schon muffig schmecken. Die Geste zählt, nicht der Geschmack.
Diese Regel gilt auch für die zwischenmenschlichen Beziehungen. Ein intelligenter und energiegeladener Büroangestellter wird sich immer seinem Vorgesetzten unterordnen, so einfallslos und trottelig dieser auch sein mag - wegen des unterschiedlichen gesellschaftlichen Ranges.

„Malu", „gengsi", „asal bapak senang" und „memojokan"

M a l u bedeutet, Gesicht zu verlieren - oder noch deutlicher: Jemanden m a l u zu machen, heißt, ihm seine respektable Gesichtsmaske abzureißen und seine dahinter verborgenen Mängel und Fehler bloßzulegen. So mag es dann tatsächlich „gesichtsrettender" und ehrerbietiger sein, es zuzulassen, daß sich jemand zum Gespött der Leute macht, anstatt ihn unverblümt vorzuwarnen und dadurch Gesicht verlieren zu lassen.
Hausangestellte erklären mit diesem Begriff oft das schüchterne Verhalten ihrer Kinder. M a l u gilt häufig auch als Begründung und Entschuldigung dafür, daß man einer Auseinandersetzung mit unfähigen Autoritäten aus dem Wege geht.
M a l u kann auch tiefe Beschämung bedeuten. Die kleinen oder größeren Fehler oder Verfehlungen von Angestellten und Hauspersonal, die oft unausgesprochen bleiben, um peinliche Konfrontationen zu vermeiden, können für die Betroffenen schwerwiegendes m a l u heraufbeschwören. So geschieht es recht häufig, daß Angestellte ohne Ankündigung ihre Arbeitsstelle verlassen, um solchen Auseinandersetzungen zu entfliehen.
Niemand wird öffentlich angeprangert, denn nichts ist schändlicher, als öffentlich kritisiert zu werden und keine Gelegenheit zu haben, die eigene (vielleicht völlig andere) Sicht der Dinge darzulegen. Jemand kann sich auch m a l u fühlen, weil die Eindeutigkeit der Situation keine leicht dahingeworfene Ausflucht ermöglicht.
Alle Indonesier, ob jung oder alt, werden ständig ermahnt, sich als würdige Vertreter ihrer Familie, ihres Betriebes, ihrer Schule o.ä. aufzuführen - „J a n g a n m a l u", „Mach uns keine Schande!", so lautet die Weisung. Den westlichen Ausländer mag diese Moral verwirren, da sie im Kern voraussetzt, daß Missetäter und Opfer (oder

Zeuge) *gleichermaßen* vor der unerquicklichen Lage bewahrt werden sollen. Als Ausländer könnten Sie eine solche, untergründig von *malu* bestimmte, Situation leichtfertig mit der egoistischen Floskel „Das ist dein Problem!" übergehen. Doch bedenken Sie dabei unbedingt, daß in Indonesien alles geteilt wird: Raum, Güter und Gefühle.

Gengsi: Die Bedeutung dieses Begriffes bewegt sich zwischen „den äußeren Schein wahren" und Protzen, manchmal auch „falschem Stolz". (Natürlich sind dies keine spezifisch indonesischen Eigenschaften.) Interessant ist, daß die Indonesier selbst sehr freizügig und offen Verhalten oder Vorhaben als *gengsi* bezeichnen. Bevor Sie selbst jedoch diesen wertenden Begriff anwenden, sollten Sie sich zuvor bei vielen Gesprächen in die Nuancen seiner Bedeutung „eingehört" haben.

Asal bapak senang: Dieser Ausdruck bedeutet poetisch in etwa „Vaters Glücksquelle". Übersetzen Sie ihn frei und trivial mit: „Gelobt sei, was dem Boss gefällt."
Die Javaner behaupten, dieser philosophische Wertmaßstab sei typisch indonesisch. Die Indonesier, die hingegen anderen ethnischen Gruppen angehören, würden ihn aber wohl eher als typisch javanischen Wert bezeichnen.
Indonesische Kinder werden schon früh im Schoße der Familie auf Gefälligkeit und Konfliktvermeidung hin „trainiert". Dies ist Widerspiegelung einer geradezu nationalen Eigenschaft. Im sozialen und Geschäftsleben bedeutet *asal bapak senang*, daß die Untergebenen sich unterordnen. Ausdruck dieser Unterordnung ist „gefälliges Sprechen". Es geht nicht darum, Wahrheiten oder knallharte Tatsachen zu verkünden, sondern dem Zuhörer just das mitzuteilen, was er vermutlich hören möchte und ihn daher wohl erfreut.
Im günstigsten Falle wird Ihnen diese Einstellung Peinlichkeiten ersparen; Sie werden manchmal unverdiente Komplimente erhalten und vernehmen, daß alles in Ordnung sei (was Sie dann vielleicht selbst zu glauben beginnen). Im schlimmsten Falle hören Sie eine Übertreibung mit einem Körnchen Unwahrheit darin. Oder anders ausgedrückt: Der Traum ist das Fundament des Schloßbaues. Wundern Sie sich also nicht, wenn die Worte das Gegenteil der Tatsachen sind. Wenn Sie zum Beispiel wissen, daß die Firma xy kurz vor dem Ruin steht, die Angestellten dieser Firma jedoch die unternehmerische Weisheit des Inhabers preisen, dann wird Ihnen keine Lüge erzählt, sondern lediglich die Wahrheit beschworen.
Tief beeindruckt von dieser Einstellung, fragten wir indonesische Freunde, wie denn unter solchen Umständen harte und unverblümte Fakten auf den Tisch derer gelangen könnten, die Entscheidungen in Politik und Wirtschaft zu treffen hätten. Diskret, sehr diskret, damit kein Gefühl von *malu* entsteht. Ein vertrauter Ratgeber überbringt das „heiße Eisen" dem Schmied.
Wenn Sie mit Indonesiern zusammenarbeiten wollen, so werden Sie Ihre Wertschätzung für sachliche Kritik vergessen müssen. Ihre indonesischen Partner folgen einer anderen produktiven und konstruktiven Logik: Wenn sie spüren, daß Sie den Erfolg einer Sache wünschen, dann werden sie dies auch durch die Verschönerung der Tatsachen unterstützen. Kritische Bemerkungen werden sie nur zaghaft andeuten.

Memojokan bedeutet den sicheren sozialen Tod. Jemand wird „mit dem Gesicht zur Wand in die Ecke gestellt" – der endgültige Gesichtsverlust, die soziale Isolation als Folge.

Verzeihen

Das Bedürfnis, um Vergebung zu bitten und zu verzeihen, ist tief in der indonesischen Ethik verankert. Dies zeigt sich bei vielen Gelegenheiten, wird aber insbesondere beim lebaran stark formalisiert. Zu diesem Anlaß statten die Moslems ihren Vorgesetzten, den älteren Ehrenpersonen und dann ihren Freunden Pflichtbesuche ab, um sie für (vermeintliche oder tatsächliche) Verfehlungen und Schwächen im vergangenen Jahr um Vergebung zu bitten. Die Grußkarten, die Freunde bei diesem Anlaß austauschen, wünschen nicht eigentlich „Fröhliches lebaran"; sie bedeuten eher „Ma'af lahir batin" („Verzeih all meine Fehler").
Wenn Sie in Indonesien leben und Hauspersonal beschäftigen, so kann es Ihnen am lebaran widerfahren, daß Ihre Bediensteten Sie auf Knien um Vergebung für ihre Schuld bitten. Allerdings ist die Aufforderung „Vergib mir meine Schuld!" nur ein sehr allgemeines (und eher unverbindliches) Eingeständnis von Fehlerhaftigkeit. Die Bitte bezieht sich keineswegs auf die konkreten Verfehlungen des vergangenen Jahres – also nicht auf die verheimlichten Beulen an Ihrem Auto, nicht auf die angeschlagene Porzellanvase, deren lädierte Seite verschämt zur Wand blickt, und nicht auf Ihre beim Bügeln versengte Bluse, die nun tief im hintersten Winkel des Kleiderschrankes auf Entdeckung wartet. Es geht um eine generelle Absolution, um ein Abwischen der Kreidetafel von Schuldstrichen – auf ein neues!

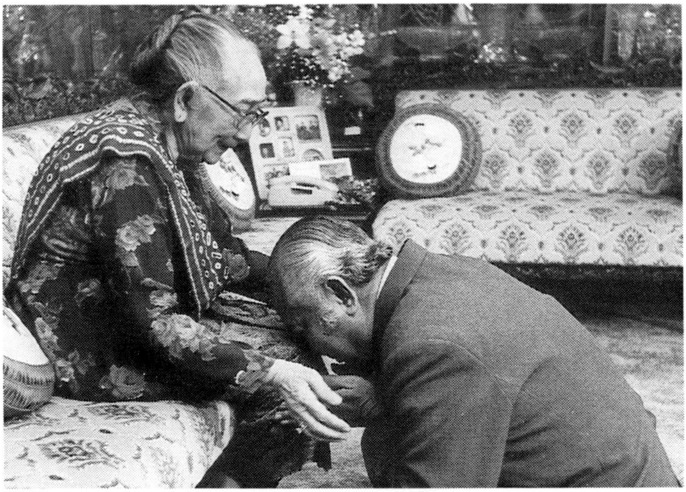

Formelle Bitte um Vergebung während des lebaran

Natürlich erwartet im Geschäftsleben ein Vorgesetzter oder Chef, daß er von einem Angestellten, der einen schwerwiegenden Fehler begangen hat, umgehend aufgesucht, der Fehler eingestanden und er um Vergebung gebeten wird. Der Chef, der in den meisten Fällen bereits informiert sein dürfte, spielt entweder den Überraschten und gewährt dann Vergebung, oder er nimmt die Entschuldigung ohne Umstände an. Wir erfuhren, daß eine solche Entschuldigung angenommen werden muß. Es beweist nicht einfach nur gutes Benehmen. Es bedeutet vielmehr die ritualisierte Philosophie der sozialen Harmonie in Familie, Gesellschaft und Geschäftswelt, die Sehnsucht nach der Harmonie der Widersprüche.
Die Bereitschaft, vielfältige und zahlreiche Entschuldigungen anzunehmen, ist keineswegs Ausdruck von verantwortungslosem, nachlässigem Laisser-faire. Vernunft und Rationalität sind selbstverständlich auch in Indonesien bestimmend. Wenn drakonische Maßnahmen notwendig werden, geschehen sie aber nicht als solche. Man leitet vorsichtige Schritte ein, die dem Betroffenen kein malu (Scham und Schande) androhen. Es heißt, Indonesier vergäben zwar leichtherzig, vergäßen jedoch nie. Im Akt der Verzeihung ist bereits das Bemühen eingeschlossen, die gleiche Veranlassung in Zukunft zu verhindern.
Eine Person von hohem sozialen Status bietet Rangniedrigeren (etwa einfachen Hausangestellten oder ungelernten Arbeitern) keine formelle Bitte um Entschuldigung an. Schuld oder Versagen wird vielmehr dadurch eingestanden, daß man kleine Geschenke überreicht oder sonstige Gefälligkeiten erweist. So bleibt die soziale Distanz gewahrt. Eine formelle Entschuldigung würde den anderen verunsichern und verlegen machen. Für westliche Ausländer, meist von egalitärer demokratischer Überzeugung, mag diese Erkenntnis eine schwer zu schluckende Kröte sein, aber sie müssen nun einmal als Gäste die indonesischen Sozialregeln akzeptieren lernen.

Von Gespenstern, Geistern und anderen greulichen Dingen

Die Indonesier sind beides: sehr religiös und sehr abergläubisch. Neben ihren tief verankerten religiösen Empfindungen wuchert einfacher Geisterglaube.

„Wenn du nicht brav bist ...": Geistergeschichten als Erziehungsmittel

Familien, die es sich finanziell erlauben können, stellen eine Kinderfrau ein, von modernen Indonesiern auch Babysitter genannt. Die Kinderfrau kümmert sich nicht nur um die alltäglichen Bedürfnisse der Kinder. Sie trägt wesentlich zu ihrer Erziehung bei. Meist kennt sie eine Fülle von Geschichten, die in der Geisterwelt spielen. Diese Schauermärchen sind für die Kinder spannende Unterhaltung und dienen daneben dazu, ihnen gutes Benehmen beizubringen und sie, oft durch Furcht, gefügig und gehorsam zu machen.
Einige dieser furchterregenden Geister haben sich auf Kindesentführungen spezialisiert, manche rufen böse Krankheiten hervor, andere sorgen für Unfälle oder stürzen

ganze Familien ins Unglück. Nicht wenige Kinder leiden unter Alpträumen und unerklärlichen Ängsten, fürchten sich vor der Dunkelheit und wollen daher nicht allein schlafen oder nachts das Haus verlassen.

Ein indonesisches Ehepaar, das wir nach dem tieferen Sinn dieser Gruselgeschichten und ihrer Rolle bei der Kindererziehung fragten, lachte und meinte unbekümmert: „Oh ja, wir erzählen gern solche Geschichten, um den Kindern Angst einzujagen!" Tatsächlich scheint die Grenze zwischen Märchenwelt und Realität für viele indonesische Kinder fließend zu sein.

Zu den auf Java bekannten Geistern zählen die sundelsolog, die es lieben, Schrekken unter den Erwachsenen zu verbreiten, während der way-way sich auf Kinder kapriziert. Der Tatbestand, daß es bis heute noch niemandem gelungen ist, eines dieser bösartigen Wesen einzufangen, und daß sie sich Europäern nur äußerst unwillig offenbaren, beeindruckt ihre Glaubensgemeinde keineswegs.

Die leyak treiben ihr Unwesen auf Bali und sind Meister der schwarzen Magie, aber auch der Kindesentführung; sie werden von der wilden Hexenkönigin Rangda angeführt. Während die buta die Küsten unsicher machen, verstecken sich die kala in den dichten und dunklen Urwäldern.

Und in Sulawesi bleiben die Kinder nachts lieber im Haus, um nur nicht dem pokpok, dem „Fliegenden Kopf", zu begegnen.

Ausländern wird auffallen, daß in entfernten Dörfern kleine Kinder oft angstvoll vor ihnen die Flucht ergreifen. Dies ist nur allzu verständlich, wenn man weiß, daß viele der bösen Hexen und Geister aus den Gruselgeschichten eine weiße Hautfarbe haben. Es ist der Fluch der bösen Tat, Ergebnis der Erfahrung der Indonesier mit den Kolonialherren. Eine weitere charmante Kennzeichnung europäischer Ausländer ist der Ausdruck bulé, „Bleichgesicht".

Auch die Kinder mancher ausländischen Familien, die in Indonesien leben, fürchten sich davor, allein und ohne Licht zu schlafen. Häufig geht ihre Angst auf die Schauermärchen der Hausangestellten zurück. Wenn Sie ein Ende dieser Horrorerzählungen wünschen, so sollten Sie dies mit ruhigen, aber klaren Worten verlangen.

Es kann aber auch Ihnen (was wir nicht hoffen) durchaus widerfahren, daß Sie und Ihre Familie mit einem Male von einer Kette von Unglücksfällen heimgesucht werden oder einer Ihrer Hausangestellten sich von einem Geist (hantu) verfolgt fühlt. Wollen Sie dieses Problem auf die traditionelle Weise lösen, so sollte der vom Geist Heimgesuchte einen dukun (einen örtlichen Volksheiler) zu Rate ziehen oder ein selamatan veranstaltet werden, eine religiöse Zeremonie zur Wiederherstellung von Ruhe und Harmonie.

Respektgebietende Dinge, Hausgeister und das Eigenleben der Seele

Die Indonesier leben mit der Natur, dem Meer, den Bergen, den Flüssen, den Wäldern, Einöden und Vulkanen. Wie sollten sie sich da nicht der Dreifaltigkeit von Erschaffung, Zerstörung und Fortdauer bewußt sein? In diesem Bewußtsein erwächst ein Gefühl der Harmonie, das den Widerspruch von Geburt und Tod ausgleicht.

Im pusaka (einem geheiligten Erbstück, das von Generation zu Generation weiterge-

geben wird, etwa eine Waffe o.ä.) wohnt eine Seele, ebenso im Reis, in den Bäumen, Blumen, gewissen Tieren, im Blut und sogar im Haar und abgeschnittenen Fingernägeln.
Kopf und Haar gelten, wie in anderen südostasiatischen Kulturen auch, als „Krönung" und besitzen semangat (Lebenskraft). Daher wird der Kopf in allen Lebenslagen geschützt, im Regen dienen dazu die Hände, ein Blatt, ein Plastiksack o.ä. Und aus diesem Grunde ist das Beugen des Kopfes Zeichen der Ehrerbietung und Wertschätzung anderen gegenüber. Aus Tradition achten zum Beispiel alle in einem Raum Anwesenden darauf, ihren Kopf tiefer als den der ehrwürdigsten Person zu halten.
Als Ausländer sollten Sie den Geisterglauben nicht leichthin oder spöttisch abtun. Gute und böse Geister haben in Indonesien nun einmal ihre Bedeutung. Und wer weiß schon, was Realität ist? Erkennen Sie also immerhin die Realität des Geisterglaubens an.
Eine sehr aufgeklärte, gebildete indonesische Freundin bekannte uns entsetzt, einen hantu (Geist) in einer geschnitzten Stammesmaske im Hause einer europäischen Bekannten entdeckt zu haben. „Aber ich wußte einfach nicht, was ich tun sollte. Wie hätte ich ihr das beibringen sollen? Er gehörte nämlich zu einer ganz besonders gefährlichen Art von Geistern!" Und so mancher westlich geschulte indonesische Arzt überweist gelegentlich einen Patienten an den dukun, einen volkskundlichen Heiler, dessen Stärke vor allem in der Behandlung von Knochenbrüchen und psychischen Leiden liegt.

Geister-Knigge

• Tu! und Tabu! •

Sehr viele Bücher über Indonesien, insbesondere ethnologische, setzen sich mit dem Geisterglauben der Indonesier auseinander. Wenn Ihr Interesse aufrichtig ist, sollten Sie sich auf jeden Fall weiter und intensiver mit diesem Thema beschäftigen. Wenn Sie dem eher skeptisch gegenüberstehen, so sollten Sie Bewertungen ohne Überheblichkeit und behutsam aussprechen.

Tu!: Seien Sie sich der geheiligten Bedeutung von Haupt und Haar stets bewußt, insbesondere auch im Umgang mit Kindern (Kopftätscheln!).

Tabu!: Wecken Sie nie jemanden abrupt aus dem Schlaf (es sei denn, den übermüdeten Taxifahrer, der in voller Fahrt am Steuer eingeschlafen ist).

Tu!: Verdrängen Sie großherzig Ihre Zweifel gegenüber dem Geisterglauben, und versuchen Sie nicht, den anderen zu einer „rationalen" Haltung zu bekehren. Ihr Schutzengel mag es Ihnen unter Umständen danken.

Es wird in Indonesien gemeinhin angenommen, daß sich die Seele während des Körperschlafes auf Reisen begeben kann. Deshalb sollte man Schlafende nie jäh oder unsanft

wecken, denn die Seele braucht Zeit zur Heimkehr. Daher gilt es selbst in Situationen höchster Not, Schlafende nur behutsam aus der Welt der Träume zurückzuholen.
Zur Abwehr von Geistern werden zum Beispiel größere Bauvorhaben vorsorglich von bestimmten Ritualen eingeleitet, zu denen das Schlachten von Ziegen, Hühnern und Bullen gehört, deren Köpfe man anschließend unter begleitenden Gebeten begräbt. Zu diesem Zweck werden heutzutage Priester und Schamanen (im Begleitgepäck die Tierköpfe) mit Hubschraubern auf neu errichtete Ölbohrinseln geflogen, um an Ort und Stelle eine vergleichbare Zeremonie vollziehen zu können.

Klatsch & Ratsch & Tratsch

Indonesier lieben den Klatsch, vermeiden dabei jedoch grobschlächtige und ehrabschneidende Standardthemen. Sie haben ein sehr feines Gespür für Zurückhaltung, das ihnen sagt, ab welchem Punkt der Gesichtsverlust für die andere Person unerträglich wird.
Ausländer, oft sehr empfindlich, wenn es um ihre persönlichen Angelegenheiten und ihr Privatleben geht, sind nicht selten unangenehm berührt von der Tatsache, daß ihre indonesischen Hausangestellten über all ihre häuslichen Belange sehr genau im Bilde sind. Ähnlich gut informiert sind die im Büro tätigen Angestellten und Kollegen. Umgekehrt jedoch wird es ihnen kaum gelingen, tief in die Privatsphäre der Indonesier vorzudringen. Es ist möglich, sogar wahrscheinlich, daß Sie als tuan oder nyonya so gut wie nichts Persönliches über Ihre Mitarbeiter in Haus und Büro in Erfahrung bringen werden. (Und das, was Sie über diese wissen, ist womöglich nur das, wovon man glaubt, daß Sie es hören wollten.)
Das Erfreuliche an der indonesischen Lebensphilosophie liegt darin, daß sowohl Freud als auch Leid von allen geteilt werden – allerdings mit der eher betrüblichen Folge, daß ein anvertrautes Geheimnis nicht lange ein solches bleibt.

Wissenswerte Begriffe

Basa basi:	„Smalltalk", „Stehempfangs"-Geplauder, Partygespräche
Desas-desus (auch: sas-sus):	Freundlicher, harmloser Tratsch
Omong-omong:	Unterhaltung, Konversation

Von der Bedeutung der Namen

Namen gelten in Indonesien als heilig. Namen können nicht nur auf Status und sozialen Rang des Namensträgers, sondern auch auf den Beruf seines Vaters (oder das

traditionell von seiner Familie ausgeübte Handwerk) verweisen, sich auf seinen Geburtstag und sogar seine astrologischen Rahmenbedingungen beziehen.
Ein javanischer Vater wird dem Neugeborenen seinen Namen zuflüstern, ehe er ihn laut ausspricht. Eine Batak mag ihr Kind nach dem ersten Gegenstand benennen, den sie nach der Geburt erblickt bzw. an den sie denkt. (Und das Kind muß womöglich sein Leben lang auf die ewig gleiche Frage antworten, warum es ausgerechnet payung – Regenschirm – heißt.)
Bei den Javanern ändert man den Namen des Kindes, wenn eine Folge von Unglücksfällen oder Krankheiten zeigt, daß sein Name kabotan jeneng (zu schwer, zu bedeutsam) ist und somit für das Kind nicht geeignet ist (cocok). In einem solchen Fall wählt man als neuen Namen häufig „Slamet", was soviel bedeutet wie „Viel Glück".
Wie in anderen Kulturen auch, deuten manche Namen bzw. Namensteile auf die berufliche Tätigkeit der Vorfahren hin. Bei den Javanern zeigt zum Beispiel der Namensteil „Tirta" an, daß der Namensträger einen Rang in der Bewässerungsverwaltung einnimmt.
In den Dörfern bewahren Frauen auch nach ihrer Heirat meistens ihren Mädchennamen, während die Kinder den Namen des Vaters tragen. Es besteht kein Gesetz, das der Ehefrau vorschreibt, den Namen ihres Mannes anzunehmen. In der westlich beeinflußten Mittelschicht ist dieser Brauch jedoch bereits verbreitet. Namen, die unseren westlichen Nachnamen vergleichbar wären, tragen eigentlich nur die Batak, die Minahasa sowie einige Stämme aus dem südlichen Sulawesi.
In der Oberschicht der Minangkabau wird dem zum Manne gereiften Jungen von seinem Stamm ein Ehrenname verliehen. Häufige Namen sind hierbei Sutan, Bagindo und Datu. Im nördlichen Sumatra, in den Gebieten mit starkem Missionseinfluß, tauchen viele europäisch klingende Namen auf. Ein indonesischer Freund erzählte uns belustigt: „Mein Name ist Importware".
Namen wie Pan, Pon oder Casino scheinen englisch zu klingen und mögen daher den Ausländer verwirren. Andere sind lautmalerischen Ursprungs: Bambang, Bazuki, K'tut ebenso wie die Spitznamen Bung und Bang. In Indonesien finden sich nahezu alle Arten von Namen – nüchterne, blumige, zufällig entstandene, geheimnisvolle, mythische, religiöse Namen, lange Namen und solche, die nur aus den Initialen bestehen, Stammes- und Kastennamen.

Javanische „Kalender"-Namen

Ein großer Teil der Javaner richtet sich auch heute noch nach einem eigenen Kalendersystem von jeweils fünf Tagen (dino pasaran), das sich siebenmal zu einem „Monat" (: 35 Tage) addiert, wobei das „Jahr" wiederum aus 35 fortlaufend gezählten Monaten besteht. Die nicht westlich gebildeten Javaner verfügen hiermit über ein genaues Mittel zur Zeitbestimmung, indem sie sowohl Tagesname als auch Tagesnummer zusammenführen und so wichtige Termine (wie Geburtstag) kennzeichnen und errechnen können.

Wer diese Bezeichnungen kennt und aufmerksam zuhört, wird bemerken, daß sie von Dorfbewohnern auch als Personennamen verwandt werden: Legi, Paing, Pon, Wage, Kliwon.

Balinesische Namen

Das balinesische System der Namensgebung ist für den „gewöhnlichen sterblichen" Ausländer viel zu kompliziert, als daß er es verstehen könnte, und wohl auch nur für die Balinesen nachvollziehbar und bedeutungsvoll. Es gibt immerhin einige leicht einsehbare Regeln dieses Systems, die Sie kennenlernen sollten, um sich den Spaß nicht entgehen zu lassen, balinesischen Freunden Ihr Wissen vorzuführen.

Denken Sie daran, daß auf Bali drei Kasten bestehen. Bei der obersten Kaste, den Brahmanen, dienen stets der Männername „Ida Bagus" und der Frauenname „Ida Ayu" als Erkennungszeichen. Ihre Kinder werden nach der Geburtenfolge Putu, Made, Nyoman und Ketut benannt.

Bei der Satria-Kaste findet sich keine solche altersmäßige „Numerierung" der Kinder. Angehörige dieser Kaste sind an dem Namensteil „Agung Gede" zu identifizieren.

Die Waisa-Kaste setzt bei Männern „Ida", bei Frauen „Ni" vor den Namen. Die Namensfolge bei den Kindern lautet Wayan, Made, Nyoman und Ketut.

„Bapak" und „Ibu"

Viele westliche Ausländer erstaunt die häufige und offensichtlich ehrerbietige Verwendung der Wörter bapak oder pak (Vater) und ibu oder bu (Mutter). Die Verlagerung dieser so gebräuchlichen Worte in die eigene Sprache und Kultur bereitet Schwierigkeiten. Stellen Sie sich „Papa Kohl" oder „Mama Rita (Süßmuth)" als direkte oder indirekte Anrede vor. Wenn Indonesier sich mit Ausländern in deren Sprache unterhalten, verwandeln sie allerdings Vater/Mutter in Sir/Madam oder Herr/Frau.

Der Begriff „Vater" ist in Indonesien von nahezu mythischer Bedeutung, und man neigt dazu, alle Personen höheren Ranges und größerer Macht zu „paterifizieren", zur Vaterfigur zu erheben. Es scheinen sich alle Regeln der Ehrerbietung, der Verantwortungsabweisung und der Unterwerfung auf diesen Begriff zu beziehen.

Die ehrenden Bezeichnungen „Vater" und „Mutter" dienen auch als Anrede für ältere bzw. höhergestellte Personen. Man spricht eine ältere, unverheiratete Frau ebenso mit ibu an, wie man längere Verhandlungen mit dem greisen Gemüsehändler mit der Anrede pak einleitet.

Der Umgang mit indonesischen Namen und Anreden

Wenn Sie bei einer förmlichen Vorstellung den Namen Ihres Gegenübers zum ersten

Male vernehmen, so können Sie ohne weiteres um Wiederholung bitten. Trainieren Sie Ihr Gedächtnis, indem Sie antworten: „Nett, Sie zu treffen, Herr/Frau ... " Wenn man Ihnen eine Visitenkarte überreicht, prägen Sie sich den Namen optisch ein (und notieren Sie auf der Rückseite gegebenenfalls eine Aussprachehilfe). Am leichtesten

Lexikon der höflichen Anreden

Ein Indonesier, der auf sich aufmerksam machen will (etwa im Restaurant), hebt nicht verzweifelt den Finger oder räuspert sich. Er benutzt statt dessen einfach die in seinem Volksstamm gebräuchlichen Ruf-Namen. Hier einige Beispiele:

Balinesen

Geg: Abkürzung von egeg (= hübsch), Anrede für junge Frauen.
Gus: Abkürzung von bagus (= gut), Anrede für Männer.

Batak

Amang: Korrekte Anrede für einen älteren Mann, entspricht bapak.
Eda: Anrede unter Frauen.
Inang: Korrekte Anrede für eine ältere Frau, entspricht ibu.
Ito: Anrede von Frau zu Mann und vice versa.
Lae: Anrede unter Männern.

Javaner

Bapak: Ehrerbietigste Anrede für Männer (in ganz Indonesien verwendet).
Bung: „Freund", „Bruder" – eine Anrede unter Männern, die aus der Zeit des von Sukarno geführten Unabhängigkeitskampfes stammen soll.
Ibu: Ehrerbietigste Anrede für Frauen (ebenfalls in ganz Indonesien verbreitet).
Mas: Kumpelhafte Anrede für Männer.
Sus: Anrede für Frauen von niedrigerem sozialen Rang.

Minangkabau

Bayung: Anrede für Männer.
Upik: Anrede für Frauen.

Sundanesen

Jang: Anrede unter jungen Männern oder Knaben.
Mang: Anrede eines älteren Mannes (mindester Altersunterschied eine Generation).
Neng: Anrede für junge Mädchen.
Nyai: Das Wort bedeutet heute „alte Frau" und wird von älteren Frauen als Selbstbezeichnung gebraucht. In der Kolonialzeit nannte man so die Mätressen von Europäern.

fällt die Aussprache indonesischer Namen, wenn Sie diese als rhythmische Silben-Perlschnur begreifen. So werden Sie bald Meister darin werden.
Der „Otto Normalverbraucher" trägt nur einen Namen. Angehörige des Mittelstandes führen oft zwei Namen, die in etwa unseren Vor- und Zunamen entsprechen. Die Namen der Oberschicht hingegen (wie könnte es anders sein?) zeichnen sich durch besondere Länge aus. Allerdings pflegt man diese langen Namen auf den Vornamen mit nachfolgendem Initial (Deddy B.) zu verkürzen, was in der höflichen Anrede zu „Bapak Deddy" wird.
Auf Java werden Sie häufig mas (Gold) als Anrede für Männer hören, was sinngemäß unserem „Kumpel", „Spezl" oder „Macker" entspricht. (Formelle Anreden und Vorstellungen werden wir später behandeln.)
Kinder und neue Bekannte verwenden stets die respektvollen Anreden. Sich allein mit dem vertrauten Vornamen anzusprechen, braucht als Voraussetzung das „Geschenk der Zeit". Werten Sie also die Anrede „Frau Ursula" oder „Herr Franz-Josef" als Repektform und nicht als plumpe Vertraulichkeit.
Kaum haben wir Sie auf die strengen sozialen Regeln und Umgangsformen (vor allem unter Javanern) vorbereitet, werden Sie verstört die Erfahrung machen, daß junge Studenten oder Büroangestellte Sie „locker vom Hocker" lediglich beim Vornamen nennen. Sehen Sie darin jedoch keine Anmaßung; es ist nur der etwas unbeholfene Versuch, vermeintlich respektvolle westliche (sprich: amerikanische) Umgangsformen anzuwenden.
Bei den verschiedenen Volksstämmen Indonesiens setzt man oft vor den Rufnamen ehrende Anreden oder verwendet diese ohne jeglichen Namenszusatz. Regionale Beispiele solcher Höflichkeitsanreden: Nord-Sumatra – daud, teuku; Java – raden, raden mas; Süd-Sulawesi (Buginesen) – andi; Bali – ida bagus; Nord-Java (Bantam) – tubagus.

„Pancasila" – die Staatsphilosophie Indonesiens

Der Begriff Pancasila beinhaltet die fünf, aus der Geschichte Indonesiens zu verstehenden Grundprinzipien, auf die sich der Staat in der Präambel zur Verfassung von 1945 verpflichtet hat. Diese fünf Prinzipien sind auch im Staatswappen abgebildet:

- Glaube an den Einen Höchsten Gott (gleich welcher Religion), symbolisiert durch den Stern
- Nationalismus, die Einheit aller Nationalitäten, auch der nichtindonesischen Minderheiten, symbolisiert durch den Büffelkopf
- Demokratie, Volksherrschaft ausgehend von der Tradition des Dorfes, geleitet von innerer Weisheit, die aus der Einstimmigkeit der Ratschlüsse der Volksvertreter hervorgeht, symbolisiert durch den Banyan-Baum
- Streben nach einer gerechten und entwickelten Humanität in den zwischenstaatlichen Beziehungen, symbolisiert durch die Kette

- Ziel der vorgenannten Prinzipien ist eine sozial gerechte Gesellschaft, die für das Wohlergehen des gesamten indonesischen Volkes sorgt, symbolisiert durch Reispflanze und Baumwollzweig.

Sozialer Druck auf sanfte Weise

Das Sozialverhalten der Indonesier wird durch verschiedene Spielformen von sanftem Druck beeinflußt und kontrolliert. Läßt zum Beispiel das Verhalten eines Jugendlichen zu wünschen übrig, so mag plötzlich, wie zufällig, ein Verwandter der Familie auftauchen, der die Angelegenheit behutsam und indirekt regelt. Auf diese Weise gerät der nicht angepaßte Jugendliche unter den moralischen Druck eines bewunderten Vorbilds, dem er ohnehin allein aus Altersgründen Respekt zu zollen hat.

Als weiteres moralisches Druckmittel dient *malu*, die stets drohende Gefahr, Schande über sich selbst und andere zu bringen, das tief verankerte Gefühl, den anderen gutes Benehmen zu schulden.

Auch ein Ausländer kann sich solchem Druck ausgesetzt sehen, etwa seitens seiner Hausangestellten. Wenn es zum Beispiel um Schwangerschaftsurlaub, Darlehen oder Lohnvorschuß für Landkauf o.ä. geht, so wird der indirekte Bittsteller (oder sein Abgesandter) vielleicht zunächst mit bewegenden Worten die Großzügigkeit eines früheren Arbeitgebers schildern, Sie damit in die Falle des schlechten Gewissens locken und erst dann allmählich zur Sache kommen.

Aufwachsen in der Gruppe

Als Teil einer (uniformen) Gruppe erkannt zu werden, „dazuzugehören", ist in Indonesien, anders als im individualistischen Westen, ein erstrebenswertes Ziel. Gruppenuniformen, Gruppenkurse und Gruppenaktivitäten tragen zum Wir-Gefühl bei. Im frühen Morgengrauen schon können Sie Massen von organisierten Joggern, Radfahrern und anderen Sportlern beobachten, oft in einheitlichen Trainingsanzügen.

In einem (in seinen zentralen Teilen) so dicht bevölkerten Land wie Indonesien mag es durchaus vorteilhaft oder gar notwendig sein, daß der einzelne sich in eine Gruppe eingliedert, seine individuellen Bedürfnisse also in die rationelle Massenorganisation einfließen. „So etwas wie Privatangelegenheiten, Privatbesitz oder Zeit für sich selbst kennen wir nicht", stellte ein indonesischer Freund einmal fest.

Teil einer Mädchen- bzw. Jungengruppe zu sein, dient der sozialen Disziplinierung von Jugendlichen und wird als Gewähr von Sicherheit und Geborgenheit aller angesehen. Der Wunsch nach Alleinsein gilt als gefährlich und psychologisch-emotional verräterisch. Und in der Folge wird auch individuelles Verhalten im Sinne von Kreativität, Individualität und Einzigartigkeit (Werte, die das Herz eines jeden westlichen Ausländers höher schlagen lassen) keineswegs geschätzt. Hausangestellte halten Ausschau nach Freundinnen, um einander auf Dienstwegen oder Spaziergängen begleiten zu können. Ganze Völkerscharen besuchen den kranken Verwandten, der als Patient im Krankenhaus liegt. Die gesamte Dorfbevölkerung quetscht sich in den Bus oder Lastwagen, um den Reisenden zu verabschieden, der sich auf Pilgerfahrt nach Mekka begibt. Sie belagert den Boden der Flughafenhalle, ißt und schläft dort, bis alle gemeinsam endlich den großen Augenblick des Abschieds erleben.

In der Familie und auch in der Gruppe ist jeder dem nächsten alles: Er ist nicht nur Wächter und Anführer, er ist auch materieller Versorger, Berater, mütterlicher und väterlicher Beistand, Bruder, Mentor, Richter, Begleiter, Freund, Vertrauter, Zuflucht, Verbündeter, Spielkamerad, Kumpel . . .

Necken als Sozialtraining

Hohes Ziel ist die Verschmelzung von Individuum und Gruppe. Dabei dient das gegenseitige Necken, Foppen, „Pisacken" als soziales Training, als Vorbereitung auf das gemeinsame Leben. Ein indonesischer Junge beschrieb das Necken als „ein Spiel. Jeder versucht, dir auf die Nerven zu gehen und dich zu reizen. Du hast verloren, wenn du darauf reagierst. Und du bist Sieger, wenn man dir glaubt, daß du cool bleibst." Necken ist Training für das soziale Leitbild der „inneren Ruhe" – zumindest dem äußeren Schein nach.

Als aufmerksamer Beobachter werden Sie derlei Neckspiele in allen Altersgruppen entdecken. Grausame Züge tragen diese Spiele, wenn sie sich gegen geistig oder körperlich Behinderte, vor allem Kinder, richten. Ausländern ist dieses Verhalten oft unverständlich. (Zudem scheint es der sprichwörtlichen indonesischen Kinderliebe zu widersprechen.) Wenn Sie selbst aufs Korn genommen werden, mag es tröstlich sein zu wissen, daß die Indonesier selbst einander mit der gleichen Begeisterung auf den Arm nehmen.

Liebe, Sex und andere schweißtreibende Tätigkeiten

Das älteste Gewerbe der Welt hat auch in Indonesien seine Standesvertretung. Transvestiten lehnen lasziv an Straßenecken und locken verheißungsvoll: „Na, mein

Süßer ... "; tiefstimmige Friseure lassen ihren Nachteulen-Augenrand auch unter kleisterdickem Make-up noch durchscheinen; Barmädchen, Drei-Taler-Huren, „Meernixen" unter Strandschirmen, elegante Kokotten – es gibt sie alle. Sie betreiben ihr Geschäft trotz des adat, des traditionellen Gesetzes, das sehr strenge Vorschriften für den Umgang der Geschlechter enthält. Es ist noch nicht allzu lang her, daß ein Vater seine Tochter steinigen durfte, nur weil sie vor der Hochzeit mit einem Mann geliebäugelt hatte.

Vielleicht sollten wir anmerken, daß Männer aller Kreise unbekümmert Händchen haltend oder eingehakt promenieren. Bei Frauen findet sich dies etwas weniger häufig. Werten Sie das jedoch keinesfalls als Ausdruck weitverbreiteter Homo- oder Bisexualität. Es ist eher Zeichen einer unkomplizierten Zuneigung, die dem anderen Geschlecht gegenüber so nicht ausgedrückt werden darf. Und glauben Sie nicht, daß auch Sie nun schnurstracks mit dem Händchenhalten beginnen sollten.

Der Reisende findet in Indonesien, was sein Herz begehrt: sonnige Strände, historische Stätten, die verschiedensten, einander vermischenden Kulturen. Das Land ist an einer Förderung des Tourismus interessiert, dabei allerdings sehr darauf bedacht, nicht (wie etwa Thailand) in den Ruf eines Sündenbabels zu geraten und die traditionellen indonesischen Tugenden kesopan und santunan (Zucht und Zurückhaltung in Sprache und Betragen) nicht in Vergessenheit sinken zu lassen.

Madame Butterfly

– oder Monsieur Butterfly?

Organisierte Prostitution

Die offizielle Haltung der Regierung richtet sich gegen die Prostitution. Dennoch (?) ist sie vorhanden. Dolly und Charak (in Surabaya, Ost-Java) sind einschlägig bekannte

Viertel mit der „Roten Laterne" als Beleuchtung. Pucok in Jambi (Ost-Sumatra) genießt den zweifelhaften Ruf, eines der am besten organisierten Prostituiertendörfer in ganz Indonesien zu sein. Es besteht seit nahezu vierzig Jahren, ist selbstverwaltet und wählt seine eigenen Stadtvertreter. Hier sind Hunderte, meist aus Java stammende Frauen Seemännern, Fernfahrern und anderen Arbeitern zu Diensten.
Berichten einer wichtigen Tageszeitung von Jakarta zufolge bestand einst sogar eine verrucht legendär gewordene Flugverbindung nach Pucok. Der Chef einer im Dschungel stationierten Arbeitertruppe sorgte dafür, daß seine Männer nachts ins Dorf fliegen – und pünktlich zum Arbeitsbeginn auf der Baustelle zurück sein konnten.
In den Städten warten Bars, Massagesalons, Nachtklubs und zahlreiche elegant wirkende Sekretärinnen (sind sie's, oder sind sie's nicht?) mit ihrer Ware und Dienstleistung käufliche Liebe auf. Die verbeitete Kenntnis über Geburtenkontrolle, der Zugang zu anderen Lebensformen durch Kino, Fernsehen, Literatur und Auslandsreisen, sie haben dazu beigetragen, die überlieferte Einstellung zum anderen Geschlecht und zur Sexualität zu verändern.

Sexualität auf dem Lande: „Auf der Alm, da gibt's koa Sünd . . ."

Die Einstellung zur Sexualität hängt in Indonesien vom jeweiligen sozial-wirtschaftlichen Rahmen ab. Wie in etwa im traditionellen China oder in Thailand gibt es eine herrschende Moral und (nicht immer im Einklang dazu) herrschende Bedingungen. Die herrschende Moral schreibt den Dörflern ein keusches Leben bis zur Hochzeit und danach Sex im Dienste des Zeugens und Gebärens vor. Die Realität scheint viel weniger moralisch-idealistisch zu sein, was sich unter anderem in der deftig handfesten Sprache der Landbewohner ausdrückt – wiederzufinden in einigen Charakteren des wayang kulit (Schattenspiel mit Lederpuppen).
An den Straßenrändern und auf den Märkten finden sich zahlreiche Verkäufer von traditioneller Medizin, Männer mit einem Zauberkasten voller Pillen und die javanischen jamu-Frauen mit ihren hausgebrauten Kräuterelixieren. Alle diese Mittel sollen den Männern zu Saft und Kraft und den Frauen zu Höhenflügen der Wollust verhelfen. Die optischen Verkaufshilfen dieser Händler sind derart überzeugend, daß man/frau Angst vor der eigenen Courage bekommt.
Derlei Medizin entsteht als ein Gebräu aus lokalen Überlieferungen, schwarzer und religiöser Magie, natürlichen Arzneien und Histörchen und Märchen von sexueller Potenz (wozu hier auch die weibliche Gebärfähigkeit zu zählen ist). In diesem Zusammenhang muß erwähnt werden, daß für viele Landbewohner eine große Kinderschar die sicherste Altersvorsorge bedeutet. Da aber die Kindersterblichkeit während der ersten fünf Lebensjahre sehr hoch liegt, ist der Zwang zur Fruchtbarkeit doppelt bedingt. Eine wirksame ländliche Gesundheitsversorgung, die die Kindersterblichkeit senkt, ist ein wichtiger Schritt zur Entlastung der Frauen.
In den ländlichen Gebieten wird nach einfacher Rezeptur verfahren: Sobald sich bei den Jugendlichen sexuelle Gelüste regen, wird geheiratet, so als könnte der Deckel auf dem Topf den Siedepunkt senken. All dies mit der Folge, daß sich wenige dieser

Frühehen dauerhaft bewähren. Es besteht eher ein ständiges „Recycling" der Paarbeziehungen, und glücklicherweise finden Kinder immerhin im Schoße des größeren Familienverbundes Geborgenheit.

Jamu-Medizinverkäuferin aus Zentraljava

Die Lokalzeitungen quellen über von voyeuristischen Berichten über den Erfindungsreichtum dörflichen Stelldicheins. Bei den Ausländern erfreuen sich besonders jene Geschichten großer Beliebtheit, in denen ein zur Weißglut gereizter Hahnrei zum Messer greift, um dem Nebenbuhler sein Instrument der Wettbewerbsfähigkeit zu rauben.

„Hukum karma"

Wie verhält sich eine indonesische Ehefrau, wenn sie bemerkt, daß ihr eine Nebenbuhlerin erwachsen ist?
Wenn sie einer einfachen sozialen Schicht angehört, könnte sie ihre Rivalin mit dem Messer verfolgen. Eine Frau aus der Mittelschicht wird vermutlich die Scheidung einreichen und nach der Trennung zu ihrer Familie zurückkehren. Die Frau aus der Oberschicht aber, die die Vorzüge ihres Lebensstils nicht aufgeben will, wird wohl nur den Fluch des hukum karma heraufbeschwören.
Hukum karma ist eine häufig gedachte, jedoch nur selten ausgesprochene Verwünschung in bitteren Herzensangelegenheiten. Mit ihr soll die Kraft und das Gesetz des

Lexikon von Liebe, Eifersucht und Sex

Banci:	Umgangssprachliche Bezeichnung für Transvestiten
Cewek:	„Biene", „cooles" modernes Mädchen
Cowok:	„Schicky-micky" Typ
Gundik:	Geliebte, Mätresse
Hukum karma:	Herzhafte Verwünschung bei Liebesqual; das Erflehen göttlichen Beistands als Balsam für die eigene Seele
Main cewek:	Wörtlich: „Mit Frauen spielen", übertragen: „Aufreißen", „Anmachen", „Wo läuft was?"
Nona:	„Fräulein", unverheiratete Frau
Nonya:	(Ausgesprochen mit Betonung auf dem langen o) Partygirl
Nyonya:	Höflicher und korrekter Ausdruck für eine verheiratete Frau (wird mit Betonung auf dem ‚ny' ausgesprochen)
Pacar:	Freund/Freundin
Pelacur:	Höflicher Ausdruck für Prostituierte
Perek:	Slang-Ausdruck für Hure
Wadam:	Transvestit
„White Hunters":	Frauen, nicht unbedingt Prostituierte, die in Bars versuchen, Ausländer kennenzulernen (Ziel: Heirat)
W.T.S.:	Wanita tuna susila (Frauen ohne Moral): Huren

karma auf das Haupt der/des Sündigen herabbeschworen werden („Jetzt kriegst du dein Fett ab!"). Dieser Fluch, der nicht leichtfertig ausgesprochen wird, will er doch göttlichen Beistand erwirken, ist gewiß Balsam für die Seele jener Frauen, deren Männer sich Mätressen leisten oder in Affären verstrickt haben.

„Indos"

Da auch noch nach dem Ende der Kolonialzeit zahlreiche Ausländer in Indonesien leben und lieben, gibt es natürlich viele Mischlingskinder, die „Indos". Diese Bezeich-

nung bedeutet keineswegs eine lockere Abkürzung von „Indonesier". Der Sachverhalt ist weitaus heikler, weil er in die Kolonialzeit zurückverweist.
„Indos" waren damals die Kinder einer indonesischen Mutter und eines europäischen Vaters. Und wenn Sie dann auch noch wissen, daß viele europäische Kolonialherren vom Leben in Indonesien hauptsächlich drei Dinge erwarteten, nämlich nasi goreng, sambal und nyai (Geliebte), dann werden Sie verstehen, daß der Begriff „Indo" nur äußerst behutsam verwendet werden sollte. Leider überschattet dieser Makel aus früherer Zeit auch das Schicksal von Kindern aus aufrichtigen Liebesehen.

Dehnbare Zeitbegriffe

Die 24 Stunden des Tages werden in vier Abschnitte unterteilt:

pagi:	Etwa von Mitternacht bis 11.00 Uhr morgens
siang:	11.00 Uhr bis 15.00 Uhr
sore:	15.00 Uhr bis etwa 18.45 Uhr
malam:	18.45 Uhr bis Mitternacht

Um deutlich zu machen, daß man 2.00 Uhr morgens meint, würde man „jam dua pagi" sagen, während „jam dua siang" 2.00 Uhr nachmittags (14.00 Uhr) bedeutet. Werden die Tageszeitangaben wiederholt (pagi-pagi oder malam-malam), so zeigt dies entweder eine sehr frühe oder sehr späte Uhrzeit an.
Bereits Sir Stamford Raffles kommentierte diese Art der Tagesaufteilung, als er im frühen 19. Jahrhundert auf Java tätig war. Er beobachtete, daß die Menschen früh zu ihrem Morgengebet (pagi) aufstanden und sofort danach mit der Arbeit begannen. Während der größten Tageshitze (siang) aßen und schliefen sie, arbeiteten am sich abkühlenden Nachmittag (sore) weiter und verbrachten die restliche Zeit (malam) mit Familie und Freunden. Außerhalb der klimatisierten Büros in den Städten gilt dieser Tagesablauf noch heute. Wenn Sie indonesisches Hauspersonal eingestellt haben, sollten Sie gegebenenfalls auf diesen Rhythmus Rücksicht nehmen.
Die Indonesier sind jedoch durchaus mit der linearen 24-Stunden-Zählweise vertraut und wenden sie auch an (zum Beispiel bei offiziellen Einladungen oder Fahrkarten). Im Freundeskreis allerdings benutzt man weiterhin die Begriffe pagi, siang, sore, malam, um den genauen Zeitpunkt auszudrücken. Eine Einladung für Sonntagabend hätte also folgende Terminangabe: Minggu malam senin (Sonntagabend vor Montag).

Zeitbestimmungen

Die Sieben-Tage-Woche ist nur eine von verschiedenen in Indonesien gebräuchlichen Zeiteinteilungen. Die Balinesen benutzen den Hindu-, die Moslems den Islamischen Kalender.

Daneben ist die Zählung nach Markttagen verbreitet. Vor allem in den Dörfern richtet man sich überall auf den Inseln auch heute noch nach dem Fünf-Tage-Markt-System. In den größeren Städten stößt man lediglich noch auf die Namen dieser alten Märkte: Pasar Rebu (Mittwochsmarkt), Pasar Senin (Montagsmarkt), Pasar Minggu (Sonntagsmarkt), Pasar Juma'at (Freitagsmarkt) und Pasar Selasa (Dienstagsmarkt).

Daneben finden Sie im ganzen Land die am frühen Morgen stattfindenden Märkte, Pasar Pagi, auf denen frische Lebensmittel verkauft werden. Auch sie dienen der Zeitbestimmung, da jeder weiß, daß sie nach dem Morgengebet beginnen und um 10.00 Uhr schließen.

Die Abendmärkte, Pasar Malam, erinnern in ihrer Atmosphäre an Bazare und Jahrmärkte und auch Karneval. Sie werden erst nach dem Abendgebet bei Sonnenuntergang eröffnet und erleben ihre höchste Betriebsamkeit gegen 20.00 Uhr. In den größeren Städten findet man auf den Abendmärkten ebenso Eßbuden wie Stände, die Kleidung, Schuhe, Musikkassetten und vieles mehr anbieten.

Die „Gummi-Zeit"

Jam karet (Gummi-Zeit) ist eine opportunistische Redewendung, die für Terminschlampereien um Vergebung bittet. Sie drückt eine sehr sorgenfreie Einstellung zur Pünktlichkeit aus.

In der freundlichsten freien Übertragung könnte jam karet „so ungefähr um ... Uhr" heißen. Wird der Gummi zum Reißen gespannt, kann dies eine mehrstündige Verspätung bedeuten. Am einleuchtendsten und besänftigendsten sind Entschuldigungen, die auf Verkehrsstaus, Schlaglöcher, hinweggeschwemmte Brücken oder eines der unzähligen sonstigen Hindernisse in Indonesien hinweisen.

Es gibt jedoch drei klare Ausnahmen vom „Gummi"-Laisser-faire:

1. Von einem Ausländer wird unbedingte Pünktlichkeit bei Verabredungen mit ranghöheren Personen erwartet. (Neben der angemessenen Ehrerbietung zählt hier auch, daß die Indonesier um den Pünktlichkeits-Fetischismus in der modernen westlichen Welt wissen.)
2. Auf Einladungskarten von sozial höhergestellten Indonesiern und Geschäftsleuten ist meistens deutlich zu lesen: „Mohon hadir 15 minit sebelumnya" („Kommen Sie bitte fünfzehn Minuten früher!"). Manchmal bittet man die Gäste sogar, eine halbe Stunde vor der Zeit zu erscheinen. Beachten Sie diese Aufforderung! Es wird zwar nie ausdrücklich betont, doch stets vorausgesetzt, daß Sie sich bei solchen Anlässen „sputen, um dann zu warten".
3. Es scheint das Gummiband des dehnbaren Zeitbegriffes sich durch alle Lebensbereiche in Indonesien hindurchzuflechten. Niemanden scheint die Eile zu treiben, am wenigsten die Hausangestellten. Es sei denn, ihre Familie sendet ein Notsignal – jemand ist gestorben, erkrankt oder verletzt – dann geht es ruckzuck: packen, Vorschuß einholen, ab wie der Blitz.

6
Gesellschaftsleben & Gesellschafts-Knigge

Das soziale Webwerk Indonesiens ist ebenso vielfältig, abwechslungsreich und bunt wie die heimischen Textilien. Der Ausländer mag sich einmal einverwoben fühlen, ein andermal als Synthetikfaser ausgesondert.
Wir möchten Ihnen einige Hinweise geben, die Ihnen helfen sollen, sich bei verschiedenen Anlässen wohl und sicher zu fühlen: bei formellen Vorstellungen, beim dazugehörigen „Smalltalk", bei der Bewirtung indonesischer Gäste und möglichen Schwierigkeiten, denen Sie im Hause eines indonesischen Freundes begegnen. Auch wollen wir erwähnen, welchem sozialen Druck die meisten Indonesier der Mittelschicht ausgesetzt sind. Das arisan, eine beliebte Form der sozialen Zusammenkunft, wird mit der Cocktail-Party verglichen und einiges mehr.

Der Tanz der Pinguine: Formelle Vorstellungen in Indonesien

Sie erkennen den genauen gesellschaftlichen Rang einer Person leicht daran, wie sie vorgestellt wird. Traditionsverbundene Indonesier lieben es, so viele Titel und Ordensverleihungen aufzuführen, daß bloß keine Gefahr besteht (bzw. bei Ausländern erst recht), auch nur einen davon auszulassen. Es muß und soll sein! Brechen Sie sich doch einmal die Zunge (und das Rückgrat) mit folgender (mehrfach wiederholter!) Ansage: „Darf ich Ihnen Seine Exzellenz, den Botschafter Professor Doktor Unrat vorstellen!"
Viele der Indonesier, die weit gereist sind oder im Ausland studiert haben, passen sich der eher lockeren westlichen Gepflogenheit der Vorstellung an; und sie verzichten dabei auch darauf, ihren eigenen akademischen Titel ständig zu nennen.
Sie können sich ohne Bedenken selbst vorstellen, jemanden nach seinem Namen fragen oder einen Dritten bitten, Sie vorzustellen.
Wenn Sie sich beim Vorstellen vollends verholpern, denken Sie einfach daran, daß die Indonesier ein feines Gespür für Aufrichtigkeit besitzen. Ihr unverstelltes Vergnügen am Kennenlernen anderer Menschen wird alles andere überlagern – Sie brauchen sich also wegen formeller Fehler bei der Anrede keine grauen Haare wachsen zu lassen.

Vorstell-Knigge

Für die formelle Vorstellung gibt es eine Formel. Sie beginnen mit dem üblichen „Ich möchte Ihnen gern . . . ", und dann folgt die „Titelei":

1. Bapak / ibu +
2. Akademischer Titel (falls vorhanden) +
3. Adelstitel (wenn ihn die Person selbst benutzt) +
4. Vor- und Zuname +
5. Berufliche Bezeichnung oder sozialer Rang +

(6. Akademischer Titel, wenn nicht schon am Anfang genannt).

• Lexikon der Förmlichkeiten •

Bapak:	Herr (Anrede vor allen anderen Titeln bei gehobenen männlichen Persönlichkeiten)
Drs:	Abkürzung für „Doktorandus" (= männlicher promovierter Akademiker, außer in Ingenieurwissenschaften oder Jura; früher der holländische „Titel" für einen Kandidaten der Promotion)
Dra.:	„Doktoranda" (weibliche Form)
Ibu:	„Gnädige Frau", Frau (siehe unter bapak)
„Ingin (Boleh) saya memperkenalkan."	„Ich möchte Ihnen gern . . . vorstellen."
Ir.:	Abkürzung für Insinjur (= Ingenieur; Titel, der in Indonesien oder Holland erworben wurde)
Isteri:	Ehefrau von . . . („von" ist im Wort bereits eingeschlossen)
S. Econ.:	Abkürzung für Sarjana Economics; Graduierter der Wirtschaftsfakultät
S. H.:	Abkürzung für Sarjana Hukum; Graduierter der juristischen Fakultät
S. S.:	Abkürzung für Sarjana Sastra; Graduierter der philosophischen Fakultät
Suami:	Ehemann von . . . („von" ist im Wort bereits eingeschlossen)

Konversations-Knigge

Die Sprache ist die Visitenkarte des Menschen – diese Erkenntnis ist so banal wie wahr. Hinzu kommt, daß es ein gerüttelt Maß an Wagemut und Beharrlichkeit erfordert, bis man in einer fremden Sprache locker und verständlich Inhalte, Ideen und Gefühle vermitteln kann.
Ausländer (und wohl auch Indonesier) mokieren sich manchmal über das seichte Party- oder Fünfuhrtee-Geplätscher. „Woher kommen Sie? Wie lange sind Sie schon hier? Wie viele Kinder?" ... Bis zum Überdruß. Und doch dienen diese Gesprächsrituale der wichtigen Aufgabe, das unbekannte soziale Umfeld abzutasten, und sind vielleicht die erste Grundlage für eine spätere tiefe Freundschaft.

• Einladung zum Gespräch •

In der traditionellen indonesischen Gesellschaft nimmt nur an einem Gespräch teil, wer ausdrücklich darin einbezogen wurde. Deshalb ist es für einen Indonesier eher schwierig, ein Gespräch zu beginnen. Er ist erleichtert, wenn er angesprochen wird. Wenn Sie sich in der sanften Kunst der indonesischen Konversation üben wollen, beachten Sie bitte folgende Regeln:

• Tu! und Tabu! •

Tu!: Erkundigen Sie sich zunächst bei Ihrem Gesprächspartner nach seinen persönlichen und beruflichen Daten. Dies wird erwartet, ist sozusagen ein Pflicht- und Eröffnungszug des sozialen Spiels.
Wenn Sie mit pasar-Händlern oder kampung tukang sprechen, fragen Sie: „Aus welchem kampung kommen Sie?" Bei Gesprächspartnern, die der Mittelschicht entstammen, müßte die Frage etwa lauten: „Aus welchem asal oder daerah stammen Sie?" Die Antwort wird vermutlich der Name eines Gebietes oder einer Stadt sein.

• Konversations-Lexikon •

Asal: Ursprung, Herkunft. Fremde werden häufig gefragt: „Asal di mana?" („Was ist Ihr Heimatland?") Dem Wort asal wird der Vorzug vor negeri (Land) gegeben.

Daerah: Gebiet, Region

Kampung: Dorf, Dorfgemeinschaft, Wohnbezirk einer Stadt, sogar Familiengrundstück. Das daraus abgeleitete Wort kampungan wird häufig gebraucht und bedeutet Hinterwäldler, Landpomeranze o.ä.

Tukang: Handwerker oder gelernter Arbeiter, auch Kunsthandwerker (tukang kayu: Zimmermann oder Holzschnitzer), meist in der einfachen Bedeutung des Wortes verwandt, im Gegensatz zu ahli (kompetent, hervorragend)

Tu!: Prägen Sie sich die Namen ein! Weisen die Namen auf eine ethnische Gruppe hin? Wagen Sie das Spiel! Fragen Sie die Ihnen vorgestellte Frau Widodo: „Stammen Sie und Ihr Gatte aus Zentral-Java?" Versuchen Sie herauszufinden, ob die Eheleute aus verschiedenen ethnischen Gruppen kommen (solche Verbindungen gelten als sehr modern). Sie können dann ruhig fragen: „Hatten Sie Schwierigkeiten, Ihre beiden Kulturen in Einklang zu bringen?"

Tu!: Erkundigen Sie sich unbedingt nach der Familie. „Fragen Sie uns nach unseren Kindern!" drängte uns einmal ein indonesischer Bekannter. Haken Sie ruhig die Standardfragen ab: „Wie viele Kinder? Wie alt?" Dies ergibt meistens die Chance für ein Kompliment an Ihre Gesprächspartnerin: „Ich kann einfach nicht glauben, daß Sie schon so große Kinder haben!"

Tabu!: Sie sollten nie unverblümt nach dem Alter fragen – obwohl dies sicherlich ein brennend interessantes Thema ist. Indonesische Frauen verfügen über ein Arsenal an entwaffnenden Antworten auf die Frage nach dem Alter. Eine davon ist Lächeln und das Wort „senja" (Zwielicht). Eine andere: „Mein Haar ist alt (grau), aber mein Herz ist jung." Es gibt auch die Spaßvogelmethode. Wenn Sie hören: „Donnerwetter, Sie sehen wirklich nicht aus, als hätten Sie einen 21jährigen Sohn!" – dann antworten Sie einfach: „Ich habe ihn schon früh bekommen – mit acht."

Tabu!: Wenn westliche Frauen sich treffen, verbringen sie meist recht viel Zeit damit, die Kleidung, Farbzusammenstellung u.ä. zu kommentieren. Die Indonesierinnen sind für ihre Schönheit bekannt und setzen bestimmt alles daran, diesen Eindruck zu verstärken. Sie erwarten aber bei der ersten Begegnung noch kein Kompliment dieser Art.

Tu!: Wenn Sie Familie haben, so zeigen Sie Ihre Verbundenheit mit ihr. Jeder Indonesier wird verstehen, daß Sie beteuern „Mir gefällt es hier sehr" und zugleich bemerken „Ich vermisse meine Familie in Europa" – im Gegenteil, dieses Eingeständnis wird Sie indonesischen Menschen näherbringen.

Tu!: Erkundigen Sie sich nach Freizeitinteressen, Hobbies und Reisen. Erwecken Sie aber nicht den Eindruck, daß Ihre Reiseerfahrung größer ist, was vermutlich (selbst auf Indonesien bezogen) zutrifft. Denn die meisten Indonesier verreisen nur aus familiären Gründen (Todesfall o.ä.), selten zum Vergnügen.

Tu!: Geburtenkontrolle ist ein wichtiges entwicklungspolitisches Thema. Daher können Sie mit Indonesiern freizügig darüber sprechen. In den frühen Tagen der modernen Familienplanung setzte die Verwaltung auch großflächige Plakate ein, von denen einige geradezu legendär wurden. Besonders gern erinnern sich indonesische Freunde an eine riesige Plakatwand im Zentrum von Jakarta mit der Aufschrift: „Hat bapak heute ein Kondom benutzt?" Kürzlich erhielten Paare, die sich der Familienplanungskampagne anschlossen, Kokosnußsetzlinge als Geschenk. Diese waren eine willkommene Gabe, doch rief von nun an jeder Bauer, der mit einem Setzling auftauchte, Gelächter hervor. Von diesen Anekdoten einmal abgesehen, müssen Sie tatsächlich damit rechnen, in Unterhaltungen über dieses Thema verstrickt zu werden. Ihre Gesprächspartnerin kann Ihnen treuherzig und offen so mir nichts dir nichts mitteilen: „Zwei Kinder, das reicht. Seit gestern habe ich die Spirale."

Tabu!: Viele Indonesier vetreten die strikte Auffassung, daß nur im Büro über Geschäfte und Arbeit geredet werden sollte. Bei anderen sozialen Anlässen löst jeder Anklang dieses Themas unbehagliche Empfindungen aus. Dies gilt selbstverständlich nicht, wenn Sie bei einem offiziellen Anlaß (z.B. Treffen von Wirtschaftsfachleuten) in Gespräche verwickelt sind. Erwarten Sie auf Ihre Frage nach Beruf oder Job keine erschöpfende Antwort Ihres Gegenübers. Sowohl der Laufbursche wie der Direktor einer Firma wird Sie nur knapp bescheiden: „Ich arbeite bei xyz."

Indonesier sind sehr stolz auf ihr Land. Aber erwarten Sie von keinem Indonesier, dem Sie begegnen, daß er Sie bei der Hand nimmt und als Cicerone durch die Kultur seines Landes führt. Erliegen Sie auch nicht dem Irrtum, in jedem Indonesier (pars pro toto) einen Repräsentanten dieser Kultur zu sehen. Nehmen Sie jeden für sich als interessantes Individuum zur Kenntnis, denn folkloristische Klischees sind sehr holzschnittartig. Nicht jeder Thai hat in seiner Kindheit mit Elefanten gebadet, und nicht jeder indonesische Bursche ist schon auf einem Wasserbüffel geritten (als Modell für eine touristische Holzschnitzerei). Die meisten Indonesier, denen Sie bewußt begegnen werden, sind gebildet, weltoffen und in einem kosmopolitanen Sinne interessant.
Nachdem wir Sie nun bewogen haben, jeden Indonesier als ein Individuum (eo ipso) zu betrachten, senken wir nun verlegen das Haupt, um dagegenzuhalten, daß Sie keineswegs als eigenständiges Individuum mit all seinen widersprüchlichen Stärken und Schwächen gesehen werden. Sie sind der Urtyp Ihres Volkes, der ständig im Dienst stehende Botschafter Ihres Landes, Sie sind eine mit Originalzertifikat versehene Kulturexportware. Was Sie tun, wie Sie sich kleiden, was Sie essen – all das ist kristalline Kultur Ihres Landes. (Nur schlimm, wenn Italiener in Indonesien Bier trinken und Deutsche französischen Cognac.) Zwei Regeln sollten Sie sich bewußt machen:

1. Der Ausländer hat ein dankbarer Gast zu sein, selbst als Gastgeber im eigenen Heim.
2. Der Ausländer ist Botschafter seines Landes und dessen Politik (!).

Tu!: Versuchen Sie es richtig zu deuten, wenn Sie in einem Gespräch ein unmotiviertes oder deplaziertes Kichern oder Lachen hören. Das Gespräch ist dann entgleist, Ihr indonesischer Gesprächspartner ist verwirrt oder hat nicht verstanden. Fragen Sie nun nicht: „Was gibt's da zu lachen?" Versuchen Sie Ihre Aussage nochmals ruhig und behutsam „rüberzubringen". Lernen Sie das nervöse von einem freudigen Lachen zu unterschieden.

Tu!: (siehe oben)

<u>Tu!:</u> Humor schafft am schnellsten Freunde und überwindet am leichtesten kulturelle Hindernisse. Indonesier lieben Ausländer, die auch einmal über sich selbst lachen können. Seien Sie also nicht „bierernst". Und seien Sie auch nicht zu tiefschürfend bei der Wahl Ihrer Gesprächsthemen. In Indonesien schätzt man die Kunst des leichten, zeitvertreibenden Wortgeplänkels sehr, genannt b a s i   b a s i (leere Worte).

● Was Indonesier häufig ansprechen – und was sie gern hören ●

1. Sie haben sich bemüht, etwas Bahasa Indonesia zu lernen. Man wird Ihre (vielleicht dürftigen) Sprachkenntnisse begeistert würdigen.

2. Sie genießen indonesisches Essen – zumindest Saté und gebratenen Reis, womöglich sogar einige Gerichte, die international weniger bekannt sind. Und wenn Ihnen gar die Durian-Frucht mundet („stinkt wie die Hölle, schmeckt wie der Himmel"), dann werden Sie mit diesem kulinarischen Bekenntnis neue Freunde gewinnen.

3. Sie leben gern hier – dies sollte der Grundtenor bei der Beantwortung der häufig gestellten Frage sein: „Wie finden Sie Indonesien?" Loben Sie die Schönheit des Landes, ehe Sie etwas von Überbevölkerung und Armut grummeln. Schildern Sie begeistert das paradiesische Angebot an Früchten und Blumen, bevor Sie etwas über den Verkehr murmeln. Konversationen mit indonesischen Freunden und Bekannten sollten nicht dazu dienen, über Installationsprobleme, den bürokratischen Papierkrieg, über Hitze, Katzen und Ratten, die Nebengeräusche des Telefons etc. zu lamentieren. Vermutlich würde auch Ihr makabrer Vorschlag befremden, unter allen Straßenkreuzungen Kontaktminen auszulegen, um so das Verkehrproblem zu lösen. All diese Probleme sind natürlich auch allen Indonesiern bekannt. Dennoch meinen sie, daß sich nur in Indonesien leben läßt – wo sonst? Eine bittere und schockierend negative Einstellung eines Ausländers zum Gastland kann nur zur Überlegung führen: „Warum zum Teufel ist er eigentlich hier?"

4. Sie halten Indonesien für ein „Land des Lächelns". Indonesier lächeln sehr gern. Und sie freuen sich, wenn sie angelächelt werden, denn dies schafft zumindest die Illusion von Freundlichkeit und Ruhe, die Harmonie der Oberfläche. Die Indonesier empfinden sich als höflich, freundlich und gefällig – und sie haben damit vollkommen recht!

5. Sie finden die Nationaltracht, die traditionellen Stoffe und die kunsthandwerklichen Erzeugnisse bezaubernd. Deshalb müssen Sie nun aber nicht Ihre Tennissocken batiken und Ihre Unterwäsche handweben (i k a t) lassen. Es

reicht, ein anerkennendes Wort für all das bereit zu haben, was Gegenstand des nationalen Stolzes ist.

Tabu!: Wenn Sie sich aus einer Unterhaltung zurückziehen wollen, so tun Sie dies bitte sanft und rücksichtsvoll. Eine unvermittelte, schroffe Antwort kommt einer Ohrfeige gleich. Am besten lächeln Sie freundlich und bitten um „Permisi ... " („Entschuldigen Sie mich bitte ... ").

Charaktertypen

Es heißt, das indonesische Volk lebe zu gleicher Zeit in drei Jahrtausenden - in der Spannbreite von den Steinzeitmenschen in Irian Jaya bis zu den High-Tech-Bereichen der Großstädte. Dies ist gleichfalls (wenn auch weniger offensichtlich) feststellbar in den wayang kulit, den berühmten indonesischen Schattenspielen, in denen jahrtausendealte Mythen bis heute Ausdruck finden.

Angeblich war das Schattenspiel in Java schon vor Ankunft der Inder verbreitet, nachvollziehbar an der Figur Semar, einer vor-indischen Charaktertype. Die wayang kulit haben nicht nur Wesentliches der indischen Philosophie, so wie sie in den Epen Ramayana und Mahabharata dargestellt wird, aufgenommen. Sie betonen und verstärken auch eine ganzheitliche Sicht der Gesellschaft, deren harmonische Ordnung den einzelnen ein rechtmäßiges und ruhiges Leben eröffnet. Das Leben des einzelnen sollte jedoch einem aufgeschlagenen Buch gleichen. Er sollte lieber in Untätigkeit verharren, als Ärgernis zu erregen, lieber mit wenigem zufrieden als ehrgeizzerfressen.

Die einzelnen wayang-Charaktere sind allgemein so bekannt, daß sie gern zur Charakterisierung von Personen herangezogen werden. Die Anmerkung „Er ähnelt Ardjuna" löst sogleich die Vorstellung von einem gutaussehenden, prinzipienfesten, tapferen und geschmeidigen (Über-) Mann aus, der zudem über spirituelle Kraft verfügt.

Einen Mann als „echten Gatot kaca" zu bezeichnen, weckt bestimmte Vorstellungen: Körperkraft, „Machismo", große und behaarte Erscheinung, Mut, Treue und Kampfgeist. Damit nicht genug, beherrscht Gatot kaca die Kunst, „abzuheben" (er kann fliegen) und Situationen von verschiedenen Blickwinkeln her wahrzunehmen.

Vergleicht man jemanden mit Rahwana, so heiß dies, daß er ein Taugenichts ist, böse, gierig, skrupellos, unzuverlässig – kurz: eine totale Null und ein Bösewicht.

Lexikon der Charaktertypen

Baik hati:	Gutherzig, milde
Baik kelakuannya:	Wohlerzogen
Bandal:	Boshaft (schelmisch)
Cemberut:	Traurig, schwermütig
Cerewet:	Geschwätzig („Plappermaul")
Halus:	Von elegantem und feinem Betragen
Jahat:	Verdorben, verkommen
Jelek:	Von verdorbenem Wesen
Kasar:	Ungehobelt, grob
Keras hati:	Ausdauernd, dickköpfig
Kurang ajar:	Von zweifelhaftem Betragen (die stärkste der höflichen Kritikformen am Verhalten einer Person)
Lincah:	Voller Energie
Lucu:	Lustig
Hakal:	Frech
Pemberani (berani):	Kühn, tapfer
Pemalu (malu):	Schüchtern
Rumah:	Freundlich
Sabar:	Geduldig
Sopan:	Respektvoll und „anständig"

Indonesische Gäste bewirten

Wenn Sie sich längere Zeit in Indonesien aufhalten, werden Sie vielleicht Freunde und Bekannte zu sich einladen wollen. Damit die Gäste sich bei Ihnen wohlfühlen, wollen

wir Ihnen einige Hinweise und Ratschläge geben.
Legen Sie das Essen auf einen Samstag- oder Sonntagabend. Verschicken Sie etwa eine Woche zuvor schriftliche, an den Mann und seine Ehefrau gerichtete Einladungen. Bei dem zusätzlichen Vermerk „ab 19.00 Uhr" oder „von 19.00 bis 21.00 Uhr" werden die Gäste wissen, daß es sich um eine Einladung zum Abendessen handelt. Die meisten Gäste werden etwa eine halbe Stunde später ankommen, was jedoch noch als pünktlich gilt. Sind unter Ihren Gästen Moslems, so werden diese ohnehin erst nach dem maghrib-Gebet um 19.30 Uhr speisen wollen.
Werden die Gäste eintreffen und es sich behaglich machen, sollten Sie Ihnen verschiedene gekühlte Softdrinks (ohne Eis) in kleinen Gläsern auf einem Tablett anbieten. Möglicherweise nippen die Gäste nur an den Gläsern. Aperitifs sind nicht sehr verbreitet. Nüsse und kleine gebratene indonesische Leckereien auf Tellerchen müssen ausdrücklich angeboten werden, da sich niemand ohne Aufforderung bedienen würde.
Ihre Gäste werden davon ausgehen, daß vor dem Essen eine Stunde dem Plaudern („Smalltalk") vorbehalten ist. Da jedoch viele Indonesier und nahezu alle Indonesierinnen Hemmungen haben, sich in einer fremden Sprache auszudrücken, kann es durchaus sein, daß ein Teil Ihrer Gäste sich aufs Schweigen verlegt – und dabei völlig wohl und entspannt fühlt.
Für die Gastgeber und ebenso die Gäste ist es wichtig zu wissen, wer der sozial höchstrangige Besucher ist. Dieser soll auch das Buffet eröffnen. Die Gastgeber sollten sie oder ihn dabei begleiten und die verschiedenen Gerichte erklären.
Reichhaltige Buffets sind bei Indonesiern sehr beliebt. Die einzelnen Speisen richtet man am besten auf einem Sideboard an, während die Tische zum Essen gedeckt sind. Wenn Sie genügend Hauspersonal angestellt haben, können Sie die Gäste laufend bedienen lassen. Ansonsten fordern Sie Ihre Gäste auf, sich selbst nach Lust und Laune zu bedienen. Wenn Sie sicher sind, daß alle gesättigt sind und niemand mehr zugreifen möchte, können die Tische abgeräumt werden, und die Gesellschaft wechselt über ins Wohnzimmer.
Dort werden Kaffe und Tee auf einem Tablett oder Serviertisch angeboten (Selbstbedienung bei Zucker und Sahne). Mit dem Kaffe klingt der Abend aus. Bald werden Sie die vertraute Formel „Permisi ..." vernehmen, mit der die Gäste ihren Aufbruch einleiten. Verabschieden Sie Ihre Gäste mit einem sanften Händedruck (in Asien gilt es nicht als Zeichen von Energie, Willensstärke und Herzlichkeit, anderen mit Holzfällergriff die Hände zu zerquetschen). Wenn möglich, begleiten Sie Ihre Gäste noch bis zum Auto. Solche Abende ziehen sich selten länger als bis 21.30 Uhr hin.

Tips für die Speisenkarte

„Tja, wenn wir wüßten, was es bei Euch zu essen gibt, dann wüßten wir auch, was uns davon schmeckt und wofür wir im Magen Platz lassen sollen!" scherzte ein indonesischer Freund. Und ein anderer fügte lachend hinzu: „Wenn ich vorgewarnt bin, kann ich vielleicht schon zu Hause meinen Hunger etwas stillen."
Diese charmanten Hinweise auf die westliche Eßkultur sollten Sie erkennen lassen,

daß Indonesier tatsächlich sehr gern indonesisch essen. Nun werden Sie aber vermutlich noch nicht so tief in die Raffinessen der indonesischen Kochkunst eingedrungen sein, um höherrangige Gäste bewirten zu können. Möglicherweise haben Sie Ihren Hausangestellten in den Kochtopf blicken können und diese einfachen Gerichte auch sehr schmackhaft gefunden. Allerdings können Sie mit diesem makanan belakang („Dienstboten-Essen") keine wichtigen Gäste bewirten. Sie werden also ein west-östliches Menü komponieren müssen. Hier einige Ratschläge, was Sie indonesischen Gästen servieren können:

Suppen: Cremige Suppen mit Fleisch- oder Gemüseeinlage. Beliebt sind Pilz-, Erbsen-, Bohnen-, Tomaten- und Hühnersuppen.

Gemüse: Alle Arten von im Wok kurzgebratenem Gemüse, auch gemischte Gemüse, gut gewürzte Gemüseeintöpfe oder Mais aus der Dose.
Auch Kartoffelsalat, von den Holländern übernommen, wird allseits gern gegessen.

Hauptgerichte: Vorbemerkung: Reis ist der Mittelpunkt jeder Mahlzeit, alles andere gilt als Beilage. Genau wie „essen" im Thai gin kau („Reis essen") heißt, fühlen sich auch die Indonesier nicht wirklich satt, wenn sie keinen Reis gegessen haben. Vergessen Sie also den Reis nicht!
Folgende Fleischgerichte erfreuen auch den indonesischen Gaumen: Geschnetzeltes vom Rind mit Pilzen; Nudeln mit Hackfleisch in Tomatensauce; kaltes, aufgeschnittenes Rind-, Hühnerfleisch oder Leber; Rinder- oder Hühnercurry; Rindfleisch/Nudelauflauf in saurer Sahne; rendang (gut gewürztes Rindfleisch in Kokoscreme); Rindsroulade; Schinkennudeln; geräucherte Zunge mit Erbsen in heller Soße; semur (im Ofen gegarter Eintopf); saté aus Hühner- oder Rindfleisch.
Wenn Sie es wagen wollen, eine komplette und recht typische indonesische Speisentafel anzubieten, versuchen Sie es doch einmal mit der folgenden Zusammenstellung: Gebratener Reis, gebratene Nudeln, Hühnersaté, Hühnercurry, in Scheibchen geschnittenes Rinderfilet, gebackene oder in der Schale gekochte Kartoffeln, eingelegte Gemüse und Krupuk aus Krabbenmehl.

Brote: Servieren Sie als Beilage aufgeschnittenes französisches Weißbrot oder kleine Cocktailbrötchen.

Nachspeisen: Schokoladenkuchen mit reichlich Zuckerguß dekoriert, Obsttorte, auch Mousse au Chocolat oder Puddings finden großen Zuspruch. Obstsalate oder frisches Obst gehören stets dazu.

Ost-West-Unterschiede bei der Gästebewirtung

Wenn Sie die indonesische mit der westlichen Art der Gästebewirtung vergleichen, werden Sie mindestens drei auffallende Unterschiede bemerken:

Der erste Unterschied liegt im Grund und Anlaß für ein gesellschaftliches Essen, der zweite in der Handhabung der Gästeliste und der dritte in der Rolle, die das Essen selbst dabei spielt.

Anlaß und Grund für eine Essenseinladung

In europäischen Ländern lädt man gelegentlich Freunde spontan zu sich nach Hause zum Essen ein, um gemeinsam einen netten Abend zu verbringen oder jemanden kennenzulernen. Anders in Indonesien: Hier findet jede Party aus einem besonderen und traditionellen Grund und Anlaß statt (etwa wegen einer Hochzeit oder einer religiösen Festlichkeit). Daher sollten Sie sich nicht wundern, wenn Ihre Einladung zunächst mit einem „Warum?" beantwortet wird.
Die nächste Frage gilt dem Ehrengast, eine für Indonesier wichtige Information, da ausschlaggebend für das Verhalten. Weiterhin werden sie versuchen, auch die Namen der anderen Gäste zu erfahren. Indonesiern behagt die Vorstellung nicht, bei einem Ausländer allein zu Gast zu sein. Sie fürchten um den leichten Fluß der Konversation, um das angenehme und unverbindliche „Bäumchen-wechsel-dich" im Gespräch, das erst in einer größeren Gruppe möglich ist.

Gästeliste mit „open end"

Viele westliche Ausländer legen Wert darauf, ihre Einladungen bis ins kleinste Detail vorauszuplanen: Tischkarten weisen die Sitzplätze zu, die Zahl der Gäste ist genau festgelegt und abgestimmt, der Zeitplan minutiös geregelt. Indonesier fänden eine solche strategische Planung nicht nur sehr schwierig, sie empfänden sie auch als ausgesprochen unhöflich und unsozial.
Schließlich könnten derart starre Richtlinien Personen ausschließen, die gern mit zu der Einladung gekommen wären. Wirklich offene Gastfreundschaft ist ein indonesisches Kulturgut. Die technische Seite dieser Gastfreundschaft ist die Improvisationsgabe.
Es ist nicht nötig, Einladungen formell zu beantworten. Selbst wenn Indonesier dies tatsächlich wollten, gäbe es vielleicht zahlreiche Hindernisse: kein Telefon, ein defektes Telefon, persönliche „Umdisponierungen" (unangemeldeter Besuch eines Freundes, Todesfall in der Familie, Hilferuf eines Verwandten o.ä.). Alles ist im Fluß, nichts ist gewiß! In der Tat wissen Gastgeber in Indonesien nie, wer nun eigentlich zur Einladung kommt – bis die Gäste vor der Tür stehen.
Unter diesen Vorzeichen ist ein Buffet genau die richtige Lösung: Es ist praktisch, optisch verführerisch und mindert das Aufwandsrisiko bei Tischen, Stühlen und Personal.
Nachdem die Einladung ausgesprochen wurde, geht alles seinen gewohnten Gang, ein angenehmer Fatalismus übernimmt die Verantwortung – „Insya Allah" („So Gott will"). Natürlich kennen weitgereiste Indonesier unser konventionelles „U.A.w.g."

(„Um Antwort wird gebeten"), aber sollten sie es wirklich so ernst nehmen? Halten Sie sich an die einfache Formel: erwartete Gäste pi x Daumen + x extra.

„Immer am Buffet entlang ..."

Wie schon erwähnt, ist das Buffet der Mittelpunkt indonesischer Gastlichkeit. Nach dem Prinzip der „offenen Tür" schieben sich stundenlang Besucher an den aus- und einladenden Flächen vorbei, um dem optischen Genuß die Gaumenfreude folgen zu lassen. Als ein indonesischer Freund den Geburtstag eines seiner Kinder feierte, hatte er über die „Buschtrommel" zahlreiche Familienmitglieder und Freunde eingeladen und für etwa zweihundert Personen Essen vorbereitet, das von zwei Uhr nachmittags bis Mitternacht auf dem Selbstbedienungsbuffet serviert wurde. Wir stießen erst am frühen Abend hinzu. Natürlich waren die Speisen nur zimmerwarm (was in fernöstlichen Ländern kein Makel ist), aber knackig und wohlschmeckend. Sie waren vormittags zubereitet worden, und somit war der Vorbereitungs-Streß für die Gastgeber bei Ankunft der Gäste vorbei.

Lädt ein Ausländer für 19.00 Uhr zum Abendessen ein, so bedeutet dies, daß an diesem Zeitpunkt alle Vorbereitungen ihren Höhepunkt erreicht haben. Trudeln die Gäste aber erst um 20.00 Uhr ein, ist die Katastrophe perfekt: der Braten trocken, die Soße verdickt, das Soufflé zusammengefallen, der Obstsalat eine Farbkleisterei. Solche Probleme kennen indonesische Gastgeber nicht.

Bei Indonesiern zu Gast

Das *mampit* („einfach mal vorbeischauen") ist die verbreitetste Form der Esseneinladung in Indonesien. Buffet im Haus der offenen Tür – so werden zahlreiche Familienfeste gefeiert.

Ausländische Bekannte zu sich nach Hause einzuladen, stellt viele Indonesier vor Probleme. Daher werden sie Ausländer meistens im Restaurant bewirten. Viele, auch mittelständische, Indonesier leben in kleinen Häusern und meinen daher, nicht genügend Platz für Gäste zu haben. In zahlreichen Haushalten leben mehrere Generationen unter einem Dach: greise Eltern, verheiratete Kinder mit ihren Familien sowie ledige Kinder. Außerdem beherrscht meistens nur der Ehemann die englische Sprache gut genug, um sich am Gespräch beteiligen zu können.

Wenn Geschäftspartner oder Kollegen Sie ins Restaurant einladen, wird man Sie abholen. Unterlassen Sie es, die Rechnung begleichen zu wollen, und schlagen Sie auch nie vor, getrennt zu zahlen. Jede Andeutung in diese Richtung ist nicht nur unangebracht, sie würde Ihre indonesischen Gastgeber schlichtweg beleidigen.

Obwohl die Gastfreundlichkeit eine indonesische Tugend ist, steht sie doch im Schatten des Familiensinnes. In dubio pro familia – dies gilt selbstverständlich auch gegenüber Ausländern.

Gebote der Gastlichkeit

Sir Stamford Raffles rühmte die Gastfreundschaft der Javaner mit Worten, die auf ganz Indonesien zutreffen:
„Es reicht nicht, seinem Gast nur gutes Essen vorzusetzen. Der Gastgeber ist zu mehr verpflichtet: Er sollte den Speisenden mit gefälligen Worten und sanftem Verhalten erfreuen, ihm die Unrast der Reise nehmen, ihm neben körperlicher Erquickung ein frohes Herz bescheren."
Indonesier sind großzügige und freundliche Gastwirte. Das Wohl des Gastes bedeutet sehr viel, und seine Ankunft bringt alles andere zum Stillstand. Deshalb ist die beste Entschuldigung für eine unziemliche Verspätung auch nicht: „Ich bin im Verkehrsstau hängengeblieben"; sie lautet vielmehr: „Wir hatten Besuch."
Wenn Sie länger in Indonesien leben und Hausangestellte beschäftigen sollten, werden Sie feststellen, daß auch diese nach der Ethik der Gastfreundschaft handeln (obgleich *Sie* der Mieter des Hauses sind). Sie werden gelegentlich Ihre guten Hausgeister beim Tee mit einem Besuch sehen, während der Schrubber mitsamt Wassereimer in einer Ecke der ungeputzten Küche steht. Ruhig Blut, *nyonya*! Nachdem die Verpflichtung

Besucher-Knigge

Bevor Sie sich auf den Weg zu indonesischen Gastgebern machen, sollten Sie sich anhand der folgenden „Checklist" vorbereiten:

- Bringen Sie der Gastgeberin ein kleines Geschenk mit (Blumen, Kekse, Pralinen o.ä.).
- Warten Sie die auffordernden Worte „*Silakan minum*" oder „*Silakan makan*" ab, ehe Sie zu trinken oder essen beginnen.
- Lassen Sie einen „Anstandsrest" von Speisen auf Ihrem Teller, andernfalls wird man Sie zum Nachschlag nötigen.
- Möglicherweise zeigt man Ihnen Familienfotos; nehmen Sie einige (wenige) Fotos von Ihrer Familie mit, um sich zu „revanchieren".
- Die Kinder der Familie werden Ihnen zu Beginn des Abends sicher vorgestellt und tauchen zum Schluß nochmals auf, um Sie ebenfalls zum Auto zu begleiten. Vielleicht lassen Sie sich für die Kinder eine kleine Überraschung einfallen?
- Halten Sie das „akademische Viertel" (zehn bis fünfzehn Minuten nach dem offiziellen Einladungstermin) ein – dies gilt als pünktlich.
- Erkundigen Sie sich rechtzeitig, ob auch Ihre Kinder eingeladen sind. Fragen Sie jedoch nicht direkt, sonst lautet die Antwort wahrscheinlich: „Natürlich."

der Gastfreundlichkeit erfüllt ist, wird auch den Haushaltspflichten wieder nachgegangen.

Lexikon des Festefeierns

Bebas:	In diesem Zusammenhang: Zwanglose Kleidung bei festlichen Anlässen
Ramah-tamah:	Lockere soziale Zusammenkunft (kann auch die Vorlaufzeit einer formellen Feier sein)
Rapat:	Üblicherweise ein formelles soziales Treffen
Rapi:	Saubere und gepflegte, dem Anlaß angemessene Kleidung

Ihr kultureller Beitrag zum geselligen Ereignis

Bei einigen Volksstämmen, insbesondere den Minahasa und den Batak, und auf einigen der „äußeren" Inseln, vor allem Ambon und Timor, ist es eine beliebte Sitte, die Gäste aufzufordern, ein Lied zum besten zu geben oder sonstwie zur „Hausmusik" beizutragen. Wenn Sie einige indonesische Volks- oder Kinderlieder kennen und bereit sind loszuschmettern, werden Sie sich für immer in die Herzen der Zuhörer singen.

Wenn Sie lieber ein Lied aus Ihrer Heimat vortragen, wird die Spannung und Begeisterung groß sein.
Beherrschen Sie einige einfache Zaubertricks mit Streichhölzern oder Karten, um so besser. Ein Ausländer wurde unter Kindern dadurch berühmt, daß er seine falschen Zähne ins Taschentuch „niesen" konnte. Wenn Sie jedoch an Lampenfieber leiden und nicht vor Publikum auftreten möchten, so lächeln Sie einfach und erklären: „Das ist nicht mein a d a t (Tradition)."
Bei solchen größeren sozialen Zusammenkünften wird man wahrscheinlich auch Ihren Kindern viel Aufmerksamkeit schenken. Nahezu unvermeidlich ist dabei die Frage: „Würdest du gern bei uns bleiben?" Ein indonesisches Kind, sicher und geborgen im Schoß der Großfamilie, würde sich sicher über die Chance einer kleinen, abenteuerlichen Abwechslung freuen. Ihr eigenes Kind hingegen, durch das Leben im fremden Land vielleicht ohnehin etwas verstört, würde es wohl kaum freudig zur Kenntnis nehmen, wenn Sie bei diesem Vorschlag breit lächeln und heftig nicken.

Soziale Verpflichtungen der Mittelschicht

Selbst wenn Sie ohne große Vorkenntnisse das indonesische Sozialgefüge betrachten, werden Sie bald erkennen, wie vielschichtig, wechselseitig sich bedingend und wie zwingend integrativ es durch obligatorische Gruppenzugehörigkeiten ist – all dies zum Wohle der Gemeinschaft und (ideologisch gewendet) im Interesse der Regierungspolitik. Und wenn sich nun der gutwillige Ausländer auf der Suche nach Bekannten und Freunden in dieses Netz einspinnen will, wird er merken, wie er durch die Maschen dieses Netzes fällt. Es wird ihm erscheinen, als verfügten die Indonesier zwar stets über Zeit für organisierte Sozialtermine, nie aber über Muße zur Pflege von Bekanntschaften oder lockeren Freundschaften.
Um dies zu erklären, wollen wir einige der Fäden dieses Netzwerks sozialer Verpflichtungen, in dem die meisten gebildeten Indonesier der Mittelklasse eingesponnen sind, herauslösen und beschreiben.

- Die Fürsorge für die Großfamilie nimmt ein Gutteil der Zeit eines Indonesiers in Anspruch. Zu den Pflichten gehören medizinischer, pädagogischer und seelischer Beistand ebenso wie die „Pflicht", an allen Familienfeiern teilzunehmen. Möglicherweise ist die Familie auch Mitglied eines a r i s a n , eines Sparvereins.

- Die Batak und Minahasa leben in Clans, während viele höherstehende Javaner sich als Mitglied eines t r a h betrachten, der die Nachfahren eines gemeinsamen glorreichen Ahnen zusammenfaßt. Diese ethnischen Gruppenverbände erfüllen im wesentlichen die Aufgaben der Großfamilie.

- Die religiösen Gemeinschaften (Moschee, Tempel, Kirche) fordern ihren Tribut: Teilnahme am religiösen Unterricht, an Gebetsgruppen, Chören, Tanztruppen, Sportmannschaften, Spendensammelgruppen oder Sponsorentätigkeit für die Pramuka, die Organisation indonesischer Pfadfinder/innen.

- Viele Geschäftsbetriebe unterstützen Sportmannschaften, und hierbei ist jeder Angestellte zur aktiven Teilnahme aufgefordert. Desgleichen finden sich auf Betriebsebene die Ehefrauen der Angestellten zusammen, um nach den Grundsätzen des Dharma Wanita (siehe unten) tätig zu werden.

- Alle sind in den rukun tetangga, den Nachbarschaftsorganisationen, zusammengefaßt, und es wird erwartet, tatkräftig bei der Straßenreinigung oder anderen gemeinsamen Vorhaben mitzuhelfen. Überdies soll jeder Haushalt Geld für bestimmte Gemeinschaftsfeiern (zum Beispiel am Unabhängigkeitstag, dem 17. August) spenden.

- Für alle Angehörigen des Öffentlichen Dienstes (und angegliederter Organisationen) ist die Mitgliedschaft im Korps Pegawai Negri (Verband der Angehörigen des Öffentlichen Dienstes) verpflichtend. Einmal monatlich, am 17.d.M., versammeln sich die Mitglieder des Korps Pegawai Negri in ihren charakteristischen Batik-Uniformen vor den Dienstgebäuden.

- Die Dharma Wanita, die Organisation der Ehefrauen der Mitarbeiter des Öffentlichen Dienstes, ist kennzeichnend für die parallele soziale Organisation von Ehemännern und -frauen. Die Mitgliedschaft in diesen Organisationen ist verbindlich. In der hierarchisch gegliederten Gruppe nimmt die Frau jeweils die Position ein, die ihr Mann als beruflichen Rang bekleidet. Die Verpflichtungen wiegen schwer. Die Dharma Wanita und vergleichbare Organisationen engagieren sich sozial, politisch, bei Erziehungsfragen und Angelegenheiten des Gemeinwohls.
Dieses System reicht bis in die Spitze der sozialen Pyramide. Die Ehefrauen der Kabinettsmitglieder sind in der Ibu Ria Pembangunan sozial aktiv.

Im Schoße der Familie

Die indonesische Familie ist für ihre Mitglieder der Mittelpunkt der Loyalität, ein stützendes System von Beziehungen, körperliche und gefühlsmäßige Sicherheit und Geborgenheit.

Das statusbedingte soziale Beziehungssystem bestimmt in Indonesien den Umgang miteinander. Auch die warme, Sicherheit spendende Familie ist nach hierarchischem Muster gegliedert. Die Linie reicht vom ältesten bapak hinunter zum jüngsten Kleinkind und wird weniger durch Geschlechtszugehörigkeit als durch Alter vertikal geregelt.

Die bestimmende Kraft der Eltern bleibt bis zu deren Tod lebendig – und wird dann an die eigenen Kinder weitergegeben. Der Vater bzw. die Vaterfigur ist repeskterheischend und formal bestimmend; die Mutter ist der Herd der Liebe – und sie hat die Hand auf der Haushaltskasse. Wo sonst in der Welt könnte eine Autoreparaturwerkstätte „doa ibu" („Gebet einer Mutter") heißen?

Die enge Mutter-Kind-Beziehung bildet sich auf vielfältige Weise: durch das bereitwillige Stillen, durch die dauerhafte, innige körperliche Nähe im Arm der Mutter oder im

Immer geborgen, nie allein

slendang, dem Schultertuch. Im Alter von etwa drei Jahren wird begonnen, das Kind Ehrerbietung und Respekt gegenüber dem Vater zu lehren – asal bapak senang. Der bapak ist eine starke, mitunter jedoch weit entfernte Person im Leben des Kindes.

Bis zum Zeitpunkt der Einschulung ist das Kind wohleingebettet in den Rahmen der Großfamilie und Nachbarschaft. Meist entwickelt sich zwischen dem Kind und einem älteren Verwandten (Großmutter/-vater, Vetter oder Cousine, Tante oder Onkel) ein Zugehörigkeitsgefühl. Dieser Verwandte übernimmt dann oft die Rolle von Ersatzeltern oder Mentoren und steht dem Kind im täglichen Leben häufig näher als die leiblichen Eltern.
Die gefühlsmäßigen Erfahrungen und Bindungen des Kindes erweitern sich ständig im Laufe seiner Kindheit. Dabei wird immer den Eltern die größte Verehrung und Liebe zuteil, selbst wenn sie nicht den stärksten pädagogischen Einfluß auf das Kind ausüben.
In Indonesien wird man bis zur Heirat als Kind betrachtet. Bis dahin untersteht man der Verantwortung der Eltern. Ein Indonesier, der im Ausland studiert und dort seit dem Abitur allein gelebt hatte, konnte sich lebhaft an den Schock erinnern, als nach seiner Rückkehr von ihm erwartet wurde, wieder daheim bei den Eltern zu wohnen. „Wie könnten wir dir erlauben, eine eigene Wohnung zu suchen?" fragten die besorgten Eltern. „Alle werden denken, daß du uns gleichgültig bist und wir uns nicht mehr um dich kümmern wollen."
Erwachsene „Kinder", die zwar bereits im Arbeitsleben stehen, aber noch bei den Eltern wohnen, können meistens nicht selbst über ihr persönliches Einkommen verfügen und müssen damit rechnen, daß auch ihre private Post geöffnet wird. Außerdem erwartet man von ihnen, daß sie die Ausbildung jüngerer Geschwister finanziell unterstützen und mit für Unterhalt und Pflege der ehrwürdigen Alten sorgen, die ebenfalls im Haushalt leben, aber nicht mehr arbeiten.
In extremen Fällen kann diese soziale Ethik den eigenen Lebensweg entscheidend beeinflussen. Wir machten einmal die Bekanntschaft mit einem Indonesier, einem sehr gutaussehenden und beruflich tüchtigen Mann, etwa Mitte dreißig, jedoch noch ledig. Auf unsere Frage, weshalb er noch nicht verheiratet sei, gab er uns eine Antwort, in der sich die indonesischen Wertbegriffe widerspiegelten. Als ältestem Sohn und einzigem arbeitenden Familienmitglied lag es in seiner Verantwortung, die Eltern zu versorgen und die Schulausbildung seiner jüngeren Geschwister zu gewährleisten. Und erst wenn er all diesen Pflichten nachkam, konnte er versuchen, Geld zu sparen, um heiraten und eine Familie gründen zu können. Er schien ein hoffnungsloser Fall.

Leben: Von der Gemeinschaft geprägt

„Wir teilen alles", hörten wir von einem guten Freund. Dieses Gefühl gemeinschaftlichen Familienbesitzes und des Rechtes, sich frei zu bedienen und alles zu nutzen, macht es dem einzelnen sehr schwer, Geld zu sparen. Hat es dann jemand tatsächlich zu einem kleinen finanziellen Polster gebracht und Familienmitglieder oder enge Freunde erfahren davon, so werden ihn diese, wenn sie sich in Geldnöten befinden, ohne Scheu um Unterstützung bitten – und können davon ausgehen, daß ihre Bitte nicht abgeschlagen wird.
Die Verpflichtung und der innere Drang, immer wieder in den Familienschoß zurückzu-

kehren, ist dem Ausländer am sichtbarsten während des Lebaran-Festes, wenn die Städte sich leeren und jeder, der nur kann, heimwärts strebt. Sogar die professionellen Bettler schließen sich diesem Exodus an.
Ein Soziologe stellte einmal fest: „Bei den Verwandten im Dorf lecken sie sich die Wunden, die sie sich in der Stadt zugezogen haben. Sie sehnen sich nach der psychisch heilenden Wirkung des kampung (Heimatdorfes).” Die Tatsache, daß sie vermutlich nicht die ungeschminkte Wahrheit über ihr Leben in der Stadt erzählen, zählt in diesem Zusammenhang nicht. Sie kehren mit dem ersparten Geld ins Dorf zurück und feiern ein großes Familienfest, bei dem Geschenke und Geld verteilt werden.
Gefühle zu teilen und gemeinsam Verantwortung zu tragen, ist die Grundlage des immer im Schatten des gesellschaftlichen Ganzen stehenden Sozialverhaltens der Indonesier. Sie empfinden es daher als beschämend, wenn das eigene Verhalten von der Gruppennorm abweicht. Diese Einstellung unterscheidet sich deutlich von der Betonung der leistungs- und wettbewerbsorientierten Individualität im Westen und dem daraus abgeleiteten Versagensgefühl, wenn die eigene Leistung nicht an der Spitze steht.
Eine Indonesierin, die in einem Elternhaus mit zwanzig Personen lebte, teilte uns mit: „Wenn du deinen Vetter zweiten Grades nicht kennst, dann vergehst du dich an Anstand und Sitte, und dann hast du kein Herz.”
Wenn Sie indonesischen Freunden oder Bekannten gelegentlich angeboten haben, sie mit dem Auto heimzufahren, dann werden Sie vielleicht festgestellt haben, daß dieses „Heim” wechselt – mal ist es das Haus einer Tante, mal die Wohnung eines älteren Bruders oder die eines angeheirateten Vetters. Und trotzdem ist all dies das „Zuhause”. Es gibt wohl nur wenige Indonesier, die sich im tatsächlichen wie gefühlsmäßigen Sinne „obdachlos” und (schlimmer noch) „heimatlos” fühlen müssen. Und in Indonesien wird niemand ins Altersheim abgeschoben.

„Arisan” (Sparvereinigungen)

Überall auf den Inseln findet sich jene soziale, arisan genannte, Besonderheit. Arisan sind meist aus Frauen bestehende Spargruppen. Sie können aus Mitgliedern einer Großfamilie, einer kampung-Nachbarschaft, Angehörigen einer Firma zusammengesetzt sein. Eigentlich kann sich aus jeder sozialen Gruppe ein arisan bilden.
Die Mitglieder treffen sich einmal im Monat zum Essen und legen einen zuvor vereinbarten Geldbetrag in den gemeinsamen „Topf”. Dieser Betrag schwankt je nach sozialem Hintergrund zwischen 1000 bis 1 Million Rupiah. Danach wird der Name des Gewinners gezogen. Ein arisan besteht so lange, bis jedes Mitglied einmal „gewonnen” hat. Erhält man das Geld gleich zu Anfang seines Bestehens, so ähnelt es einem Darlehen; gewinnt man es erst gegen Ende, gleicht es einer Ersparnis. Danach organisiert sich der arisan von neuem, und die nächste Runde kann beginnen.
Der arisan übernimmt auch den gemeinschaftlichen Erwerb größerer Anschaffungen wie Kühlschränke, Nähmaschinen, Geschirr oder sogar Gold. Durch den Mengeneinkauf erhalten die Mitglieder einen höheren Rabatt auf hochwertige Güter.

Die „Cocktail-Party"

Wenn Sie länger in Indonesien leben, werden Sie wohl bald Eingang in die Cocktail-/ Dinnerparty-Szene finden. Viele Frauen von in Indonesien tätigen westlichen „Gastarbeitern" schließen sich morgendlichen Plauderkreisen oder Handarbeitskränzchen an. Oft entstehen daraus wertvolle Freundschaften.

Wir haben den westlichen Begriff „Cocktail-Party" in Anführungszeichen gesetzt, weil er in Indonesien kaum in der uns bekannten Form vorkommt. Denn Indonesier trinken kaum Alkohol; sie trennen strikt zwischen geschäftlichen und privaten Zusammenkünften; außerdem ziehen sie es vor, sich in klar umrissenen sozialen Gruppen (Familie, Frauengruppen, arisan-Gruppen, Schul- oder religiösen Gruppen) zu treffen. Deshalb befremdet sie die Vorstellung, daß Männer und Frauen sich zu halb geschäftsmäßigem Anlaß zusammenfinden und dabei fast immer auch alkoholische Getränke zu sich nehmen. In einem solchen gesellschaftlichen Rahmen fehlt der vertraute, klare Verhaltenskodex, der Entspannung und Genuß erst ermöglicht.

Und last not least: Indonesier essen nur ungern im Stehen. Nicht umsonst sagt ein Sprichwort: „Makannya seperti kuda." („Pferde essen im Stehen.")

Feiertage

Das Ministerium für religiöse Angelegenheiten legt alljährlich die offiziellen Feiertage fest. Die zwölf unten aufgeführten Festtage sind für Schulen und Regierungsbehörden verbindlich. Die Termine für die islamischen Feiertage verschieben sich jährlich um elf Tage, weil hierbei der Mondkalender mit 29 bis 30 Tagen angewandt wird. Wir weisen auch auf andere Feiertage hin, die in der Geschäftswelt beachtet werden und an denen Betriebe oder Läden ganz oder teilweise geschlossen sind.

„Tahun Baru" (Neujahrstag)

Man feiert den 1. Januar so, wie es auch in westlichen Ländern üblich ist. Die meisten Geschäfte sind geschlossen.

„Nyepi" (Neujahrstag der Hindu)

Dieser besonders auf Bali in großer Tradition stehende Feiertag fällt auf die Mittsommerwende. Er ist auch ein Fest der Kontraste. Am letzten Tag des ausklingenden Jahres fegt der Putzteufel durchs ganze Dorf, berstende Speisetafeln für Götter und Menschen werden vorbereitet, Hahnenkämpfe finden in zeremoniellem Rahmen statt, und nachts vertreibt man mit Geschrei und Toben die Teufel und Dämonen, die, nachdem der Herr der Hölle, Yama, sie aus seinem Reich verjagt hat, nun die Insel Bali heimsuchen.

Der folgende Tag, Nyepi, soll in Stille und Untätigkeit begangen werden. Die Straßen sind verlassen, die Dörfer ruhig, die Läden geschlossen – und unternehmungslustige Kurzzeit-Touristen auf Bali frustriert.

„Wafat Isa Almasih" (Karfreitag)

Karfreitag wird auf traditionelle Weise nur von den Christen gefeiert. Die Moslems verehren Jesus nur als einen ihrer Propheten. Im Geschäftsleben macht sich der Karfreitag kaum bemerkbar.

„Isra Mi'raj Nabi Muhammad" (Nacht der Himmelfahrt Mohammeds)

Dieser islamische Feiertag erinnert an die Nacht im zehnten Jahr des Prophetentums Mohammeds, in der dieser vom Erzengel Gabriel durch die Sieben Himmel zu Gott geführt wurde, um von dort unter anderem mit dem Gebot der fünf täglichen Gebete zurückzukehren. Auch dieser Feiertag wirkt sich kaum auf das Geschäftsleben aus.

„Kenaikan Isa Almasih" (Auferstehung Christi)

Ebenfalls ein nur von den Christen begangener Feiertag und ohne nennenswerte Folgen für den Geschäftsgang.

„Waisak" („Vesak"-Tag)

Jahresgedenktag an Buddhas Eintritt ins Nirwana. Zahlreiche Buddhisten reisen an diesem Tag von weit her an, um im Borobodur-Tempel (Zentral-Java) zu feiern. Dieser Tempel gehört neben Angkor Wat in Kambodscha und Pagan in Burma zu den größten Baudenkmälern des Buddhismus. Das Geschäftsleben wird von diesem Feiertag nicht berührt.

„Idul-Fitri" / „Lebaran" (Ende des Fastenmonats Ramadan)

Überall in Indonesien können Sie zumindest drei hör- und sichtbare Anzeichen des Lebaran-Festes feststellen. Zum einen füllen sich schon Tage zuvor die Straßen mit Verkäufern, die ketupat anbieten (kleine, aus Palmblättern geflochtene und mit Reis gefüllte Behälter, mit denen Gäste bewirtet werden). Weiterhin häufen sich in den Straßen am Abend des letzten Tages der Fastenzeit Ramadan zahllose Jugendliche auf Lastwagen, Motor- und Fahrrädern oder auch zu Fuß, die das einleitende Gebet takbir (am Vorabend des Idul-Fitri) mit Trommeln und Rufen begleiten. Und schließlich setzt am ersten Tag des Idul-Fitri ein viel- und gegenseitiges Besuchen ein. Während der zwei Tage des Lebaran suchen die Untergebenen ihre Vorgesetzten zu Hause auf, die Jungen besuchen die Alten, und auch Würdenträger des Staates halten ihr Haus offen.

Familien machen sich auf Motorrädern, in Bussen und Autos auf den Weg, ganze kampung werden auf Lastwagen verladen. Sie suchen sich gegenseitig auf, um Vergebung für vermeintliche und tatsächliche Fehler zu erbitten. „Selamat Idul-Fitri: Ma'afkan lahir batin!" („Fröhliches Lebaran und vergebt all unsere Fehler und verborgenen bösartigen Gefühle!")

Die Bedeutung des Lebaran für den Ausländer: Während des Ramadan halten sich die gläubigen Moslems an die Fastenvorschrift (puasa) zwischen dem Morgengrauen und der Abenddämmerung, um ihre spirituelle Disziplin zu üben. Der Ausländer wird schnell bemerken, wie sehr das Geschäfts- und soziale Leben während dieses Monats davon beeinträchtigt wird. Die Fastenden ermüden leicht und rasch; die Effektivität läßt nach, und die Geduldsfäden werden schließlich zum Reißen gespannt. Die Hitze verstärkt die allgemeine Erschöpfung. Die sozialen Anforderungen der moslemischen Welt wiegen schwer: Es wird in großen Gruppen gebetet und später gemeinsam das Fasten gebrochen. Magenprobleme (Geschwüre und andere Leiden) treten häufig auf, da der Magen abwechselnd völlig leer und dann wie ein Ballon gefüllt ist.

Wenn Sie in leitender Aufgabe in Indonesien arbeiten, wäre es ratsam, nicht genüßlich in der Gegenwart fastender Angestellter zu speisen und sich vor Augen zu halten, daß der Tag sehr lang für diejenigen ist, die sich den religiösen Regeln unterwerfen. Stellen Sie sich auch darauf ein, daß Ihre Angestellten eine Gratifikation von etwa einem Monatslohn erwarten – für Geschenke, die zu diesem Anlaß benötigt werden, neue Kleidung und die besonderen Leckerein. Weiterhin werden sie freie Tage für den Besuch ihrer Familie im kampung verlangen.

Senden Sie Ihren moslemischen Freunden Lebaran-Karten, und machen Sie ihnen einen Besuch, wenn Sie sich im Geist dieses Festes verhalten wollen; selbstgebackene Kekse oder Kuchen sind willkommene Geschenke.

Zu dieser Zeit sind viele Läden entweder für einige Tage oder gar Wochen völlig geschlossen; andere arbeiten nur mit der Hälfte des Personals, um den Angestellten Gelegenheit zu geben, zu ihren Familien zu fahren.

„Proklamasi Kemerdekaan Republik Indonesia" (Unabhängigkeitstag)

Dieser wichtige Tag (der 17. August) wird landesweit gefeiert. Wenn Sie an diesem Tag der indonesischen Nation Ihre Wertschätzung bezeugen wollen (dies hat nichts mit der Einschätzung aktueller politischer Gegebenheiten zu tun!), dann können Sie vor Ihrem Haus eine Flagge oder an Ihrem Auto ein Fähnchen hissen. (Überall auf den Straßen stoßen Sie auf Flaggenverkäufer.)

An diesem Feiertag sind die meisten Geschäfte geschlossen, einige haben nur zu bestimmten Zeiten geöffnet.

„Idul Adha" (Opferfest)

Dieser Festtag ist auch als Idul Korban und Lebaran Haji bekannt. In ihm spiegeln sich drei wichtige religiöse Sinnbilder des Islam: der Beginn der Umrundung der Heiligen Kaabah durch die Mekka-Pilger; das Tieropfer als Zeichen der Bereitschaft Abrahams, seinen Sohn Ismael zu opfern; die Zeit, die Gräber zu besuchen, zu reinigen und mit Blumen zu schmücken. (Manche Frauen bringen auch Speisung für die Armen mit auf den Friedhof.)

Den Ausländer wird zu dieser Zeit die große Zahl der zum Schlachten feilgebotenen Tiere erstaunen. Jede Grasnarbe scheint Ziegen hervorzubringen, Kühe drängen sich im Schatten der Bäume. Die Opfertiere, von Einzelpersonen oder Familien gekauft, werden an die Moscheen überführt, wo ein Opferkomitee (panitia korban) die Schlachtung übernimmt und die Verteilung des Fleisches an die Armen überwacht. Zu diesem Zeitpunkt sind nahezu alle Geschäftsbetriebe geschlossen.

„Tahun Baru Hijriyah" („Hegira", das islamische Neujahrsfest)

Ein Festtag, der an den Beginn der islamischen Zeitrechnung im Jahre 622 (u.Z.) erinnert, als Mohammed Mekka verließ, um eine neue Gemeinde in Medina zu gründen.

„Maulid Nabi Muhammad" (Geburtstag des Propheten Mohammed)

Die Moslems verehren Mohammed als den letzten in der Reihe der Großen Propheten, zu denen auch Noah, Moses, David, Johannes der Täufer und Jesus gehören. Die Moslems glauben, daß Gott durch Mohammed seinen vollendeten Willen offenbart habe und dieser im Koran niedergelegt sei.
Das Gedenken an Mohammeds Geburtstag beginnt am zwölften Tag des dritten Monats islamischer Zeitrechnung (Rabiul Awal) und dauert einen Monat. In dieser Zeit werden selamatan (besondere Feiern und Gebetszeremonien) in Schulen, Moscheen und Häusern abgehalten, und islamische Jugendgruppen engagieren sich verstärkt in der Gemeindesozialarbeit.

„Natal Hari Pertama" (Weihnachten)

Weihnachten wird, wie in aller Welt, von den Christen des Landes als ein wichtiges Fest begangen. Geschäfte bleiben geschlossen.

„Imlek" (Chinesisches Neujahrsfest)

Obgleich kein offizieller Feiertag, wird er doch (je nach Dichte der chinesischen Bevölkerung) auffällig gefeiert. Das chinesische Neujahrsfest kündigt sich unter anderem dadurch an, daß die Preise für Orangen (und einige weitere besondere Früchte) steigen. An der Zahl der geschlossenen Geschäfte läßt sich ablesen, wie stark die lokale Gemeinde der geschäftlich tätigen indonesischen Chinesen ist. Fast alle ihrer Läden sind für zwei Tage geschlossen, manche jedoch eine Woche oder länger.
Während dieser Tage sind bei den Erwachsenen Glücksspiele besonders beliebt; man serviert symbolträchtige Speisen (Nudeln für langes Leben, Orangen für Glück); die jüngeren Familienmitglieder besuchen die älteren, um ihnen ihre Ehrerbietung zu erweisen; die Kinder erhalten hong bao, kleine rote Päckchen, die einen einheitlichen Geldbetrag enthalten. Es ist üblich, sich zum Neujahr neu einzukleiden. Am ersten Tag des neuen Jahres darf der Boden nicht gekehrt werden, da man damit auch das Glück vertreiben würde. Und vor dem Neujahrsfest haben alle versucht, ihre finanziel-

len Verpflichtungen und geschäftlichen Angelegenheiten zu regeln.
Wollen Sie sich an diesem Fest Ihren chinesischen Freunden oder Bekannten gegenüber aufmerksam zeigen, so senden Sie ihnen spezielle Glückwunschkarten oder ein Obstkörbchen.

Der Islam

Westliche Ausländer werden kulturbedingt kaum unmittelbar am islamischen Leben teilnehmen, vielmehr werden sie lediglich Augenzeugen und Betrachter von außen sein. Diese Wahrnehmung unterscheidet sich natürlich sehr von der der gläubigen Moslems. Denn in Indonesien ist der Islam keine Sonntags- (bzw. Freitags-) Religion – soziales Leben ist gleichbedeutend mit religiösem Leben und umgekehrt.
Es gibt sehr sinn- und augenfällige Merkmale des Islam in Indonesien: die Massen von Männern, die jeden Freitag zum Gebet in die Moschee strömen, viele mit Sarongs und weißen Hemden bekleidet, einige mit dem weißen Gewand, das sie von ihrer haj (Mekka-Pilgerreise) heimbrachten; Kinder aus den islamischen Schulen beleben die Straßen, die Mädchen nach der Keuschheitsvorschrift Kopf und Hals mit einem Tuch verhüllend; Schweinefleisch wird in Respekt vor den Speisevorschriften des Koran nur außerhalb des städtischen Fleischmarktes verkauft; manche Hausangestellte weigern sich, in Haushalten zu arbeiten, in denen es Hunde gibt; es finden üppige Feiern statt, die großen Schlachtfesten gleichen; und schon sehr früh am Morgen schallt der Ruf des Muezzin, von Lautsprechern übertragen, um die Gläubigen zum Gebet zu rufen (und dabei natürlich auch die Ungläubigen oder Andersgläubigen aufweckend).
Überall auf dem Archipel reflektiert die Sonne von den Dächern der Moscheen. In Indonesien lebt eine der größten islamischen Bevölkerungen der Welt. Die Regierung betont allerdings, daß im Rahmen der Pancasila Religionsfreiheit herrscht, so daß jeder frei über seine Religionszugehörigkeit entscheiden kann. Eine Staatsreligion gibt es nicht.

Der Islam in Indonesien: Ein kurzer historischer Überblick

Der Islam erreichte im frühen 15. Jahrhundert durch indische und arabische moslemische Händler und Koranlehrer die Handelshäfen Nord-Sumatras. Weitere Stützpunkte entstanden im 17. Jahrhundert im südlichen Sulawesi und an der Nordküste Javas. Beim Zusammentreffen des Islam mit den lokalen Religionen kam es nicht zur Konfrontation, sondern eher zur Anpassung und Verschmelzung. Dies trifft auch heute noch zu und erklärt unter anderem die unterschiedlichen Praktiken des Islam in den verschiedenen Regionen Indonesiens.

Der Einfluß des Islam auf die Kunst

Der Islam beeinflußte die verschiedenen Kunstformen auf den Inseln, ohne sie jedoch

vollständig zu verändern. Das islamische Verbot, Menschen und Tiere realistisch abzubilden, spiegelt sich in vielen der stilisierten Batikmuster wider. (Auf Batiken aus traditionell weniger islamisch beeinflußten Gegenden jedoch werden Sie zahlreiche plastische Tier- und Menschengestalten erkennen können.) Nur in den wayang kulit, den javanischen Schattenspielen, blieben unter dem direkten Einfluß des Islam die menschlichen Figuren in Konturen erhalten.
Die dynamischen und sinnlichen Tanzstile Indiens wurden zur islamischen Keuschheit hin modifiziert zu den für Zentral-Java typischen, sehr disziplinierten und ruhigen Tänzen, die noch heute zu sehen sind. Und viele Moscheen aus früherer Zeit vereinen Elemente der Hindu- mit denen islamischer Architektur.

Das islamische Jahr

Der islamische Mondkalender ist nur einer von vielen Kalendern, die auf den Inseln zu Rate gezogen werden. Die Termine der Heiligen Tage werden vom islamischen Klerus bekanntgegeben.

Die heutige Bedeutung des Islam

In Indonesien sind die Moscheen Zentren für eine Vielzahl von sozialen, erzieherischen und geistigen Aktivitäten. Sie fördern Sportmannschaften, veranlassen Jugendgruppen, Geld für die verschiedensten sozialen Zwecke zu sammeln, organisieren religiöse Familienfeiern und leiten eigene Schulen.
Für den Ausländer ist das morgendlich von Lautsprechern übertragene Gebet um 4.30 Uhr der erste, nicht zu überhörende Kontakt mit dem Islam. Wenn Sie der Auffassung sind, daß Beten für den Ewigen Schlaf besser ist als der irdische Schlaf, werden Sie dies leicht ertragen können.
Der Koran schreibt den Gläubigen drei Gebete am Tag vor, traditionell jedoch sind eigentlich fünf tägliche Gebete vorgesehen: das erste bei Sonnenuntergang, danach das Nachtgebet, dem wiederum die Gebete beim Morgengrauen, um 12.00 Uhr mittags und am Nachmittag folgen.
Man kennt in Indonesien eine volkstümliche Regel zur Bestimmung der „korrekten" Zeit für das Gebet bei Morgengrauen: Können bei natürlichem Licht ein weißer und ein schwarzer Faden unterschieden werden – dann ist es eindeutig zu spät!

Die Erfüllung religiöser Pflichten

Die Fünf Prinzipien des Islam sind: das Glaubensbekenntnis, die Einhaltung der fünf täglichen Gebete, die Bezahlung der religiösen Abgaben, das Fasten während des Ramadan und die Pilgerfahrt nach Mekka (haj).

Die Vorbereitungen zum Gebet

Vor dem Gebet hat der Gäubige bestimmte Säuberungsrituale zu vollziehen, um die Reinheit der Absicht zum Ausdruck zu bringen: Er muß seine Hände dreimal vom Handgelenk bis zu den Fingerspitzen mit air wudu (gewöhnlichem Wasser) waschen; er muß gurgeln und den Mund ausspülen, das Gesicht waschen, dann die Unterarme bis zu den Ellbogen reinigen, Teile des Kopfes befeuchten, das Haar mit wasserbenetzten Fingern kämmen und die Füße bis zu den Knöcheln säubern.
Nur körperlich und geistig gereinigt darf ein Moslem das Gebet beginnen. Sollte ihm etwas widerfahren, was diesen Zustand beeinträchtigt – wenn er etwa von einem Hund oder einer Frau berührt wird, Stuhlgang hatte oder Winde gingen –, dann muß er mit der rituellen Reinigung von neuem beginnen.

Die dem Gebet angemessene Kleidung

Die meisten moslemischen Frauen tragen beim Gebet die mukena, die den Körper nahezu völlig verhüllt. Die Männer kleiden sich in den kain sarung und ein schlichtes weißes Hemd. Oft nehmen sie einen sejadah (Gebetsteppich) mit in die Moschee.

Der Gebetplatz

Die meisten Geschäfts- oder Amtsgebäude verfügen über einen musholla, einen Gebetplatz. Die Männer beten meistens in der Moschee, die Frauen traditionell zu Hause.
Ein um sein Seelenheil besorgter Moslem forderte in einer javanischen Lokalzeitung, die staatseigene Eisenbahn PJKA solle in jedem Zug zumindest einen musholla zur Verfügung stellen. Er begründete seine Forderung damit, daß die Gläubigen an den Haltestationen nicht zu beten wagten – aus Furcht, den Zug zu verpassen. Wo also hin – auf die himmlische oder irdische Reise?

Leben unter islamischem Recht

Nach islamischem Gesetz fällt alles menschliche Handeln unter fünf moralische Kategorien:

Halal:	Weder gut, noch böse
Haram:	Verboten
Makruh:	Unerwünscht (Unterlassung wird belohnt, Tat nicht betraft)
Sunah:	Wünschenwert (Tat wird belohnt, Unterlassung nicht bestraft)
Wajib:	Verpflichtend (Tat wird belohnt, Unterlassung bestraft)

Speisen und Getränke

Der Islam verbietet den Genuß von Alkohol und Schweinefleisch. Es gibt daneben jedoch noch weitere besondere Vorschriften, nach denen Sie sich erkundigen sollten, besonders wenn Sie Gäste bewirten wollen.

Heirat und Scheidung

Die islamische Tradition in Indonesien erlaubt dem Mann bis zu vier Ehefrauen (zugleich), was viele ältere Moslems, vor allem in ländlichen Gebieten, tatsächlich in Anspruch nehmen. Das Ehegesetz von 1974 regelt die Rechte der Frauen und betont den Zusammenhalt der Familie, läßt in der Praxis aber auch Scheidungen zu.

Besuch einer Moschee

In ihrem Buch „Kultur-Knigge Malaysia/Singapur" geht JoAnn Craig ausführlich auf islamische Traditionen und Verhaltensweisen in Asien ein. Der in Indonesien praktizierte Islam genießt einen liberaleren Ruf als der malaysische. Besucher sind in Moscheen grundsätzlich willkommen.

Besuchs-Knigge für Moscheen

• Tu! und Tabu! •

<u>Tu!:</u> Wenn Zweifel bestehen, ob Ihr Besuch erwünscht ist, fragen Sie zuvor um Erlaubnis.

<u>Tu!:</u> Ziehen Sie die Schuhe aus, ehe Sie die Moschee betreten.

<u>Tu!:</u> Verhalten Sie sich leise, zurückhaltend und respektvoll.

<u>Tu!:</u> Bewegen Sie sich h i n t e r, nicht vor den betenden Gläubigen.

<u>Tu!:</u> Kleiden Sie sich angemessen: Frauen sollten langärmelige Kleider und Blusen, Männer lange Hosen tragen.

<u>Tu!:</u> Bitten Sie um Erlaubnis, ehe Sie photographieren.

<u>Tu!:</u> Achten Sie darauf, nichts und niemanden zu berühren, besonders nicht den Heiligen Koran.

<u>Tabu!:</u> Frauen dürfen laut islamischem Gesetz während ihrer Mensis die Moschee nicht betreten.

Indonesisch-islamisches Lexikon

Air wudu:	Das Wasser, mit dem der Gläubige sich vor dem Gebet rituell wäscht.
Azan:	Aufruf zum Gebet.
Masjid:	Abgegrenzter Platz zum Beten. Je nachdem, in welcher Region Indonesiens Sie sich aufhalten, heißt dieser Platz auch: Masigit: Sunda (West-Java) Mesigi: Sulawesi Mesigit: Java Mensingit: Acheh
Masjid jami:	Die Moschee, in der freitags gebetet wird (auch bekannt als Freitagsmoschee).

Kleinere Gebetshäuser, die nicht den Gebeten in der Gruppe, sondern Einzelandachten dienen, heißen je nach Region:

Langgar: Java
Langgara: Sulawesi
Meunasah: Acheh
Surau: West-Sumatra

Minaret (menara):	Rufturm des Muezzin neben der Moschee.
Muezzin (muazin):	Der Mann, der traditionell die Gläubigen fünfmal am Tage zum Gebet ruft. Heute wird er oft profan durch Kassetten und elektrische Verstärker ersetzt.
Musholla (mushalla):	Gebetsort (auch außerhalb der Moschee), der nicht vorrangig dem Freitagsgebet dient.
Sejadah:	Gebetsteppich.
„As salaamu 'alaikum":	Aus dem Arabischen übernommener Gruß: „Friede sei mit dir."
„Alaikum salaam":	„Friede auch mit dir!" (Entgegnung)

„Selamatan"

Selamatan ist ein festlicher Anlaß, von dem Sie sicher hören, an dem Sie höchstwahrscheinlich aber kaum teilnehmen werden. Das Wort bedeutet „religiöses Mahl" und ist somit kein profanes Fest. Ein selamatan wird nur zu besonderen, feierlichen Anlässen ausgerichtet und soll Glück und Harmonie für die Teilnehmenden heraufbeschwören. Dabei werden die Alten oder offizielle Gäste stets die Gebete sprechen und damit das Festmahl einleiten, wobei die Speisen häufig auch als „Give-away-Food" in die Häuser von Nachbarn oder Freunden geschickt werden. Ein selamatan kann aus unterschiedlichen und unbegrenzten Anlässen stattfinden: Richtfest eines Hauses, Aufbruch zu einer langen Reise, Ahnung von kommendem Unheil und vieles mehr. Mitunter mag auch für in Indonesien lebende Ausländer der Anlaß für ein selamatan gegeben sein: die Einweihung eines neuen Büros, die „Umleitung schlechter Strömungen" an einem Arbeitsplatz, die Beendigung einer Reihe von Haushaltsmißgeschicken und -unfällen, eine Haussegnung o.ä. In solchen Fällen sollten indonesische Freunde oder vertraute Bekannte die Einhaltung des Rituals überwachen, damit das Fest seine Würde nicht einbüßt.

7
Kreislauf des Lebens

Jeder Indonesier wächst in der Tradition seines suku (Volksstammes) und im Ritus seiner Religion auf. Aus beiden stammen die reichen und tief verinnerlichten Bräuche, die den Lebenskreislauf des einzelnen (Geburt, Geschlechtsreife, Hochzeit, Elternschaft, Tod) symbolhaft schmücken und begleiten.
Wir wollen die aufgeführten einschneidenden und feierlichen Anlässe vorstellen und Hinweise für das angemessene Verhalten, die richtigen Worte und auch die geeigneten Geschenke geben.
Auf ethnische Besonderheiten wollen wir aus folgendem Grund nicht im einzelnen eingehen: Es gibt einfach zu viele davon! Zahlreiche Zeremonien gelten als traditionell, werden jedoch nicht mehr von der Mehrheit der Bevölkerung, sondern nur noch von hochadligen Familien praktiziert. Wir wollen Sie mit einer allgemeinen Einführung ermutigen, die lokalen Besonderheiten kennen- und verstehen zu lernen.
Viele der sozial hochrangigen und adligen Familien (die teilweise noch feudale Rituale ausüben), gelten weithin als adat yang betul (wahrhaftig die Tradition befolgend), andere als adat di adatkan (das adat wegen des gesellschaftlichen Ranges der Familie beachtend). Nicht jeder Indonesier hält an allen Traditionen fest, wäre auch aus finanziellen Gründen dazu nicht in der Lage. Der menschlichen Natur entsprechend, wählt der einzelne aus dem reichen Schatz an Zeremonien und Feiern jene aus, die ihm (und seinem Geldbeutel) am meisten entgegenkommen.
Beim Bemühen, noch lebendige Traditionen zu sammeln und zu erfassen, stießen wir auf drei Schwierigkeiten: Zunächst fanden wir uns vor einem kaum bezwingbaren Berg von völkerkundlichem und sprachwissenschaftlichem Forschungsmaterial wieder; dar-

über hinaus sind auch zahlreiche Indonesier, die jünger als fünfzig Jahre alt sind, auf Hilfe und Rat der Älteren angewiesen, wenn es um die genaue Ausführung von Zeremonien geht, da sie selbst diese nicht mehr ausüben; ferner wissen viele Indonesier nur über die Gepflogenheiten der eigenen ethnischen Gruppe zu erzählen, verfügen aber über keine übergreifende und vergleichende Kenntnis.
Ehe wir ins einzelne gehen, möchten wir Ihnen den schlichten praktischen Ratschlag geben, bei Feierlichkeiten und Zeremonien erst genau zu beobachten und sich dann dem Verhalten der Gastgeber und anderen Gäste einfach anzuschließen. Indonesier sind freundliche Gastgeber und darauf bedacht, ihre Gäste in das jeweilige Geschehen zu integrieren. Sind Ihre Gastgeber Batak, so können Sie damit rechnen, daß Ihnen die symbolhafte Bedeutung der Zeremonien erklärt wird; ebenso würden sich Javanesen, Balinesen und Minahasa verhalten.
Wir können Ihnen daher nur empfehlen, die Gelegenheit kühn beim Schopf zu packen und an den besonderen „kosmischen" Zeremonien Ihrer Nachbarn und Freunde teilzunehmen – und mit Neugier und Freude zu genießen.

Geburt

Kinder gelten als Segen der Familie, und so hütet man Säuglinge wie einen Schatz, bemüht, sie vor allem Bösen und allen Gefahren zu bewahren. Leider ist die hohe Kindersterblichkeit, insbesondere in ländlichen Gebieten, noch nicht überwunden. Daran erinnern immer wieder schmerzlich die langen Reihen kleiner Gräber auf den Dorffriedhöfen. Es findet sich kaum eine Bauernfamilie, die nicht den Tod mehrerer Kinder zu betrauern hätte.
Die Eltern tun alles, damit ihre Kinder die kritischen ersten fünf Lebensjahre überstehen. Einige flößen den Säuglingen Gelbwurzelsaft ein, der vor allem gegen Darmerkrankungen helfen soll. Andere versuchen es mit Honig. In den Dörfern Javas tragen manche Kinder Bänder (lawe) und Amulette um Hals und Bauch. Diese aus handgesponnener Baumwolle gefertigten Bänder legt ihnen die Mutter, Großmutter oder der dukun (der traditionelle Heiler), um. Sie verfügen angeblich über die Kraft, das Kind vor dem Bösen, vor Krankheiten und frühem Tod zu schützen.
Die Regierungsbehörden versuchen das Problem der Kindersterblichkeit dadurch in den Griff zu bekommen, daß sie ein Netz von Kinderkliniken (anak-anak-balita, wörtlich: „Kinder unter fünf Jahren") aufbauen, die auch der medizinischen Beratung und Vorsorge (u.a. in bezug auf Geburtenregelung und Hygiene) dienen sollen.

Willkommenszeremonien

Fast alle Zeremonien, die für Neugeborene abgehalten werden, verbinden die Aufnahme des Kindes in die Gemeinschaft mit Gebeten für seine Gesundheit, Gedeihen und Kraft. Die einzelnen Zeremonien sind jedoch sehr von der jeweiligen ethnischen Gruppe und sozialen Schicht geprägt.

Hat zum Beispiel bei den Batak ein Kind das Alter von sieben Tagen erreicht, so backt die Mutter einen Reiskuchen mit Zucker und Gewürzen und bietet ihn den Nachbarn im kampung an; zugleich zeigt sie dem Kind zum ersten Mal die Sonne, „das Licht der Welt". Eine aufwendigere Variante dieser Zeremonie bezieht die Dorfbevölkerung stärker ein: Während einer großen Prozession wird das Kind unter Gebeten und Riten dem Dorf und den Geistern vorgestellt und schließlich im permandian (dem Badeplatz) gewaschen. Man bereitet ein Fest vor, bei dem eine besondere Speise, ein Fisch, an die Lippen des Säuglings geführt wird, damit er fortan unter dem Schutz der Dorfgeister stehen möge.

Kommt in einer adligen Familie der Minangkabau ein Mädchen zur Welt, so schenkt ihm der Großvater mütterlicherseits goldene Armbänder und verleiht dem Kind einen zusätzlichen Namen. Die Großeltern von väterlicher Seite schenken der Neugeborenen eine junge Milchkuh (anak sapi). In einer weniger begüterten Familie entspräche dem Kalb ein lebendes Huhn.

In christlichen Familien feiert man die Taufe mit einem großen Essen für zahlreiche Gäste.

Die Indonesier lieben Kinder, nie ist ein schützender Schoß oder Arm fern

„Tujuh bulan" für die werdende Mutter – „Turun tanah" für das Kind

Zwei Zeremonien werden Sie in unterschiedlicher Form immer wieder begegnen: dem tujuh bulan, dem rituellen Bad der zukünftigen Mutter, und der turun tanah-Zeremonie für das Neugeborene. Diese Zeremonien sind eine Mischung aus animistischen Praktiken, Volksbräuchen und (bei manchen Volksgruppen) auch Gebeten.

In Bali findet die tujuh bulan (siebter Monat)-Zeremonie bereits im dritten Monat der Schwangerschaft statt. Die meisten anderen Volksstämme vollziehen das Ritual tujuh bulan selamatan im siebten Monat. Die Toba Batak nennen die bei ihnen übliche Zeremonie ebenfalls tujuh bulan, doch sie begehen die Feier mit Gebeten und ikan mas (einer großen Goldfischart) als „Festbraten" und ohne rituelles Bad.

In der Zeit der Schwangerschaft wird vermehrt und demütig für die Gesundheit aller gebetet, und die werdende Mutter erfährt von anderen Mütter eine starke, gefühlvolle Zuneigung. Verschiedene ergänzende Riten folgen, bei denen besondere Blumenarten, Früchte, parfürmiertes oder gesegnetes Wasser, Kleidung und Nahrung eine Rolle spielen.

Neben dem rituellen Bad veranstalten Javaner und Sundanesen ein selamatan, zu dem das folgende Spiel gehört: Die werdende Mutter „verkauft" den Gästen rujak (einen scharf gewürzten Fruchtsalat) und erhält als Entgelt Bruchstücke von tönernen Dachziegeln. Die spontanen Kommentare der Gäste über den Geschmack des rujak sollen Aufschluß über das Geschlecht des Kindes und seinen Charakter geben. Außerdem soll dieses „Geschäft" dem Kind Sinn für Sparsamkeit und Haushalten vermitteln.

Die turun tanah-Zeremonie, bei der das Kind der Mutter Erde (in deren Schoß es bis zu seinem Lebensende weilt) vorgestellt wird, stammt aus früher Zeit und ist (mit unterschiedlichen, ethnisch bedingten Ausprägungen) überall in Indonesien zu finden. In Bali wird diese Zeremonie nach 210 Lebenstagen durchgeführt. Das Kind wird offiziell von der Familie willkommengeheißen, man schneidet ihm das Haar und versucht, seine Zukunft vorherzusagen.

Bei den Minangkabau ist diese Zeremonie auch unter dem Namen turun mandi bekannt. Besondere Bedeutung kommt hierbei dem rituellen ersten Haarschnitt zu, der Wachstum und Stärke des Kindes fördern soll (also entgegengesetzt dem, was uns die biblische Geschichte von Simson und Delila lehrt).

Die Javaner verwandeln dieses Ritual in ein spielerisches Fest. Man verstreut verschiedene Gegenstände (etwa Goldschmuck, Füllfederhalter, ein Buch, Geld) in der Reichweite des Kindes und beobachtet dann voller Spannung, wonach das Kind zuerst greift. Daraus werden Mutmaßungen über Charakter und Zukunft abgeleitet.

Einige traditionsbewußte adlige Familien auf Java legen das Baby auf sieben verschiedene kain batik (lange Batiktücher). Es sind die Tücher, die seine Mutter bei der tujuh bulan-Zeremonie getragen hat und die meist lebenslang aufbewahrt werden. Die Tücher, die die Mutter vor der Geburt des Kindes trug, werden bei dessen turun tanah wieder verwendet und begleiten das Kind bis zum Tod (sie dienen als Leichentuch).

„Baby-Knigge"

Tu!: Die ungleiche Gleichung lautet: Schenken Sie lieber ein Geschenk mit persönlicher Note für 5.000 Rupiah als einen unpersönlichen Geldschein von 10.000 Rupiah. Geschenke sollen schließlich von Herzen kommen.

Tabu!: Geschenke für Babies richten sich häufig nicht nach den Interessen des Kindes, sondern entspringen der „kindischen" Phantasie der Erwachsenen. Schenken Sie also nicht etwas Kindisches (und zudem Gefährliches) wie ein Baby-Maniküre-Set (was Sie in Indonesien tatsächlich häufig auf dem Gabentisch sehen).

Tu!: Schicken Sie mit Ihrem Geschenk eine Karte mit dem Text: „Selamat dengan kelahiran putri/putra!" („Herzlichen Glückwunsch zur Geburt Ihres Sohnes/Ihrer Tochter!")

Ratschlag für Ausländer

Sie sollten wissen, daß viele dieser Zeremonien die höfischen Rituale an den Fürstensitzen von Yogyakarta und Surakarta nachvollziehen. Jedoch freuen sich eben auch viele moderne Familien der Oberschicht über diese willkommenen Gelegenheiten zum Feiern, Schenken und Zusammentreffen. In den kleinen ländlichen kampungs begeht man dieses Feste natürlich auf bescheidenere Weise, genießt sie jedoch mit ebenso großer Freude.

Lädt man Sie zum turun tanah ein, so wäre ein eingewickelter sarung, der für das Kind aufbewahrt wird, oder auch ein Briefkuvert mit 5.000 bis 15.000 Rupien ein angemessenes Geschenk.

Wollen Sie der Mutter und dem Neugeborenen einen Besuch abstatten, so sollten Sie sich daran erinnern, daß bei den Javanern, Sundanesen, Batak und Balinesen zum Beispiel die niedergekommene Mutter eine strikte Schonzeit von bis zu vierzig Tagen genießt (auch wenn moderne Frauen schon in dieser Zeit gelegentlich Besuch empfangen). Nach dieser Ruhezeit können Sie sich mit Ihrem Geschenk anmelden.

Sind die Eltern des Kindes Chinesen, müssen Sie diese Frist nicht beachten. In chinesischen Familien ist es üblich, dem Kind nach vierzig Lebenstagen zum erstenmal die Haare zu schneiden. Zu diesem Anlaß wird eine besondere Mahlzeit aus Hühnerfleisch und rot eingefärbten Eiern zubereitet, die man an Verwandte und enge Freunde schickt. Dies ist zugleich eine der Möglichkeiten, sich für Geschenke zur Geburt des Kindes zu bedanken.

Bei „Großstadt-Kindern" schicken Sie der jungen Mutter am besten einen Blumenstrauß ins Krankenhaus, sobald Sie erfahren haben, daß Mutter und Kind wohlauf sind.

In den Städten setzt es sich immer mehr durch, daß sich die Eltern für Geschenke und Glückwünsche mit einer Karte bedanken, auf der auch der Name des Kindes bekanntgegeben wird.
Schenken Sie ruhig das Übliche: Babykleidung, Silberlöffel oder -gabel, eine silberne Tasse o.ä. Natürlich hängen Art und Kosten Ihres Geschenkes davon ab, wie vertraut Sie mit der Familie des Kindes sind.

Beschneidungsrituale

Die Beschneidung (sunatan) ist ein im wahrsten Sinne des Wortes wichtiger Einschnitt im Leben eines jeden jungen Moslem und markiert den Übergang von der Kindheit ins Erwachsenenalter. Sie findet meistens im Alter von elf oder zwölf Jahren statt. Sich beschneiden zu lassen ist im Islam sunah, d.h. jedem freigestellt, und nicht (wie oft fälschlich angenommen) eine zwingende Verpflichtung.

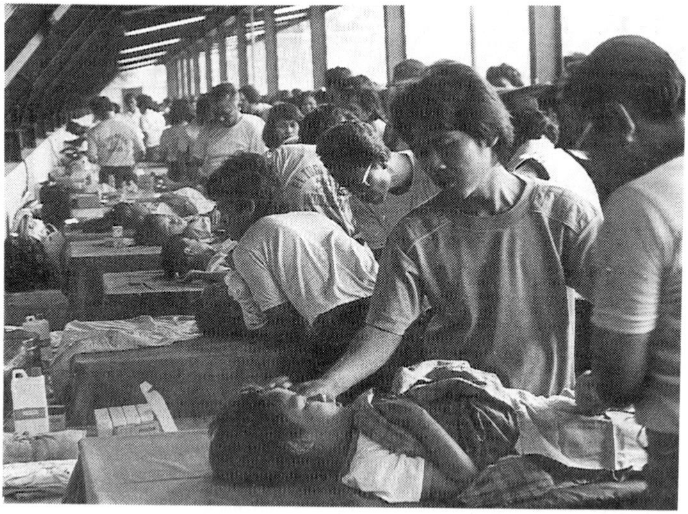

»Sponsoren« ermöglichen die Massenbeschneidung für Söhne aus mittellosen Familien

Früher war die Beschneidungszeremonie ein öffentliches Ereignis. Heutzutage, vor allem in den städtischen Gebieten, sieht man darin lediglich einen kleinen medizinischen Eingriff, der ohne gesundheitliches Risiko mit den entsprechenden medizinischen Instrumenten durchgeführt wird. Allerdings geschieht es auch heute noch (etwa in den völlig abgelegenen ländlichen Gebieten Javas), daß die Knaben am Tag ihrer Beschneidung vor dem Morgengrauen geweckt und zu einem kalten Gebirgsfluß geführt werden. Dort harren sie so lange im eisigen Wasser aus, bis ihr Körper derart empfin-

dungslos geworden ist, daß sie den Beschneidungsschmerz kaum mehr wahrnehmen.
Überall in Indonesien ist es üblich, einige Tage nach der Beschneidung ein kulinarisches Fest zu feiern, zu dem die Familie mitunter auch ausländische Freunde einlädt. Hier wäre es angebracht, dem Beschnittenen als Anerkennung seiner Tapferkeit etwa 5.000 Rupiah in einem Umschlag zu überreichen. Früher gab die Familie viel Geld für dieses Fest aus, kleidete den Jungen neu ein und veranstaltete aufwendige Umzüge, die die gesamte Nachbarschaft einbezogen. In Ost-Java putzt man heute noch die Knaben als Prinzen heraus und läßt sie auf prächtig geschmückten Pferden durch das Dorf ziehen. In anderen Gegenden reiten die Jungen auf „Steckenpferden"; andernorts wiederum werden sie von festlich geschmückten becaks (Taxi-Fahrrädern) durch die Straßen gefahren. In manchen Familien finden Sie Imitate des niedrigen und breiten, handgeschnitzten Beschneidungsstuhles, der als Ehrenplatz für die männlichen Angehörigen der adligen Familien diente, die Höflinge des Kraton (dem Palast von Surakarta oder Yogyakarta) waren.

Lexikon des Beschneidungsfestes

Bei einer Beschneidungsfeier erwartet man, daß die anwesenden Gäste den Knaben segnen. Dabei sind die folgenden Wortwendungen angemessen:

„Selamat":	„Sei gesegnet!"
„Selamat atas khitanan adik":	„Herzlichen Glückwunsch zur Beschneidung!"
„Semoga adik menjadi anak yang baik":	„Wir hoffen, daß du ein guter Junge wirst!"

Die Hochzeit – der große Augenblick

In der indonesischen Kultur (mit Ausnahme der hinduistischen Balinesen) ist die Hochzeit das wichtigste Ereignis im Leben einer Frau. Sie ist Symbol der Vervollkommnung – des Endes der Kindheit, des Eintritts in die Welt der Erwachsenen, der Verbindung von Mann und Frau (und deren Familien), der Verheißung körperlicher Fruchtbarkeit ...
„Natürlich erwartet man hier von allen geschlechtsreifen Menschen, daß sie irgendwann einmal heiraten", teilte uns eine unverheiratete, berufstätige Indonesierin in mittleren Jahren mit. „Es gibt keine denkbare Erklärung für den Wunsch, ledig zu bleiben." Selbst wenn eine Ehe nur eine kurze und schmerzliche Erfahrung war – weitaus besser, als niemals verheiratet gewesen zu sein!
Wir können auch hier nicht auf alle ethnischen Besonderheiten der Hochzeitszeremonie eingehen. Doch an welcher Feier auch immer Sie teilnehmen sollten, gilt stets die

(an sich selbstverständliche) Benimmregel: höfliches und respektvolles, zurückhaltendes und zugleich in der Wahrnehmung des Fremden offenes Verhalten.
Ausländern fallen meistens drei Hauptmerkmale ins Auge, die die indonesische von den westlichen Hochzeitszeremonien unterscheiden. Bei den der Hochzeit vorangehenden Feiern werden üblicherweise in verschwenderischem Maße Geschenke ausgetauscht, und zwar nicht nur zwischen den künftigen Eheleuten, sondern auch zwischen den beiden Familien. Bei der Hochzeitsfeier selbst tragen die Brautleute und Gäste die traditionelle Kleidung ihrer jeweiligen ethnischen Gruppe – ein rauschendes Fest für das Auge! Außerdem unterliegen die Familien dem sozialen Zwang, ein möglichst aufwendiges und außergewöhnliches Hochzeitsfest auszurichten.

Der Hochzeit vorangehende Feiern

Die Verlobungszeit kann in Indonesien sehr lange dauern: Studenten beenden zunächst ihr Studium, manche Brautleute müssen vor der Hochzeit sozialen Verpflichtungen innerhalb der Familie nachkommen, und andere benötigen Zeit, um das Kapital für die Festlichkeiten aufzubringen.
Während dieser Wartezeit findet jedoch bereits eine Reihe von „Polterabenden" unterschiedlicher zeremonieller Art und Bedeutung statt, bei denen man Geschenke (Geld, Gold, Obst, Blumen etc.) austauscht. Das Ziel dieser Feiern liegt darin, das Paar und seine Familien aneinanderzubinden und die guten persönlichen Beziehungen auf- und auszubauen, die in Indonesien so unerläßlich sind.
Bei derartigen Zeremonien mag es mitunter zu verwunderlichen Mischungen aus neutheologischen Gebeten, alten adat-Ritualen und animistischen Überlieferungen kommen. Dabei ist inzwischen für viele Indonesier der religiöse Kern einer Zeremonie nicht mehr herauszuschälen. Bei den Javanern und Sundanesen zum Beispiel ist es üblich, daß die Braut (und manchmal auch der Bräutigam) ein Baderitual ausführt, das von Gebeten begleitet wird und unter Mithilfe von Familienangehörigen stattfindet. Bei einem anderen Brauch postiert man an Straßenkreuzungen zeremonielle Dekorationsgegenstände von symbolischer Bedeutung, um der Hoffnung Ausdruck zu verleihen, daß das gemeinsame Glück der Brautleute ewig währen möge.
All diese Rituale dienen letztlich der Beschwörung von Harmonie, Wohlstand und langem Leben für das Brautpaar. Waren diese Rituale und Zeremonien früher wohl noch Ausdruck einer tief empfundenen, bewußt erlebten Tradition, sind sie heute (wie auch bei uns) meist nur noch Spektakel und Spiel, die Freude und Spaß bereiten.

Die Ausstattung der Hochzeit

Eine Lieblingsbeschäftigung indonesischer Damen ist das Arrangieren einer Modenschau, bei der die verschiedenen traditionellen Hochzeitstrachten der ethnischen Gruppen vorgeführt werden. Alle lieben diesen Augenschmaus.
Doch wollen wir vorab ein wenig schmunzelnd festhalten, daß die „traditionelle"

Hochzeitstracht für viele Chinesen, Betawi (gebürtige Jakarter) und Minahasa inzwischen das westliche Tüll- und Spitzenkleid ist, das entweder geliehen oder als Familienbesitz von einer Brautgeneration an die nächste vergeben wird.
Die traditionsbewußten Javanerinnen tragen maßgeschneiderte schwarze Samtjacken und feine tulis (handgearbeitete) kain batik panjang. Sundanesische Bräute tragen ebenfalls den kain batik, ersetzen die Samtjacken jedoch durch eine weiße Bluse (kebaya). Minangkabau-Bräute sehen mit ihrem golddurchwirkten Kopfputz und den goldbestickten roten und hellblauen Trachten besonders farbenprächtig aus.
Beim Hochzeitsempfang nimmt das Brautpaar oft auf einem thronähnlichen Stuhl Platz. Die meisten Hotels, in denen Hochzeitsfeiern stattfinden, sind in der Lage, das entsprechende Mobiliar zur Verfügung zu stellen. Man kann auch bei bestimmten Ausstattern und Warenhäusern den gesamten Hochzeitsbedarf leihen: Hochzeitstrachten, Mobiliar, Beleuchtung, Dekorationen usw.
Viele Familien stellen heute eine Frau ein, die sämtliche Hochzeitsvorbereitungen in die Hand nimmt. Sie stellt die Zeremonien zusammen, sorgt für Verpflegung und Speiseplan, bereitet die einzelnen Familienangehörigen auf ihre jeweiligen Rollen vor, erstellt einen Zeitplan für den Ablauf der Feierlichkeiten, kümmert sich um den Brautputz, regelt die Phototermine und sorgt inzwischen auch für Videoaufnahmen. Auch spezialisierte Ausstattungsgeschäfte übernehmen solche Aufträge.

Die gesetzliche Trauung („Akad nikah")

Das akad nikah verbindet für die Moslems aller Volksstämme in Indonesien religiöse und weltliche Gebote zu einer gesetzlichen Form der Eheschließung, die allerdings nur im engsten Familienkreise stattfindet und der daher nicht die soziale und emotionale Bedeutung der großen Hochzeitsfeier zukommt.

Die Hochzeitsfeier

Die Einladung zu einer indonesischen Hochzeitsfeier ist in liebenswürdiger Weise „verpflichtend", denn man geht davon aus, daß die Gegenwart des geladenen Gastes dem jungen Paar Segen bringt.
Zu einer „kleinen" Familienhochzeit kommen immerhin einige hundert Menschen zusammen, bei einer „normalen" Hochzeitsfeier versammeln sich Tausende aus allen Winkeln des Inselreiches. Das Thema Hochzeit begeistert alle unsere indonesischen Freunde und Bekannten. Ein javanischer Freund: „Alle Gäste segnen das Paar. Deshalb können es nie genug Gäste sein." Ein sundanesischer Moslem: „Wir laden jeden ein, den wir kennen, und multiplizieren mit drei, um die erwartbare Zahl der Gäste zu errechnen."
Für diesen Anlaß verschulden sich Familien, verkaufen Vieh und Land. Was sein muß, muß sein – wofür die Minangkabau das Sprichwort kennen: „Kalau tidak ada

kayu, jenjang dikeping." („Wenn es kein Holz gibt, zersägt die Leiter." Gemeint ist die Treppenleiter, die bei dem auf Stelzen gesetzten traditionellen Haus die einzige Verbindung zwischen ihm und der Erde bedeutet.)
Chinesische Familien feiern die Hochzeit meistens in einem Restaurant oder Hotel. Dabei wird das Essen an den Tischen serviert, außer bei sehr großen Festen, bei denen man ein Hochzeitsbuffet (ähnlich dem bereits beschriebenen) anrichtet. Wenn die Räumlichkeiten – und die Trinkfestigkeit – es gestatten, gehen Bräutigam und Brautvater von Tisch zu Tisch und stoßen mit den Gästen an.
Die einzelnen Schritte, die man bei einer indonesischen Hochzeit von den Gästen erwartet, sind auch für den Ausländer äußerst einfach: Schreiben Sie sich in das Gästebuch ein, übergeben Sie Ihr Geschenk, übermitteln Sie Ihre Glückwünsche (nachdem Sie sich zuvor in die Gratulantenschlange eingereiht haben), bedienen Sie sich am Buffet, verabschieden Sie sich und verlassen das Fest – eine simple Reihenfolge.

Traditionelle javanische Hochzeit

Mitunter ist eine Hochzeitsfeier so groß und die Empfangshalle derart übervölkert, daß es eine volle Stunde dauern mag, bis Sie endlich Ihr Glückwunschverslein aufsagen dürfen. Ein befreundetes Paar wurde einmal Opfer dieser zeitraubenden Zeremonie. Die beiden hatten sich eingetragen, ihr Geschenk abgegeben, sich brav an die Warteschlange gehängt und gelangten allmählich in Sichtweite des glücklichen Paares – um festzustellen, daß es das falsche war! Mit einem verlegenen Lächeln holten sie sich ihr Geschenk zurück und eilten zur richtigen Feier.
Wenn der Abend hereinbricht, versammelt sich die Festgemeinde vor der Empore, auf der das Brautpaar „thront". Ein Ansager kommentiert das Geschehen, ohne daß ihm jemand recht zuzuhören scheint. Die Familien des Hochzeitspaars geben sambutan (Lobpreisungen) zum besten. Bei christlichen Paaren mag auch gebetet werden. Dann ertönt die Einladung zum Essen, „Silakan makan", und gleichzeitig bildet sich die Reihe der Gratulanten.

Wenn Sie das Brautpaar gut kennen, so überbringen Sie traditionelle Glückwünsche in der Sprache, in der Sie mit den beiden auch ansonsten verkehren. Kennen Sie das Paar weniger gut, wünschen Sie einfach lächelnd: „Selamat berbahagia!" („Alles Gute!") Für verfeinerte Konversation bleibt bei dieser Gelegenheit ohnehin keine Zeit.

Wenn Sie Ihre Gratulation glücklich überbracht haben, dürfen Sie sich endlich erleichtert aufs Buffet stürzen und dann sitzend die kulinarischen Reichtümer Indonesiens kosten. Um die „Entsorgung" Ihrer Essensreste müssen Sie sich nicht kümmern. Es sind genügend dienstbare Geister anwesend.

Zum Abschied müssen Sie sich wohl oder übel nochmals in die Warteschlange einreihen. Nach Ihrer Bitte, das Fest verlassen zu dürfen („Permisi"), dankt Ihnen das Paar („Terima kasih") für Ihr Geschenk, Ihre Zuwendung und Anwesenheit.

Hochzeitsgeschenke

Oberschicht: Bei dieser sozialen Gruppe müssen die angemessenen Geschenke - wie könnt' es anders sein - auch teuer sein. Durchaus „normale" Geschenke sind also ein Fernsehapparat, ein Gasherd oder ein repräsentatives Möbelstück. Gleichermaßen willkommen sind Luxusartikel wie Edelsteine, elektrische Geräte, Silberbestecke oder Kristallgläser. Verschenken Sie keine gebräuchlichen kunsthandwerklichen Produkte wie etwa Batikwaren.

Da sich natürlich kaum jemand derart kostspielige Geschenke leisten kann, finden in den meisten Firmen zu diesem Zweck Sammlungen, sogenannte patokan oder iuran, statt. Die Angestellten zahlen regelmäßig bestimmte Summen in einen gemeinsamen Topf ein, aus dem dann Hochzeitgeschenke, Präsente zu Geburten, Jubiläen oder anderen Anlässen finanziert werden. Dem Geschenk wird eine Karte beigelegt, auf der die Namen aller Beteiligten aufgeführt sind. Dies ist selbstverständlich die einzig vernünftige Art, dem hohen Anspruch gerecht zu werden, ohne sich selbst in finanzielle Schwierigkeiten zu stürzen. Auch Sie als Ausländer können sich an solchen pragmatischen Regelungen beteiligen.

Mittelschicht: Sozial angemessene Geschenke wären hier etwa ein Geschirrservice, ein Satz Gläser, Elektrogeräte, dekorative Gegenstände. Tischtücher, Bettwäsche oder Handtücher haben nur als hochwertige Importware Prestigewert. Sind die Hochzeiter chinesischer Abstammung, ist ein großzügiges Geldgeschenk in einem roten Umschlag (hong bao) durchaus üblich und angebracht.

Kampung-Hochzeit: Geeignete Geschenke wären hier zum Beispiel ein Geschirrservice, Batikware von guter Qualität, zwei bis drei Meter eines guten Stoffes, Bettwäsche, Töpfe und Pfannen oder dekorative Gegenstände für den Haushalt. Auch Goldgeschenke sind üblich, etwa ein kleiner goldener Ring für eine Hausangestellte. Doch schenken Sie weder Handtücher (auch keine Importware) noch Lebensmittel.

Lädt man Sie zu einer Hochzeit im kampung ein, wird Ihnen womöglich gar nicht bewußt sein, welche Ehre Ihre Anwesenheit für die Gastgeber bedeutet. Vergelten Sie diese Würdigung mit Liebenswürdigkeit. Wenn Sie auf der Hochzeit photographieren,

Hochzeits-Knigge

Tu!: Seien Sie sich stets bewußt, daß für Indonesier aller sozialen Schichten die Hochzeitsfeier im Mittelpunkt des Lebenszyklus' steht. Ihre Anwesenheit gilt als Ehre – erweisen Sie sich dessen würdig.

Tu!: Kleiden Sie sich dem Anlaß angemessen (siehe oben).

Tabu!: Schenken Sie niemals Geld, wenn die zu beschenkende Person Ihnen (nach indonesischen Sozialregeln) gleichgestellt ist.

• Hochzeits-Lexikon •

Akad nikah: Die gesetzliche Heirat.

Bernikah: Heiraten (nicht zu verwechseln mit dem umgangssprachlichen „kahwin", was in etwa „sich paaren, erzeugen" bedeutet).

Selamat berbahagia: Glückwunsch zur Hochzeit.

• Glückwünsche auf Karten •

Wenn Sie an einem Hochzeitsempfang nicht teilnehmen können, sich aber für die Einladung mit einem Geschenk bedanken wollen, so senden Sie dieses an die Adresse der Braut (jedoch adressiert an Braut und Bräutigam). Auf der beiliegenden Karte sollte stehen:
„Selamat dan bahagia atas pernikahan anda berdua." („Alles Gute Ihnen beiden zur Hochzeit!")
Wollen Sie sich für die Einladung bedanken, ohne ein größeres Geschenk beizulegen, so schicken Sie etwa einen Tag vor der Hochzeitsfeier an die Adresse der Braut einen kleinen Blumenstrauß mit der Glückwunschkarte: „Selamat berbahagia!"
Wollen Sie die Einladung in indonesischer Sprache absagen, so könnte die Formulierung folgendermaßen lauten:
„Terima kasih atas undangan pernikahan putra/putri Bapak dan Ibu, tetapi sayang kami berhalangan untuk hadir. Semoga kedua mempelai sangat berbahagia." („Vielen Dank für die Einladung zu Ihrer Hochzeit. Es tut uns sehr leid, daß wir nicht teilnehmen können. Dem Brautpaar wünschen wir alles Gute!")

so sollten Sie daran denken, der Familie Abzüge zuzusenden bzw. persönlich zu übergeben.

Danksagungen

Vor einem Vierteljahrhundert verfaßten indonesische Bräute noch eigenhändig Danksagungen für einen jeden Gast, der zum Hochzeitempfang erschienen war, und überbrachten sie meistens auch persönlich. Diese guten alten Sitten sind inzwischen dem „Fortschritt" zum Opfer gefallen. Heute verläuft die Danksagung (zumindest in den oberen Gesellschaftskreisen) wesentlich rationeller: Während Sie sich in die Gästeliste eintragen und Ihr Geschenk übergeben, reicht Ihnen ein Hausangestellter eine Karte, auf der Ihnen für Ihr Kommen und Ihr Geschenk gedankt wird.

Die Kleidung der Hochzeitsgäste

Hochzeitsempfang in der Oberschicht: Von männlichen Gästen erwartet man, daß sie in einem feinen Anzug westlichen Stils erscheinen. Sie haben keine andere Chance. Frauen sollten ein schlichtes, klassisch geschnittenes Kleid (aus Seide oder ähnlich gutem Stoff) mit Ärmeln oder einem Jäckchen darüber tragen.

Hochzeitsempfang in der Mittelschicht: Findet sich auf der Einladung der Hinweis „Gesellschaftsanzug erwünscht", so sollte der männliche Gast sich auch daran halten. Ist keine Kleidervorschrift vermerkt, so sind ein langärmeliges Batikhemd und dunkle Hosen die passende Kleidung. Der weibliche Gast sollte ein Cocktailkleid in dezenten Farben mit langen Ärmeln (oder Jäckchen) wählen.

Hochzeitsempfang im kampung: Hochzeiten zählen zu den wichtigsten sozialen Ereignissen im Leben der kampung-Bewohner. Auch hier sind langärmeliges Batikhemd und dunkle Hose die angemessene Kleidung für den Mann. Frauen sind in einem hübschen Baumwollkleid oder einer geschmackvollen Kombination von Rock und Bluse richtig gekleidet. Kinder sollten in ihrem „Sonntagsstaat" auftreten (mit Söckchen und Schuhen).

Der Kleidungsstil Ihrer indonesischen Gastgeber mag Ihnen vielleicht ausgefallen erscheinen, und elitäre Gäste halten diesen kampungan-Stil für etwas operettenhaft. Möglicherweise sind einige Kinder einem Weihnachtsbaum gleich mit Bergkristallen, Rüschchen, Bändern, Schleifen und Volants behängt. Als „dernier cri" des kampung-Modesalons könnte auch durchaus ein Paar niegelnagelneuer Bluejeans gelten. Denken Sie daran, daß für viele kampung-Bewohner Hochzeiten zu jenen wenigen Anlässen gehören, sich neu einzukleiden.

Tod

Gelbe Papierfähnchen, befestigt an Bäumen oder Laternenmasten einer Straße, machen die Gemeinde auf den Tod eines Mitglieds aufmerksam. Wenn dann noch Menschenmassen und Autos die Straßen verstopfen, Polizei den Verkehr umleitet oder gar eine Straße sperrt, dann wissen Sie, daß jemand gestorben ist und Familie und Freunde des Verstorbenen sich versammeln. Von allen rituell begangenen Ereignissen im Lebenskreislauf eines Indonesiers wird den Fremden vielleicht am meisten verwundern, wie stark und verpflichtend der Drang ist, sich bei einem Todesfall zusammenzu-

finden. Andererseits reagieren die Indonesier verständnis- und fassungslos, wenn ein Ausländer nicht sofort die Tiefe der Empfindungen nachvollziehen kann, die dieser Anlaß doch so unbedingt auslösen muß.
Es gibt keinen in Indonesien lebenden Ausländer, der nicht von einem Firmenangestellten oder Hausbediensteten zu berichten weiß, der völlig aufgelöst hereinstürzte, stammelnd vom Tod eines Familienmitgliedes oder Freundes erzählte und dann in allergrößter Eile verschwand, um manchmal erst nach einer Woche oder gar noch später wieder aufzutauchen. Häufig, jedoch meistens zu Unrecht, deuten Ausländer solche übereilten Reisen als durchsichtige Entschuldigungen für einen Kurzurlaub im Heimatdorf. Oft zu hören ist dann der sarkastische Kommentar: „Welch ein zuvorkommender Vater ist es doch, der da regelmäßig im Sommer stirbt." Oder: „Ich dachte, Ihre Mutter sei im vergangenen Jahr schon einmal gestorben."
Sie sollten verstehen lernen, welch hohe Bedeutung im Sittenkodex der Indonesier dem sofortigen Beistand bei Todesfällen zukommt. Es gehört sich nun einmal, alles liegen und stehen zu lassen und zur Familie des Verstorbenen zu eilen.
Ein in Zentral-Java lebender Ausländer kam bei einem Unfall ums Leben. Seine ausländischen Kollegen trafen am Arbeitsort die Vorbereitungen für das Begräbnis, an dem alle indonesischen Mitarbeiter teilnahmen. Später erfuhren einige der indonesischen Angestellten, daß man in Jakarta lebende Freunde des Verstorbenen nicht über den Todesfall informiert hatte. Es war ihnen völlig unbegreiflich, daß man im Zeitalter des Telefons nicht alles unternommen hatte, um jeden Bekannten des Verstorbenen über das traurige Ereignis zu unterrichten – ein schwerwiegender Verstoß gegen Sitte und Anstand.

Stille Trauer – Soziale Trauer

Erinnern wir uns doch zunächst einmal daran, wie bei uns bei einem Trauerfall die Geschehnisse ablaufen: Pfarrer und Leichenbestatter (Beerdigungsinstitute) übernehmen die gesamte formelle, rituelle und materielle Abwicklung der Bestattung, um dem engsten Familienkreis die Möglichkeit zur ungestörten Trauer im stillen Kämmerlein einzuräumen. Besucherströme von außerhalb sind unerwünscht. Beileid wird formalisiert über schwarzumrahmte Trauerkarten gezeigt, weniger aber durch persönliche Worte und Anteilnahme.
Ganz anders in Indonesien. Zwar finden wir auch hier Beerdigungsgesellschaften, doch sind diese eher Sparklubs, um unerwarteten Kosten bei plötzlichen Todesfällen vorzubeugen. Nahezu alle Aufgaben, die ein Todesfall mit sich bringt, werden von den Familienmitgliedern erledigt. Dabei erhalten sie emotionalen Beistand von zahllosen Verwandten, Freunden, Nachbarn und Bekannten. Je voller das Haus, desto größer der Trost im Schmerz – gemeinsam sind wir stark.

Der Tod in der islamischen Gemeinschaft

Zwar gibt es geringfügige regionale Unterschiede im *adat*, doch finden im wesentli-

chen moslemische Begräbnisse stets nach einem festgelegten Ablauf statt.
Indonesier erweisen dem Toten ihre Ehre, indem sie, kaum daß sie von dem traurigen Ereignis erfahren haben, zum Haus des Verstorbenen eilen. Die Zeit für die notwendigen Zeremonien ist begrenzt, und die Trauerfamilie benötigt Hilfe bei den unzähligen noch folgenden Aktivitäten.
„Meninggal!" („Er ist gestorben!") – diese Nachricht überbringen die nächsten Verwandten und Nachbarn meistens persönlich bzw. fernmündlich. Telefone klingeln bei Tag und Nacht, um einen jeden zu benachrichtigen. Nachbarn, Verwandte und Freunde füllen das Haus. In kurzer Zeit sind alle notwendigen rituellen Utensilien beschafft, ist die Leiche gewaschen und für die Bestattung vorbereitet. In Gegenwart der Angehörigen trägt man die Leiche nach draußen und bettet sie auf Bananenstauden. Eine religiöse Autorität, ein Geistlicher der Moschee oder zumindest ein Haji (Mekkapilger) massiert den Bauch, damit sich die Därme entleeren. Anschließend wird der Leichnam mit parfürmiertem Wasser, dem manchmal Blütenblätter beigegeben sind, gewaschen. Mitunter bittet der geistliche Zeremonienmeister die Angehörigen, das Wasser der letzten Waschung zu vergießen, damit die Erinnerung an den Verstorbenen die Überlebenden nicht belastet. Dann legt man die Leiche auf ein tikar (eine geflochtene Matte), wickelt sie in ein weißes Tuch von vorgebener Länge, umgibt sie mit sauberer Baumwolle, Mottenkugeln und zerpflückten Rosen und sprenkelt darüber Eau-de-Cologne. All diese vorgeschriebenen zeremoniellen Handlungen sollen sicherstellen, daß der Tote angenehm riecht. Auch unter seine Achseln, sein Gesäß und auf seinen Leib legt man duftgetränkte Baumwolle. Seine Hände liegen rechts über links

gekreuzt, und drei Lagen Tuch sind nacheinander um den Leichnam gehüllt. Nach Vollendung dieses Rituals beten die Anwesenden.
Schließlich wird die Leiche auf einen kurung batang (einen von der Moschee zur Verfügung gestellten Metallrahmen) gelegt und auf den Schultern von Familienangehörigen zum Friedhof getragen (oder auch dorthin gefahren). Ist ein kleines Kind gestorben, so trägt meist sein Vater den Leichnam in seinen Armen zur letzten Ruhestätte, wo nun die pemakaman, die Beerdigungszeremonie am Grabe selbst, beginnt.
Eine große Anzahl von Menschen hat sich am Grab eingefunden. Der Leichnam wird mit dem Haupt in Richtung Mekka weisend ins Grab gesenkt. Man entfernt das Tuch, das den Kopf bedeckte, so daß das Gesicht „den Boden küßt". Dann stellt man über dem Toten zeltartig Holzbohlen auf, auf die die Verwandten Blüten werfen. Während der nun folgenden Gebete wirft jeder Trauernde eine Handvoll Erde in das Grab. Es wird erwartet, daß die Trauergäste so lange am Ort verweilen, bis das Grab aufgefüllt und abgedeckt ist.
Verschiedene regionale Varianten der Trauerzeremonie scheinen auf andere Wurzeln als den Islam zurückzugreifen. Auf Java dreht man beispielsweise für einen Zeitraum von mindestens vierzig Tagen Bilder und Fotos, die den Toten zeigen, zur Wand hin oder legt sie mit der Bildseite nach unten hin. Am 3., 7., 15., 100. und 1.000. Tag nach dem Tod hält ein religiöser Vertreter im Hause des Verstorbenen Gebete ab. In der Fremde arbeitende Familienmitglieder nehmen Urlaub, um an diesen Gebeten (besonders zum 100. und 1.000. Todestag) teilnehmen zu können. Manchmal schickt die Trauerfamilie zu diesem Anlaß ihren Nachbarn sogenannte besek-besek (geschlossene Körbe, die eine vollständige Mahlzeit, einschließlich Nachtisch und Obst, enthalten).

Kondolenz-Etikette

Wenn Sie einer Trauerfamilie einen Kondolenzbesuch (melawat) abstatten wollen, lassen Sie Ihre Schuhe vor dem Eingang und warten, bis Ihnen ein Platz angeboten wird (meistens auf dem Boden). Männer sitzen mit überkreuzten Beinen im Schneidersitz, während Frauen sich mit seitlich parallel aneinanderlegten Beinen (Damensitz) niederlassen. Möglicherweise nehmen die Geschlechter voneinander getrennt Platz.
Unmittelbar hinter dem Eingang hat man einen zum Teil mit Reis (oder einem anderen Lebenssymbol) gefüllten Behälter aufgestellt. In diesen legen Sie Ihr Geldgeschenk (zwischen fünf- bis zehntausend Rupiah), das Sie in einen einfachen weißen Umschlag, der Ihren Namen trägt, stecken sollten. Handelt es sich bei dem Verstorbenen um einen Nachbarn und weder einen Geschäftsfreund noch einen Angestellten des Öffentlichen Dienstes, sollten Sie diskret mit den Hausangestellten der Trauerfamilie sprechen, um die Übersendung von Lebensmitteln zu regeln. Oder aber Sie bringen der Familie gleich selbst ein Kilo Tee oder Zucker vorbei.
Man wird Ihnen ein kleines Getränk anbieten, das Sie mit einem dankenden Nicken annehmen sollten. Ist der Tote bereits begraben, leeren Sie Ihr Glas, sprechen der Familie Ihr Beileid aus und bitten dann um Erlaubnis, sich verabschieden zu dürfen („Permisi ...").

Trauer-Knigge (Islam)

● Tu! und Tabu! ●

Tu!: Männer sollten bei Traueranlässen ein langärmeliges Hemd und dunkle Hosen tragen und Frauen sich konservativ in dunklen Farben kleiden. Auch auf Schmuck sollte verzichtet werden.

Tu!: Sind Sie sich nicht sicher, wie Sie sich verhalten sollen, dann warten Sie einfach ab, bis Ihnen jemand zu Hilfe kommt. Beobachten Sie aufmerksam, wie sich Ihre Umgebung verhält, und versuchen Sie, es den anderen nachzutun.

Tu!: Grüßen Sie mit einem leichten Händedruck oder mit dem traditionellen asiatischen Gruß (innere Handflächen aneinandergelegt und zur Brust- bzw. Kinnhöhe erhoben), wenn Sie das Haus der Trauerfamilie betreten.

Tu!: Wenn Sie verheiratet sind, sollte sich das Ehepaar gemeinsam (oder der Mann allein) zur Trauervisite begeben. Der Besuch von allein der Ehefrau entspricht hier nicht dem konservativen indonesischen Verhaltenskodex.

Tabu!: Das Wort „selamat", ansonsten ein „Sesam-öffne-dich" für den sprachunkundigen Ausländer, ist hier völlig unangebracht. Auch das Lächeln, sonst ein weiterer Schlüssel zum Herzen der Asiaten, muß im Trauerfall unterbleiben.

Bei den Zeremonien ist von Ihnen nur eines gefragt: Ihre Anwesenheit. Das schlichte körperliche Dasein reicht aus. Wollen Sie dem Toten und seiner Familie besonderen Respekt erweisen, so sollten Sie, wenn der Tote noch nicht begraben ist, der Familie einen späten Besuch (gegen zehn Uhr abends oder noch später) abstatten. Da die Trauerfamilie der Tradition zufolge vor der Beerdigung keinen Schlaf suchen sollte, sind Sie auch in der Nacht willkommen – ein solch später Besuch gilt sogar als besonderes Zeichen von Anteilnahme.

Die Verpflichtung, das Haus des Verstorbenen aufzusuchen, ist für alle Freunde und Bekannte zwingend, so daß sich Beamte auch während der offiziellen Arbeitszeit im Dienstwagen zum Begräbnis fahren lassen. In westlichen Ländern wäre eine solch breite und tiefe Anteilnahme am Tod eines nicht prominenten Menschen wohl außergewöhnlich.

Eine unserer indonesischen Freundinnen berichtete uns hierzu, daß ihre Mutter sich sehr abfällig über einen Freund geäußert hatte: „Vergiß ihn. Er ist die Freundschaft nicht wert. Er hat uns schließlich damals nicht besucht . . . " Besagter Freund hatte es versäumt, sich in das Heer der Kondolenzbesucher einzureihen, die sich anläßlich des Todes des Vaters unserer Freundin, im Hause eingefunden hatten. In dieser Angelegenheit besaß die Mutter ein Gedächtnis wie ein Elefant – und dies gilt für die meisten Indonesier.

● Lexikon von Trauer und Tod ●

Meninggal:	Sterben. (Viele Ausländer verwenden – leider nicht korrekt – häufig das Wort mati; „mati" bezieht sich jedoch auf Blumen und Tiere, nicht auf Menschen.)
Mobil jenazah:	Leichenwagen (Trauerbahre)
Tanda berduka cita:	Die kleinen gelben Papierfähnchen, die man zur Straße hin aufhängt, um das Trauerhaus zu kennzeichnen. Sie finden sich auch am Kopf der Prozession auf dem Weg zum Friedhof.

Mit den folgenden Worten können Sie Trauernden jeder Religionszugehörigkeit kondolieren. Die übliche indonesische Antwort darauf ist ein Nicken und die Worte „Terima kasih". Erwarten Sie keinen längeren Wortwechel.

„Kami menghasurkan belasungkawa kami."	„Wir teilen Ihre Trauer."
„Kami turut berduka cita."	„Wir möchten Ihre Sorgen teilen."
„Semoga arwahnya diterima di sisi Tuhan yang Maha Esa."	„Möge seine Seele von Gott empfangen werden."
„Inna lillahi wa inna ilaihi rojiun."	(Arabische Formulierung für:) „Möge er in Frieden in der Nähe des Herrn ruhen."

Auf Beileidskarten lautet eine weitere höfliche Formulierung:
„Jika ada sesuatu yang dapat kami lalukan, kami harap jangan ragu-ragu untuk memberitahukannya."
„Wenn wir etwas für Sie tun können, zögern Sie bitte nicht, es uns wissen zu lassen."

Der Tod in der christlichen Gemeinschaft

Meistens bewahrt man den Toten zuhause in einem Sarg auf, wobei Trockenpuder und Trockeneis den Verwesungsprozeß verzögern sollen. Kondolenzbesuche verlaufen nach den bereits beschriebenen Gepflogenheiten. Der Geistliche kann den Gottesdienst im Hause der Trauerfamilie oder auf Wunsch in der Kirche abhalten.
Christliche Beerdigungszeremonien sind eine Melange aus Bräuchen, die noch aus der Kolonialzeit stammen, aus dem adat des jeweiligen Volksstammes, der Liturgie der

jeweiligen Kirche und modernen Entwicklungen herrühren (wozu auch das hemmungslose Photographieren und inzwischen Videofilmen gehört, was natürlich deshalb wichtig ist, weil man später genau weiß, wer da war).
Ausländer verhalten sich angemessen, wenn sie der Trauerfamilie Blumen senden (sagen Sie dem Floristen, daß es sich um ein christliches Begräbnis handelt), ein Geldgeschenk in einem schlichten weißen Umschlag übergeben (wenn die Familie Geld benötigt) oder, wie schon beschrieben, Tee und Zucker schenken, um zu den Erfrischungen für die Trauergäste beizutragen. Denken Sie bei allem stets daran, daß Ihre Anwesenheit als wichtigste Geste (und Geschenk) gilt.
Die oben genannten Vorschläge hinsichtlich Kleidung und Beileidsworten treffen auch auf christliche Beerdigungen zu.

Der Tod in der chinesischen Gemeinschaft

Die Begräbniszeremonien bei christlichen Chinesen werden Ihnen weitgehend bekannt sein. Wir wollen daher hier auf die Bräuche von nicht-christlichen Chinesen eingehen.
Es wird sehr übel vermerkt, nicht genügend Zeit mitzubringen, um den Zeremonien beizuwohnen – besonders wenn es sich beim Verstorbenen um eine prominente Persönlichkeit handelt. Es mögen mehrere Tage, an denen sich die Familie versammelt, vergehen, ehe die Leiche verbrannt bzw. beerdigt wird. Häufig wird zunächst ein glückverheißender Tag für das Begräbnis auserkoren. In der Zwischenzeit kann der Leichnam mit Trockeneis, Teeblättern (als Trockenmittel), Kampferbällchen und Nachthyazinthen (sedap malam) präpariert werden. Duftstäbchen sorgen für angenehme Luft im Totenraum. Es ist üblich, am Fußende des Sarges ein großes Portrait des Verstorbenen aufzustellen.
Die meisten der großen chinesischen Gemeinden verfügen über ein Krematorium. Man bewahrt die Asche entweder im „Aschenhaus" (rumah abu) oder zuhause auf dem Familienaltar auf oder verstreut sie über das Meer.
Die Vorschriften für die Trauerkleidung können leichte Unterschiede aufweisen. Viele tragen Kutten aus ungebleichtem, nach außen gewendetem Sackleinen, anderen drapieren dicken, weißen Jute- oder Kalikostoff um den Kopf. Die meisten engeren Verwandten heften ein Stück schwarzen Stoff an den rechten Ärmel der Kleidung und tragen für einen gewissen Zeitraum keine rote Kleidung.
In einer Zeitungsannonce wird der Tod öffentlich mitgeteilt, zugleich der Ort der Totenwache angezeigt und der Zeitpunkt der Bestattung kundgetan. Sie können dies als Zeichen nehmen, daß die Familie bereit ist, Kondolenzbesuche von Freunden und Bekannten zu empfangen. Ist die Leiche noch zuhause aufgebahrt, wird Sie ein Familienmitglied an der Tür empfangen und Ihnen behilflich sein, den Formalitäten nachzukommen und der Familie Ihr Beileid auszudrücken. Ehe Sie sich verabschieden, wird man Ihnen eine kleine Erfrischung anbieten.
Manche chinesische Familien stellen bei Todesfällen professionelle „Klageweiber" ein.

Trauer-Knigge (bei Chinesen)

• Tu! und Tabu! •

Tu!: Tragen Sie Kleidung in gedeckten, keinesfalls roten und gelben Farben. Frauen sollten auf Schmuck und Make-up verzichten.

Tu!: Behalten Sie Ihre Schuhe an, es sei denn Sie sehen, daß andere sie abstreifen.

Tabu!: Bedienen Sie sich beim Essen nicht selbst, sondern warten Sie, bis jemand Sie auffordert oder bedient.

Tabu!: Erwähnen Sie den Tod niemals in persönlichem Bezug. Sprechen Sie das Thema stets nur unbestimmt in der dritten Person an: „Wenn jemand sterben sollte . . . " o.ä.

Tu!: Übergeben Sie ein Geldgeschenk (in einem schlichten weißen Umschlag, auf dem Ihr Name steht) nur dann, wenn die Familie Ihrer finanziellen Unterstützung bedarf. In einem solchen Fall sind etwa dreißig- bis vierzigtausend Rupiah angemessen. Ist die Familie wohlhabend, so senden Sie ihr einen Blumenkranz (keinen Blumenstrauß) zusammen mit einer Beileidskarte.

Tabu!: Die Familie und engen Freunde des Verstorbenen essen zu dieser Zeit keine Nudeln, da dies angeblich die Unglücksperiode verlängern würde.

• Kondolenz-Worte (schriftlich) •

Turut berduka cita sedalam-dalamnya:	Tiefstes Beileid
Belasungkawa:	Beileid

Fürsorge für die Geister der Ahnen

Die Bandbreite der zeremoniellen Grabpflege und Sorge um die Ahnen widerspiegelt den gesellschaftlichen Widerspruch in Indonesien (zwischen Steinzeit und Hochtechnologie-Zeitalter).
Auf Java begegnet uns das Ritual des nyekar, bei dem man den Verstorbenen am Grab huldigt. Obwohl der Ursprung dieses Brauches im Dunkeln liegt, gilt er als fester Teil islamischer Tradition. Die Familien treffen sich, um vor dem Lebaran die Gräber zu reinigen und mit Blumen zu schmücken.
Die Verpflichtung, regelmäßig die Gräber der Vorfahren aufzusuchen, findet sich bei sehr vielen ethnischen Gruppen des Landes.

Indonesische Chinesen zeigen mit einer besonderen Zeremonie das Ende der Trauerzeit an. Aus dieser Pflicht entlassen, entsteht der Familie eine neue: dem Ahnengeist zu huldigen. (Hierbei sind die einzelnen Riten bei den verschiedenen chinesischen Gruppen sehr unterschiedlich.)
Die Balinesen unterhalten Tempel für eine Vielzahl von Geistern. In den meisten Dörfern gibt es einen pura dalem, einen Tempel für die Toten.
Bei den sogenannten „primitiven" Stämmen werden die Leichen häufig so lange am Wohnort aufbewahrt und „versorgt", bis die Riten zur Befreiung der Geisterseeelen durchgeführt werden konnten.
Selbstverständlich sollten Sie sich, wenn Sie als Augenzeuge an solch spirituellen und rituellen Anlässen teilnehmen, äußerst respektvoll verhalten. Klettern Sie beispielsweise nicht auf Mauern oder Sockel, um besser photographieren zu können, insbesondere dann nicht, wenn Geistliche anwesend sind (ihr Rang läßt nicht zu, daß man sich körperlich über sie erhebt).

8
Tips für den Alltag

Bei einem so dicht bevölkerten Land wie Indonesien, das zudem als wirtschaftlich aufstrebend gilt, wird man leicht zu der Hoffnung verführt, hier wie selbstverständlich alle Segnungen der westlich-technischen Zivilisation vorzufinden. Dies trifft in einem sehr allgemeinen Sinne auch zu, besonders auf Jakarta und das halbe Dutzend anderer Großstädte, die als „modern" bezeichnet werden können – mit glitzernden Bürogebäuden aus Glas und Chrom und Neonreklamen westlicher Markennamen, die beruhigend vertraut auf die Nerven des entwurzelten Fremden einwirken.
Wenn wir die Anspruchslatte etwas tiefer anlegen, stimmt es auch, daß Sie fast überall in Indonesien Ihre gewohnten Bedürfnisse des alltäglichen Lebens befriedigen können – eventuell mit einigen Zugeständnissen bezüglich Farbe, Größe und Firmenmarke. Ernsthafte Versorgungsengpässe bestehen kaum, und erfindungsreicher Pragmatismus ist eine Tugend.
Sie sollten sich nicht entmutigen lassen, wenn Sie während der Regenzeit mit einem becak in Schlamm und Fluten steckenbleiben oder Ihr Hausdach dem Anprall des Regens nicht standhält. Die Asiaten sind Meister der Improvisation – es findet sich für alles ein Ausweg.

Einige der nachfolgenden Informationen beziehen sich speziell auf Jakarta. Andere gelten für das ganze Land. Und einige weitere Hinweise geben wir mit Blick auf das Leben in der Provinz.

Wohnen

Indonesien verfügt über eine stetig wachsende Zahl von Hotels internationalen Standards, eine hinreichende Anzahl von Familienhotels der Mittelklasse, über einige wenige Unterkünfte, die entfernt an komfortable Mietwohnungen erinnern, und eine beachtlich hohe Zahl der teuersten Miethäuser der Welt.
In den Hotels von Jakarta und den anderen internationalen Hotels im Land lungern Immobilienmakler wie Jagdhunde herum. Ehe Sie das Wort „Haus" oder „Wohnung" auch nur aussprechen können, werden diese längst Ihre Spur aufgenommen und Sie aufgestöbert haben.
Unter den Ausländern sind jene „Sundowner-Whiskyglas-Klimper-Geschichten" sehr beliebt, die von Küchen erzählen, die nur durch einen tagelangen Fußmarsch vom Haupthaus aus zu erreichen sind, und von Schlafzimmern, deren Türen allesamt ins Freie führen. Zum Glück finden sich aber auch Häuser, die nicht nur groß genug, sondern deren Räume auch so aufgeteilt sind, daß sie selbst den Ansprüchen verwöhnterer westlicher Ausländer genügen – und die vielleicht sogar weniger als den das Riechfläschchen erfordernden Betrag von 2.000 US-Dollar pro Monat kosten.

Wohnen auf dem Land

Bei der Frage der Unterkunft sollten Sie pragmatisch von zwei Standards ausgehen: von Jakarta und dem „Rest des Landes". Die Mieten in der Provinz liegen wesentlich niedriger. Allerdings sind hier die Häuser meistens kleiner als in der Stadt und viele architektonische Zwitter aus indonesischem und westlichem Stil. Dies bedeutet konkret, daß sie über ein angebautes Bad und eine Küche verfügen. Die meisten Ausländer lassen sich zusätzlich Stehtoilette, Badewanne, Dusche und Heißwasserboiler installieren, sofern der Platz es zuläßt. (Handtücher werden übrigens fast immer außerhalb des Badezimmers aufgehängt und aufbewahrt.)
Eine im westlichen Sinne betriebsfertige Küche herzurichten, bedeutet in den meisten Fällen, einen Küchenschrank aufzustellen, ein Spülbecken zu installieren und Platz für einen Kühlschrank und einen (westlichen) Herd zu schaffen. Indonesier bewahren ihre Küchenutensilien in Regalen auf, und da sie täglich einkaufen, benötigen sie auch kaum Lagerplatz für Lebensmittel.

„Ausländer-Ghettos"

In Jakarta leben sehr viele Ausländer in Menteng (in der Nähe des Geschäftsbezirks) und in den „Vororten" Kebayoran Baru, Kemang, Kemang Indah, Simpruk, Pertamina Oil Village, Kuningan und Permata Hijau. Hier vermischen sich Indonesier der mittleren und höheren Einkommensschichten mit der Ausländergemeinde.
Die Gebiete im Süden – Cilandak, Cipete, Pondok, Indah, das Country-Woods-Wohn-

gebiet und Bintaro – liegen zwar näher an der Internationalen Schule von Jakarta, aber man benötigt je nach Verkehrsdichte bis zu neunzig Minuten, um in die Innenstadt, zu den Botschaften und in das Geschäftszentrum zu gelangen.

Haus- und Wohnungsbesichtigungen

Achten Sie besonders auf die folgenden Einzelheiten, wenn Sie ein Haus oder eine neue Wohnung in Augenschein nehmen:

Vorsicht bei „gefräßigen Mitbewohnern": Häufchen von sehr feinem Sägemehl und Holz, das sich leicht mit dem Daumen bearbeiten läßt, weisen auf die Anwesenheit von rayap (Termiten) hin. Überlegen Sie sehr wohl, ob Sie in Ihrem Haus den regelmäßigen Einsatz der Chemiekeule wünschen oder ob Sie sich besser gleich nach einer anderen Unterkunft umsehen sollten.

Die häusliche Wasserversorgung: In den Städten werden manche Häuser vom städtischen Wasserwerk versorgt, andere besitzen eigene Brunnen mit elektrischen oder Handpumpen. Die meisten Häuser haben Wassertanks zur Vorratsfassung.
In den urbanen Gebieten Indonesiens sind nahezu alle natürlichen Wasserquellen (umwelt-) verschmutzt. Angesichts dessen erschreckt die Tatsache, daß ein Großteil der städtischen Bevölkerung das Flußwasser zugleich zum Baden, Waschen, zur Abfall-„Entsorgung" und als Kloake benutzt. Seit kurzem ist, als Alternative zum abgekochten Wasser, Trinkwasser in Flaschen erhältlich. Möglichkeiten, das Wasser auf seinen Sauberkeitsgrad hin untersuchen zu lassen, sind äußerst rar.

Elektrizität: Seit 1945 werden die Städte mit Strom versorgt. Allerdings ging diese Entwicklung recht ungleichmäßig voran. Sie sollten sich daher nicht wundern, wenn Sie in Ihrem Haus einen 220- und einen 110-Volt-Stromkreis vorfinden! Aber man bemüht sich landesweit um eine einheitlich auf 220 Volt basierende Stromversorgung, eine ausreichende, störungsfreie Energieversorgung und die Verbesserung des Service.
Obwohl plötzliche Stromausfälle heute immer seltener vorkommen, sollten Sie sich für Notfälle mit Kerosinlampen, Kerzen und Taschenlampen ausstatten. Weiterhin sollten Sie die Anschaffung von Stromregulatoren erwägen, um Ihre elektrischen Geräte vor Spannungsabfällen zu sichern.
Gekocht wird meistens mit Gas, das in Flaschen zu beziehen ist. Inzwischen sind in den größeren Städten aber zunehmend auch Mikrowellenherde zu finden.

Unfälle: Die meisten geschehen im Haushalt

In Indonesien werden viele Ausländer wieder daran erinnert, daß das Zusammenspiel von nackten Füßen und nassem Boden tödlich enden kann, zum Beispiel wenn man an elektrischen Schaltern hantiert oder mit elektrischen Geräten arbeitet, die nur selten geerdet sind.

Hier ist jeder Mieter oder Hausbesitzer zwangsläufig ein Hobby-Elektriker. Leitungen sind am laufenden Meter zu kaufen, und die Auswahl an Schaltern, Buchsen und allem erdenklichen elektrischen Kleinkram überwältigt. Die Wahrscheinlichkeit ist groß, daß auch Sie notgedrungen zum Handwerker werden und sich dem munteren Treiben anschließen.
Leider folgen die Indonesier nur allzugern der gefährlichen Neigung, solch kleinere Reparaturen mit Hilfe von Zellophan, Klebe- und elastischen Bändern auf die Schnelle zu erledigen. Und danach werden die Stecker auch noch an der Schnur aus der Dose gezogen – mit „zündendem" Erfolg! Oder die Wäscherin bügelt trällernd die feuchte Wäsche – und das nackte Kabel sprüht Funken.

Der Umgang mit der Elektrizitätsgesellschaft

Die staatseigene Elektrizitätsgesellschaft PLN (Perusahaan Listrik Negara) ist darum bemüht, ihren Service zu verbessern. Wenn Sie persönlich bzw. telefonisch Hilfe anfordern, sollten Sie in der Lage sein, in Bahasa Indonesia Namen, Adresse und Telefonnummer durchzugeben sowie den Defekt kurz zu schildern.
In den größeren Städten wird PLN innerhalb von Stunden auf Ihren Anruf reagieren. In der Provinz hingegen muß man manchmal persönlich im Büro vorsprechen, um der Reklamation Nachdruck zu verleihen. Sucht ein „Blackout" ein größeres Gebiet heim, wird man Sie meistens über den Stand der Dinge informieren. Beschränkt der Defekt sich auf Ihr Haus, wird der PLN-Angestellte Sie ein Arbeitsprotokoll unterschreiben lassen. Ein kleines Trinkgeld bzw. wang rokok (Zigarettengeld) ist zwar nicht unbedingt notwendig, jedoch willkommen, wobei Sie allerdings nicht übertrieben großzügig sein sollten.
Vor allem sollten Sie schon vor Ihrem Einzug klären, wann und an wen die Stromrechnung zu zahlen ist.
Sie sollten sich darauf gefaßt machen, daß die Stromkapazität auf dem Lande meistens sehr gering und oft auch schwankend ist. Sie sollten Ihren Strombedarf also auf ein Minimum beschränken und sich freuen, wenn die Sicherung eine höhere Belastung aushält.

Die Lage Ihrer Wohnung: Gehen Sie nicht von der im Stadtplan verzeichneten Luftlinie aus, sondern erkundigen Sie sich genau nach dem Verkehrsfluß in den Hauptgeschäftszeiten. Nur so werden Sie wissen, wie weit es tatsächlich zu Ihrem Arbeitsplatz bzw. zur Schule ist. Langschläfer sollten bei der Lage der Wohnung einen Sicherheitsabstand zu Moscheen wahren: Die mit Lautstärkern übertragenen Gebete beginnen allmorgendlich um 4.30 Uhr!

Nachbarschaftspflichten: Als neuer Bewohner der Nachbarschaft sind Sie verpflichtet, sich beim RT (Rukun Tetangga) zu melden (lapor). (Der RT ist der gewählte Vorsitzende der Nachbarschaftsorganisation.) Dies sollten Sie so bald wie möglich nach Ihrem Einzug erledigen und die Angelegenheit auf keinen Fall länger als einen

Monat hinausschieben. So unterschiedlich Engagement und Effektivität der RTs auch ausfallen mögen, sind sie doch in jedem Fall die Schlüsselpersonen für alle Angelegenheiten der Nachbarngemeinde.

Installationen und Abwässer: Betätigen Sie die Toilettenspülung und kontrollieren Sie den Wasserdruck an allen Hähnen in Ihrem zukünftigen Heim. Da in Indonesien die Kanalisation kaum ausgebaut ist, müssen sich die meisten Hausbesitzer auf Sickergruben verlassen, die von Zeit zu Zeit von Pumpwagen der JINJA (einer kommunalen Dienstleistung) geleert werden müssen. Der Tankinhalt wandert fast immer ungeklärt in die Flüsse.

Reparaturen: Es ist durchaus üblich, durch Mieteinbehaltung (manchmal über mehrere Jahre) den Vermieter zu veranlassen, versprochene Reparaturen oder sonstige Arbeiten am Haus durchzuführen.

Sicherheit: Vergitterte Fenster und Türen sind leider notwendig. Sie sollten den Zugang zum Dach sorgfältig unter die Lupe nehmen, den Zustand von Zäunen und Türen prüfen und sich die Hofbeleuchtung ansehen. Die meisten Hausinhaber heuern einen Nachtwächter (jaga malam) an, und der RT sorgt in der Regel für Wachstreifen, die von der Nachbarschaftsorganisation bezahlt werden und das Wohngebiet nachts kontrollieren. Viele Bewohner halten Wachhunde und lassen überdies Alarmsysteme einbauen. Einbruch und Diebstahl sind in allen sozialen Bereichen ein großes Problem, ganz besonders jedoch in den Städten.

Unterbringung der Hausangestellten: Hausangestellte sollten weitgehend separat wohnen können, mit eigenem Eingang und eigenen Bade- und Kochmöglichkeiten.

Telefon: Das Warten auf Telefonanschlüsse (rechnen Sie in Lichtjahren!) gibt immer wieder Anlaß zu Klageliedern. Fairerweise muß aber gesagt werden, daß die Regierung sich sehr um den Ausbau der Kommunikationssysteme bemüht. So hat zum Beispiel der Palapa-Satellit für viele Regionen Verbesserungen gebracht. Und mittlerweile sind in den Städten auch öffentliche Telefonzellen zu finden.
Die Telefonnummer wird im allgemeinen unter dem Namen des Hausbesitzers verzeichnet. Daraus ergeben sich zwei Probleme: Mieten Sie ein Haus, ist die Nummer nicht unter Ihrem Namen zu finden; und Sie erhalten möglicherweise Anrufe, die nicht Ihnen, sondern dem Hausbesitzer gelten, den Sie womöglich nicht einmal kennen.
Ihre Telefonleitung hat viele Feinde: die schweren Monsunregen, Blitzeinschläge, Nagetiere, umstürzende Bäume. Mitunter überkreuzen sich auch die Leitungen, so daß Sie gleichzeitig verschiedenen Unterhaltungen in unterschiedlichen Sprachen lauschen können. Ein kleiner Trost: Der Stördienst wurde verbessert.
Wenn Sie in ländlichen Gebieten ein Haus mieten, in dem noch kein Telefon installiert ist, stehen Ihre Chancen schlecht. Denn ein neues Telefon verlangt Zeit – Geld – Beziehungen. Sie werden sich höchstwahrscheinlich auf die Telefonapparate der Nachbarn, Ihrer Firma oder von Hotels verlassen müssen.

Moskitos: Fliegengitter sind der einfachste Schutz vor Moskitos. In den meisten größeren Städten besteht kaum mehr die Gefahr, an Malaria zu erkranken, da Moskitos, die diese Krankheit übertragen, sich bevorzugt in Reisfeldern und brackigem Wasser vermehren. Auf Bali finden sich die Brutstätten der Malaria-Überträger entlang der ganzen Küste. Achtung: Moskitos übertragen nicht nur Malaria, sondern auch andere gefürchtete Krankheiten.

Welche Pflichten hat der Hausbesitzer?: Klären Sie vor Ihrem Einzug genau ab, was in der Miete enthalten ist. Wer trägt die Nebenkosten und/oder Reparaturen am Haus? Manche Häuser werden möbliert bzw. teilmöbliert vermietet. In Indonesien ist der Begriff „unmöbliert" sehr konsequent auszulegen – manche Mieter mußten gar die Lichtleitungen legen.

Klima und Gesundheit

Sie befinden sich in den Tropen – aber nicht im Paradies! Das tropische Klima zeichnet sich aus durch:

- Hohe Luftfeuchtigkeit, etwa 75% bei Tag und Nacht
- (Feuchte) Hitze. Landesweit liegen die Temperaturen zwischen 30 bis 34° C. In den Bergen kann es „kühl" werden, d.h. daß die Temperaturen auf 18 bis 22° C fallen und Sie endlich Ihren Pullover auspacken können.
- Es gibt zwei Jahreszeiten: die luftfeuchte Trockenzeit und die triefendnasse Regenzeit.
- Die Tage am Äquator sind gleichbleibend lang. Die Sonne erwacht morgens gegen 6 Uhr und versinkt abends purpurfarben und rosa (vom Vulkanstaub) gegen 18 Uhr.

Drei wichtige Hinweise für Ihre Gesundheit

Mäßige, aber regelmäßige sportliche Betätigung: Raffen Sie sich entweder in der Kühle des Morgens dazu auf, mit dem Hund spazieren zu gehen, zu joggen, Rad zu fahren, oder schließen Sie sich den „Hash House Harriers" an, einer asiatischen Gruppe von Freizeitläufern. In den größeren Städten entstehen immer mehr Fitness-Clubs, wo Sie sich in klimatisierten Räumen sportlich betätigen können. Was auch immer Sie tun, Sie sollten regelmäßig trainieren.

Trinken Sie reichlich: In den Tropen sollten Sie viel Flüssigkeit zu sich nehmen, am besten reines Wasser, und gelegentlich ein Glas Wasser mit einer darin aufgelösten Salztablette trinken.

Vernünftige Lebensweise: Sie sollten sich vornehmen, früh aufzustehen und entsprechend früh zu Bett zu gehen. Und/oder halten Sie ein Mittagsschläfchen.

Klimatische Wechselbäder

Immer mehr Wohnhäuser, Büros und Autos sind mit Klimaanlagen ausgestattet. Sie schaffen – für bestimmte Gesellschaftsschichten und Ausländer – ein künstliches mitteleuropäisches Klima, in dem die Hitze nicht mehr lähmend auf den Arbeitsgeist und die Unternehmungslust einwirkt.

Für Indonesien läßt sich eine klimatische Drei-Klassen-Theorie entwickeln:

1. Die breite Mehrheit der (ländlichen) Bevölkerung lebt und arbeitet wie eh und je im feuchtheißen Watteklima.
2. Ein weiterer Bevölkerungsteil (u.a. Büroangestellte) lebt privat zwar klimatisch „à la nature", arbeitet jedoch in klimatisierten Räumen und bildet so eine Risikogruppe für Erkältungskrankheiten.
3. Die indonesische Oberschicht (und der größte Teil der Ausländer) arbeitet und wohnt in klimatisierten Räumen und überbrückt die räumliche Entfernung zwischen Wohnung und Arbeitsplatz in klimatisierten Verkehrsmitteln. Der tropische Hitzeschock ist nur ein gelegentliches exotisches Erlebnis.

Ohne hier in mißverständliche Kultur-Klima-Theorien verfallen zu wollen, scheint uns das Klima doch in bestimmter Weise werteprägend zu sein. Da hier nie mit den kalten Wintern der nördlichen Hemisphäre zu rechnen ist (wo das Holz vor dem ersten Frost in der Hütte sein muß), gibt es auch nicht den von der Natur vorgegebenen dynamischen „Vollendungs-Druck". Es gilt: „Morgen ist auch noch ein Tag."

Kleidung

In Indonesien diktieren weder „topaktuelle Trends" noch konservative Vorschriften allzu sehr den Kleidungsstil. Der Modeimperativ heißt: zweckmäßig und dezent.

Die Frauenkleidung läßt allerdings deutlich den Einfluß des Islam erkennen. Die Schultern müssen bedeckt sein, und freizügige Kleidung (etwa Shorts, offenherzige Sonnentops und „flippige" Discokleidung) wird in der Öffentlichkeit (!) mit Befremden zur Kenntnis genommen. Wenn an einem besonders heißen Tag Ihr schweißgetränktes leichtes weißes Kleid den modischen schwarzen Slip durchscheinen läßt und Sie sich beobachtet und unwohl fühlen, dann sollten Sie vielleicht doch einen leichten Baumwollunterrock als „Sichtschutz" wählen.

Wir wissen von vielen Indonesiern, daß ihr erstes Urteil über die Lebensgewohnheiten von Ausländern auf deren Kleidung beruht. Immer wieder hörten wir die Frage: „Sehen bei euch alle so aus?" Ob es Ihnen angenehm ist oder nicht, ein jeder Ausländer wird stets als Repräsentant seines Landes wahrgenommen.

Indonesier kleiden sich „lässig" (jedoch nicht nachlässig) und bequem. Nur selten gibt es Anlässe, bei denen man sich in Schale werfen muß. Für Männer ist die förmlichste Kleidung der „Nadelstreifen"-Anzug, für Frauen ein Cocktail- bzw. kurzes Abendkleid.

Die meisten Indonesier (und in Indonesien lebenden Ausländer) lassen sich die Kleidung maßschneidern. Die Schneider/innen sind äußerst geschickt und auch nicht teuer.

Allerdings ist auch die „für die Stange" produzierende indonesische Textilindustrie im Wachstum. Sie finden hier nahezu alles, was Sie für eine vollständige und auch abwechslungsreiche Garderobe benötigen. Einschränkungen mag es nur bei Farben, ausgeprägten Stilrichtungen oder westlichen „Groß-und-mächtig"-Größen geben. Indonesien wird für die Schönheit und Qualität seiner traditionellen Batik- und Seidenstoffe gerühmt und ist heute auch einer der großen Textillieferanten für den Weltmarkt.

Kleider-Knigge und -Lexikon

Wenn Sie einer offiziellen Einladung folgen, richten Sie sich bitte nach den kodierten Kleidungsvorschriften auf der Einladung:

Batik: Männer sollten in langärmeligen Batik-Hemden und dunklen Hosen erscheinen, Frauen im dunklen Kleid mit langen Ärmeln.

„Lounge suit": „Nadelstreifen"-Anzug mit Krawatte für Männer, wenn der Anlaß acara rasmi (sehr förmlich) ist. Frauen sollten sich wie oben beschrieben kleiden.

PSH: (Pakaian Sipil Harian) Gemeint ist die „offizielle" Beamten-„Uniform": ein kurzärmeliger Safari-Anzug.

PSL: (Pakaian Sipil Lengkap) Lengkap heißt „vollständig, komplett". Ein Ausländer wäre im dunklen Geschäftsanzug mit weißem Hemd und Krawatte korrekt gekleidet. Indonesische Militärs oder Polizisten trügen hier ihre Uniform.

PSR: (Pakaian Sipil Rasmi) Indonesische Beamte kämen in einem langärmeligen Safari-Anzug. PSR kann auch „Uniform" bedeuten. Ein Ausländer, der eine offizielle Uniform tragen darf, würde dies hier korrekterweise tun.

Sie werden bemerken, daß sich am 17. jeden Monats die Regierungsangestellten morgens zu einer kurzen zeremoniellen Feier zusammenfinden. Zu dieser Gelegenheit tragen alle Hemden und Blusen im selben batik-Muster. (Wenn schon Uniform – dann diese!)

Krankenhäuser

Für den Fall des Falles sollten Sie sich vorab über das indonesische Gesundheitswesen informieren, um nicht während der Krankheit zusätzlich durch einen Kulturschock geschwächt zu werden. Erfreulich ist immerhin die Feststellung, daß alle Krankenhäuser verpflichtet sind, in dringenden Notfällen zu helfen, ohne daß man Papiere einreichen oder seine Zahlungsfähigkeit unter Beweis stellen muß (die praktischen Gepflogenheiten widersprechen dem nur scheinbar; siehe nachfolgende Ausführungen).

Tip – Stellen Sie Ihre Papiere zusammen: Halten Sie sicherheitshalber wenigstens eine Kopie Ihres Passes bereit, gegebenenfalls das KIM (Dokument der Einwanderungsbehörde) und einige Scheine in bar. Es ist üblich, bei Aufnahme in das Krankenhaus eine Kaution in bar zu hinterlegen.
Bereiten Sie sich außerdem darauf vor, in Bahasa Indonesia zu sprechen, oder nehmen Sie jemanden mit, der dolmetschen kann. Aufgeregtes Gestammel, gleich in welcher Sprache, hilft Ihnen nicht weiter.

Tip – Erwarten Sie nicht zuviel: Einige Dienstleistungen westlicher Hospitäler, die das Kranksein zumindest scheinbar erleichtern, werden Sie nicht in allen Krankenhäusern des Landes vorfinden. Deshalb einige „Vorwarnungen":

- Erwarten Sie nicht, daß das Krankenhaus Rechnungen an die zuständige Versicherung weiterleitet. Man wird Ihnen aber in der Regel beim Zusammenstellen der Daten helfen.
- Manche Krankenhäuser gehen davon aus, daß die Familie des Patienten notwendige Arzneien und Pflegemittel besorgt und in das Hospital bringt.
- Nicht alle Krankenhäuser verköstigen ihre Patienten. Üblicher ist, daß die Familie den Kranken mit Essen verpflegt.
- Die künstliche „Toten"-Stille unserer Krankenhäuser werden Sie in Indonesien nicht vorfinden. Der Kranke ist immer Mittelpunkt eines lebendigen sozialen Treffens von Familienmitgliedern und Freunden.
- Die Patienten werden nahezu immer in Gemeinschaftssälen und nicht in Zimmern mit nur wenigen Betten untergebracht.

Natürlich gibt es zu den hier genannten Regeln Ausnahmen, insbesondere bei privaten Missionshospitälern und bei etlichen Privatkrankenhäusern in den größeren Städten.

Für viele Indonesier, vor allem in ländlichen Gebieten, ist der Krankenhausaufenthalt eine Horrorvision, denn das Krankenhausbett gilt als Sterbelager. Diese Angst ist wohl nicht ganz unberechtigt, da viele sich erst mit traditionellen Heilmethoden zu kurieren versuchen und sich erst dann, wenn diese versagen, dem Krankenhaus anvertrauen – was häufig zu spät ist.

Krankenhäuser in Jakarta:
Wir wollen Ihnen hier einige Krankenhäuser nennen, die von Ausländern bevorzugt aufgesucht werden. Im lebensgefährlichen Zustand ist natürlich das nächste auch das beste Krankenhaus.

Stadtzentrum:
- St. Carolus, Jl. Salemba Raya 41, Menteng, Tel: 882401 (Notaufnahme)

- Dr. Cipto Mangunkusumo CCU, Jl. Diponegoro 69, Menteng (nur für Herzfälle zu empfehlen)

Jakarta West:
- Sumber Waras, Jl. Kyai Tapa, Grogol, Tel: 596011

Jakarta Süd:
- Pertamina, Jl. Kyai Maja 43, Kebayoran Baru, Tel: 707211 (Notaufnahme)
- Rumah Sakit Setia Mitra, Jl. R. S. Fatmawati 80-82, Cilandak, Tel: 766000

Krankenversorgung in der Provinz

Bei Krankheit oder Unfällen auf dem Land bleibt die RSU (Rumah Sakit Umum), die öffentliche Krankenstation, die letzte Zuflucht – vielleicht auch wirklich die letzte, denn die RSU sind leider sehr schlecht ausgestattet. Ein Arzt ist nicht immer zur Stelle, und der diensthabende Sanitäter hat möglicherweise nur einen Erste-Hilfe-Kurs abgelegt. Häufig offenbart die Behandlung mehr guten Willen als medizinisches Können. Es scheint so, als wären in Indonesien Überlebenschancen bei Krankheit durchaus auch von Kontakten, Beziehungen und Einfluß abhängig.
Die folgende Liste ist nur ein roter Faden, kein flächendeckendes Netz. Wenn Sie auf dem Land medizinische Hilfe benötigen und niemanden kennen, der Ihnen weiterhelfen kann, dann wenden Sie sich an die Polizei oder an andere Verwaltungsstellen. In Provinzhauptstädten können Sie das Gesundheitsamt (Kantor Dinas Kesehatan Propinsi) um Hilfe bitten, in Kreisstädten das Kantor Dinas Kesehatan Kabupaten und in kleineren Städten das Puskesmas (Gesundheitszentrum). Erwarten Sie aber keine Amtsöffnungszeiten wie im Westen.

Bandung (West-Java):
- Adventisten Hospital, Jl. Cihampelas (Missionshospital, englischsprechendes Personal)

Bali:
- Bali Central Hospital, Sanglah, Denpasar

Bogor (West-Java):
- Rot-Kreuz-Krankenhaus, Jl. Raya Pajajaran (Nähe Botanischer Garten)

Bukittinggi (Zentral-Sumatra):
- Immanuel Hospital, Jl. Sudirman (Missionskrankenhaus, englischsprechendes Personal)

Bibliotheken

Überall in Indonesien sind die Bibliotheken der Schulen, die von ausländischen Kindern besucht werden, auch den Eltern zugänglich. Verschiedene Regierungsstellen und private Organisationen unterhalten Büchereien, die auch der Öffentlichkeit zur Verfügung stehen. Auf dem Lande sind Bibliotheken Teil der Dienstleistungen, die die großen Firmen für ihre am Arbeitsort lebenden Mitarbeiter eingerichtet haben. Überdies ist Lesestoff bei verschiedenen, auf besondere Gebiete spezialisierten Vereinigungen sowie bei sozialen und kulturellen Organisationen erhältlich.

Bibliotheken in Jakarta

Folgende Bibliotheken sind öffentlich zugänglich:

- Australisches Kulturzentrum, Citibank Gebäude, 5. Stock, Jl. M. H. Thamrin 55, Menteng, Tel: 330824. Die englischsprachige Bibliothek besteht aus 5.000 Titeln und 250 Zeitschriften und Magazinen.

- British Council, Widjojo Centre, Jl. Jenderal Sudirman 56 (Senayan), Tel: 587411. Die englischsprachige Bibliothek besteht aus etwa 20.000 Titeln. (Es besteht eine weitere British Council-Bibliothek in Bandung, West-Java.)

- Erasmus Huis, Jl. Rasuna Said (Kuningan), Tel: 512321. Holländische Bibliothek mit etwa 10.000 Titeln.

- Französisches Kulturzentrum, Jl. Salemba Raya 25 (Salemba), Tel: 881623. Französische Bibliothek.

- Goethe-Institut, Jl. Mataram Raya 23 (Jatinegara), Tel: 882798. Die deutschsprachige Bibliothek umfaßt etwa 10.000 Bücher, 50 Zeitschriftenserien und einige Zeitungen.

- Indonesisch-amerikanisches Kulturzentrum, Jl. Pramuka, Kav 20 (Jatinegara), Tel: 881241. Die englischsprachige Bibliothek besteht aus etwa 10.000 Titeln und einer Fülle von Informationsmaterial über Indonesien.

- Japanisches Kulturzentrum, Jl. Cemara 1 (Menteng), Tel: 375787. Das aktive Zentrum bietet zahlreiche Dienstleistungen, neben der Bibliothek auch einen Raum für audiovisuelle Medien.

Der Mythos vom Garten Eden

Indonesiens äußerlicher tropischer Reichtum ist leider teilweise trügerisch. Nicht überall ist die Erde so fruchtbar wie in Java und Bali. In Bali bringt die Natur drei Ernten

Straßenmarkt

hervor – man kann „den Reis wachsen hören". Und Java scheint wie ein üppiger Garten Eden. Verschiedene „kontraproduktive" Einflüsse wirken sich auf die Fruchtbarkeit der Erde und das Warenangebot aus. Dazu gehören die Launen der Natur: Vulkanausbrüche, Überschwemmungen, Dürren, Insektenplagen etc. Weiterhin bestehen Probleme beim Warenfluß bzw. der Vermarktung. Die Agrarprodukte werden herkömmlicherweise geerntet, wenn sie reif sind, und dann in der Region verkauft, in der sie angebaut wurden. Verglichen mit den „äußeren Inseln" verfügt Java über ein gutes Straßen- und Schienennetz. Balis Straßensystem verbessert sich ständig; die Sumatra-Überlandstraße wurde vor nicht allzulanger Zeit eröffnet. Aber nicht alle Bauern sind mit diesen Infrastrukturschneisen verbunden. Unbefestigte Straßen, einsturzgefährdete Brücken und der magere Geldbeutel der kleineren Bauern, der es ihnen nicht erlaubt, die Transportkosten vorzustrecken, sind die Gründe dafür, daß die Bauern ihre Produkte lieber auf den lokalen Märkten verkaufen. Und dort ist das Angebot instabil, nicht immer reichhaltig, teilweise überaltert etc.

Einkaufen auf dem Lande

Auf den „inneren Inseln" Indonesiens haben sich bereits Supermarktketten festgesetzt, die sich immer weiter ins Umland vorschieben. In ihrem Schlepptau folgen wie zwangsläufig die Fast-Food-Ketten. Aber auch „Tante-Emma-Läden" (manche klimatisiert und mit Tiefkühltruhen und Kühlschränken ausgestattet) bieten eine zwar nicht immer verläßliche, jedoch überraschende Fülle von verarbeiteten Lebensmitteln an. Importwaren sind nicht überall erhältlich – weshalb sollten sie auch? Kaufen Sie Feigensirup, wenn Sie keine Erdbeermarmelade finden.

Das Image des Ausländers

Selbstverständlich bestehen überall in der Welt Kluften zwischen der Selbstsicht und dem Selbstverständnis eines Fremden und der deutungsvertieften äußeren Wahrnehmung durch die Einheimischen. Klartext: Abseits der touristischen Orte gelten Sie in Indonesien als etwas, was Sie entweder nicht sind oder nicht sein wollen – als wohlhabend, von hohem sozialen Rang, aus einer überlegenen Kultur stammend, gebildet (Experte), etc.

Die Vorstellungen, die weniger weltläufige Indonesier von westlichen Ausländern entwickeln (müssen), sind geprägt von „Schicky-micky"-Touristen, albernen B-Movies und realitätsfernen Fernsehserien („Dallas", „Denver" etc.), in denen Plastikmenschen ein Plastikleben vorführen. Daraus entstehen dann die Klischees: reich – schön – clever – (sexuell) freizügig.

Dieses Bild vom Ausländer ist für Indonesier in jeder Hinsicht bedrängend. Manche werden versuchen, Sie „anzuzapfen", und andere werden mit verschüchterter Unterwürfigkeit reagieren. Immerhin genießen Sie aufgrund dieser Klischees auch eine gewisse „Narrenfreiheit". Man kreidet Ihnen nicht jedes Fettnäpfchen an, in das Sie treten. Sie sollten dieses „laisser faire" aber nicht ausnützen, denn dann werden Sie auch keinen Zugang zu den Reichtümern der indonesischen Kultur finden.

Transportmittel

Wir wollen Ihnen einige der Transportmittel vorstellen, die Sie in der Stadt sowie auf dem Lande nutzen müssen oder können.

Doch einige Tips vorweg: Die meisten Überlandbusse fordern feste Preise (die sich natürlich hin und wieder ändern), aber die Mehrzahl der kleineren privaten Personentransportunternehmen läßt je nach Fahrt über den Preis „mit sich reden".

Zugfahrkarten werden nur einfach gelöst. Manche Schwarzmarkthändler horten Stapel von Tickets, um sie in Zeiten der Konjunktur (zum Beispiel während der Ferienzeit) überteuert wieder zu verkaufen.

Wenn Sie weitere Reisen mit lokalen Verkehrsmitteln planen, sollten Sie sich gut vorbereiten, zum Beispiel indem Sie sich bei Leuten informieren, die diese Tour bereits hinter sich haben. Planen Sie Pufferzeit ein, um möglichen Verspätungen vorzubeugen, und nehmen Sie genügend Geld mit, um sich im Zweifelsfall „absetzen" zu können und schnell (eventuell mit einem Taxi oder Flugzeug) nach Hause zu kommen.

„Becak"

Das indonesische Fahr-Drei-Rad (Fahrrad-Rikscha) becak wurde durch Gesetz aus den größeren Städten verbannt, weniger weil man sich um die Lungen der sich abstrampelnden Fahrradkulis sorgte, sondern weil sie angeblich den Verkehrsfluß behinderten. Sie finden sich aber noch in kleineren Städten und größeren Dörfern. Das becak ist ein zwar langsames, aber billiges, bequemes und gemütliches Transportmittel. Wenn Ihr Weg kurz ist und Sie nicht allzusehr von Eile getrieben werden, sollten Sie ein becak nehmen.

„Bemo"

Eine weitere Transportmöglichkeit sind kleine, für den Personenverkehr umgebaute Laster („Pick ups"). Der bemo, vergleichbar den Jeepneys auf den Philippinen, verkehrt auf festgelegten Strecken fast rund um die Uhr. Halten Sie ein bemo einfach mit Handzeichen an, und zahlen Sie den Preis für die Streckenabschnitte, die Sie zurücklegen wollen.
Beim bemo sitzen die Fahrgäste auf längs montierten Bänken Knie zu Knie gegenüber. Oft platzen die bemo nahezu aus den (Schweiß-) Nähten, und unter den Passagieren befinden sich häufig auch Hühner, Taschendiebe, kranke Kinder (und hin und wieder eine meckernde Ziege). Ein uns bekannter Ausländer wurde einmal während einer solchen Fahrt von einem neben ihm sitzenden jungen Mann „angemacht", bis ihm schließlich nichts anderes übrig blieb, als sich das Ohr des ungebetenen „Verehrers" zu schnappen, es kräftig gegen den Uhrzeigersinn zu drehen und lächelnd vorzuschlagen: „Jangan!" („Laß das!")

„Colt"

Kleinbusse, im Volksmund „Colt" genannt, holpern in die verstecktesten Ecken und abgelegensten Dörfer Indonesiens. Sie transportieren alles: Kohl und Rüben, Ziegen und Kokosnüsse – und die Menschen, die diese Waren begleiten. Sie schwitzen, schlagen sich die Knochen an, fühlen Ihre Sitzkeulen wund werden – aber Sie haben innigsten Kontakt mit dem ländlichen Leben und sind immer noch schneller als zu Fuß.

Überlandbusse

Diese völlig überladenen, schwarze Abgase speienden Ungetüme schlingern, mahlen und röhren von Stadt zu Stadt – relativ schnell und billig. Pinkel- und Eßpausen sind eingeplant. Es gibt allerdings auch eine „Senatoren"-Klasse unter den Überlandbussen, mit Klimaanlage, Video und Bordservice.

Taxis

Reden Sie sich ein, daß indonesische Taxis sicher sind. Das schont die Nerven und lenkt von der Tatsache ab, daß die Taxifahrer sich offenbar noch nicht darauf einigen konnten, welche Straßenseite zu benutzen ist, und daß Geschwindigkeitsbeschränkungen als völlig unverbindliche Anregungen gelten.
Trinkgelder sind freiwillig, werden jedoch erwartet. Der Fahrpreis wird in den großen Städten vom Taxameter berechnet, in den kleineren Städten (wo die Taxis meist umgerüstete Privatfahrzeuge sind) müssen Sie den Fahrpreis in Bahasa Indonesia aushandeln.

Meist fahren die Taxis auf der Suche nach „Aufhaltern" umher, es finden sich aber inzwischen auch die ersten Telefon-„Call-cars".
Halten Sie das passende Fahrgeld bereit, denn die Fahrer können (oder wollen) oft nicht wechseln. Zeigen Sie nach Möglichkeit die Adresse Ihres Ziels auch schriftlich vor, damit keine Mißverständnisse entstehen. Und werden Sie nicht unruhig, wenn sich der Fahrer mehrfach bei Dritten nach dem Weg erkundigt.

„Ojek"

Ojek, die Motorrad-Taxis, sind immer häufiger zu sehen. Sie finden sie an Straßenkreuzungen und Bushaltestellen der Hauptstraßen. Dort bieten sie sich als Transportmittel in die Dörfer an. Kenntnis der Landessprache und des ungefähren Preises sind bei den Verhandlungen wichtig.

9
Der indonesische Geschäftsgeist

Wir wollen nicht mit technischen Ratschlägen aufwarten, wie Sie in Indonesien erfolgreich eine Firma aufbauen können. Dafür benötigen Sie Stapel von Ratgeber-Literatur sowie Legionen von Rechtsbeiständen und einen Kompaß, um sich durch das Labyrinth der Vorschriften zu schlängeln. Vielmehr wollen wir einige heikle oder „sensible" Bereiche ansprechen, die im indonesischen Geschäfts-Knigge (überlebens-) wichtig sind:

- Die Funktion und Position des b a p a k -Chefs.
- Die richtigen „Kanäle".
- „Gesicht wahren" und „durch die Blume sprechen".
- Die „Gummi"-Zeit.
- Entscheidung durch Übereinstimmung.
- Arbeitsschutzgesetze und die sozialkulturelle Bedeutung einer Entlassung.
- Der Ausländer und der indonesische Nationalismus.

Das koloniale Vermächtnis

Der indonesische Wissenschaftler Selo Soemardjan verweist in seinen soziologischen Forschungen zum indonesischen Geschäftsgeist gern auf das Vermächtnis des Kolonialismus. Die Kolonialmachthaber und ihre „Pfeffersäcke" hatten die „Eingeborenen" weder im politischen noch im geschäftlichen Bereich Führungspositionen erlan-

gen lassen. Dem lag auch die Ideologie zugrunde, daß östlicher und westlicher Geschäftsgeist so gegensätzlich wie Feuer und Wasser wären. Der anderen Seite erschien die westliche Art, menschliche und natürliche Ressourcen hemmungslos zu plündern, als harmoniestörend und barbarisch. So tat sich eine tiefe Kluft auf, die auch heute noch nicht überbrückt ist, wie uns ein erfolgreicher indonesischer Geschäftsmann versicherte: „Die Mehrheit meiner Landsleute ist überzeugt, daß jeder ausländische Geschäftsmann nur eines im Sinn hat: die Indonesier übers Ohr zu hauen. Sie verachten die Plündermentalität, das kurze Gedächtnis bei Freundschaften im Geschäftsbereich und die unpersönliche Art, Geschäfte abzuwickeln. Wir lecken immer noch unsere Wunden."
Ein anderer Geschäftsmann fügte hinzu: „Im Westen begegnen sich einander unbekannte Geschäftspartner, um über die Qualität und Brauchbarkeit der Ware zueinanderzufinden. Wir hier machen Geschäfte mit Freunden. Wenn uns ein ausländischer Exporteur aufsucht und die Güte seiner Waren anpreist, dann hören wir höflich zu. Aber das ist noch keine Grundlage für ein Geschäft, höchstens die Vorstufe."

Was der Ausländer grundsätzlich wissen sollte ...

- Das Geschäftsleben in Indonesien ist nicht „demokratisch" – auch nicht scheinbar demokratisch wie in den USA, wo Angestellte den Chef mit Vornamen ansprechen können. Es ist klar hierarchisch und stets erkenntlich, wer die Autorität innehat.
- In den Augen der Indonesier ist der Ausländer vorrangig Fremder und Gast.
- Das materielle geschäftliche Ziel läßt Durchsetzungmethoden nicht zu, die der Harmonie des Äußeren und dem „Wahren des Gesichtes" zuwiderlaufen.

Wie lernen Sie nun, Geschäfte in indonesischem Stil abzuwickeln?

1. Indem Sie zunächst Ihre „Fleißaufgaben" erledigen. Arbeiten Sie sich in das wirtschaftliche Datenmaterial ein, und bemühen Sie sich, die Grundzüge der indonesischen Wirtschaftspolitik zu verstehen.
2. Lernen Sie behutsam durch Erfahrung und soziale Kontakte.

Ein weiterer indonesischer Geschäftsmann erzählte uns von einem Ausländer, der einfach „fehl am Platz" war und alsbald fluchtartig das Land verließ. Er nannte als Gründe:

- Das „Kommando"-Gebaren eines Vorgesetzten, der strikte Anordnungen erteilt, anstatt sich über soziale Motivation Unterstützung zu sichern.
- Eine irrationale Angst und Abscheu vor dem Essen, dem Wasser, den Lebensbedingungen schlechthin, was die Indonesier, die mit ihm zusammenarbeiteten, verwirrte, befremdete und schließlich beleidigte: „Natürlich liegen uns allen gesundes, sauberes Essen und hygienische Lebensbedingungen am Herzen. Er aber verlangte, ein Ei zu waschen, ehe es gekocht wurde!" Diese Geschichte wurde allerdings von einem positiven Gegenbeispiel beendet. Der Nachfolger jenes ausländischen Geschäftsmannes lernte schnell die Landessprache, traf sich auch privat mit seinen Mitarbeitern und wurde somit „Teil des Ganzen", das alle gemeinsam zu fördern trachteten.

Der „bapak"-Boß

Die wichtigste Person im hierarchischen Gefüge ist – im Geschäft wie in der Familie – der bapak. Hier wie dort lautet das Motto: „Haltet den ‚Alten' bei Laune!" In welcher Umgebung auch immer: Derjenige, dem im gegebenen Augenblick die bapak -Rolle zufällt, kann mit Ehrerbietung und Wunscherfüllung (also nicht Befehlsvollzug) rechnen. Im Rahmen einer solchen Vater-Kind-Beziehung verlieren Anweisungen ihren rein befehlsautoritären Charakter. Spricht der Chef mit einem Angestellten mit ruhiger Stimme in einer privat wirkenden Atmosphäre, so gibt dies dem Untergeordneten das Gefühl, der Vater spräche zu ihm. Kein Indonesier kann seinem Vater ernsthaft böse sein. Dieses kulturell festgelegte Verhältnis zwischen Vater und Sohn ist auf Vorgesetzte und Untergebene übertragbar.

Der indonesische Verwaltungsbeamte

Der indonesische Verwaltungsbeamte ist kein „Diener des Volkes". Er ist ein tua (Chef, respektierter Älterer), dem großer Respekt gebührt. Erwarten Sie also nicht einen beflissenen Angehörigen des Dienstleistungssektors, der sich in Demut der Tatsache bewußt ist, daß die Steuerzahler ihn finanzieren.

Die richtigen „Kanäle"

In allen sozialen und beruflichen Situationen, besonders jedoch im Umgang mit den „besseren Kreisen", ist die Herangehensweise im wahrsten Sinne des Wortes entscheidend. Der richtige Weg ist hierbei kein Trampel-, sondern ein Treidelpfad – lassen Sie sich schleppen, ziehen und lotsen. Nutzen Sie bei sozialen und geschäftlichen Anliegen eine(n) Mittelsmann/-frau. In Indonesien ist es allgemein verbreitet und hat jahrhundertealte Tradition, einen Mentor/Ratgeber/Vermittler/Förderer einzuschalten und Ziele so „durch die Blume" zu verfolgen.

Der Ausländer, dem die entsprechenden persönlichen Kontakte zunächst fehlen, sollte sich verhalten und taktvoll nach dem „richtigen" Vermittler umsehen. Vor allem sollte der seriöse Geschäftsmann wissen, nach welchen Spielregeln dieses System arbeitet. Oft übernehmen hochstehende Repräsentanten des öffentlichen Lebens und der Regierungsverwaltung die Aufgabe eines solchen Vermittlers, arrangieren Treffen zum wechselseitigen „Beschnuppern" und „übersetzen" die Hinweise und Signale beider Seiten.

Indonesier haben bei offiziellen geschäftlichen Zusammenkünften stets einen Vermittler in ihrer Begleitung. Da die meisten wichtigen Sachverhalte und Entscheidungen ohnehin zuvor in sorgfältigen, informellen Verhandlungen ausgelotet und getroffen wurden, wirkt die Anwesenheit eines vertrauenswürdigen Vermittlers beim offiziellen Treffen entspannend.

Die Sekretärin

„Unterschätzen Sie nie die Macht einer guten Sekretärin", meinte ein Geschäftsmann. „Sie kann ihren Chef in den Ruin treiben oder ihm zum Erfolg verhelfen, je nachdem, wie sie mit Kunden oder Geschäftspartnern umgeht."
Eine Sekretärin „umfriedet" oft ihren Chef, indem sie lästige Anrufe und Besucher fernhält. Mitunter überdauert eine Sekretärin mehrere Chefs in der gleichen beruflichen Stellung. Sie speichert alle wichtigen Informationen, die Namen von Kontaktpersonen und kennt die Gepflogenheiten des Geschäfts. Ihr Verhältnis zum Chef ist vertraulich auf Grundlage von professioneller Fachkenntnis. Manchmal wird sie auch gebeten, über die „Buschtrommel" der Sekretärinnen Informationen einzuholen, die das Umfeld eines möglichen Geschäfts erkunden helfen.

„Gesicht wahren" und „durch die Blume sprechen"

Schlechte Nachrichten dringen nie nach oben oder außen. Wenn jeder Geschäftsbericht positiv eingefärbt ist, jede Nachricht rosig ist und überhaupt alle rundum zufrieden zu sein scheinen – wie um Himmels willen geht man dann mit den schlechten Nachrichten um? Oder ist Indonesien eine Insel der Seligen?
Selbstverständlich nicht. Aber für die (unvermeidliche) Übermittlung schlechter Nachrichten gilt erstens: Sie erfolgt nur diskret und privat; zweitens: Der Überbringer ist eine vertraute und geschätzte Person, häufig ein Verwandter oder Geschäftspartner. Und grundsätzlich gilt auch hier: Die Harmonie des Äußeren darf nicht von Bloßstellungen gestört werden. Dies ist natürlich bei allen Menschen weltweit gleich, aber gleicher in Asien und noch gleicher in Java.

Die „Gummi-Zeit"

In Indonesien ist „Zeit nicht Geld". Zeit ist keine vermarktbare Ware. Sie wird weder gekauft, noch gespart, noch verschwendet. Das Uhrenpendel bestimmt nie den Herzschlag. Ein Freund muß sich nie verabreden, und er wird auch nie unter Zeitdruck „abgefertigt".
Ein ausländischer Geschäftsmann, der brummt: „Ich bin hier, um Geschäfte abzuwickeln,und nicht, um Freundschaften zu schließen", wird bald feststellen, daß ihm nicht nur die Freunde, sondern auch die Geschäftserfolge fehlen.

Termineinhaltung – „locker vom Hocker"

Da jeglicher Plan, jedes Vorhaben und jede Terminfestlegung von unzähligen Unwägbarkeiten beeinträchtigt werden kann (besonders in Indonesien), ist jede Terminabsprache mehr Empfehlung als Versprechung. Wenn dabei auch noch der soziale Höhenunterschied als Variationsbreite der Termineinhaltung umgelegt wird – dann meinen Sie sich tatsächlich auf die lange (Warte-) Bank geschoben. Nur die enttäuschungsreiche Erfahrung wird Sie lehren können, mit Terminen und deren Einhaltung „richtig" umzugehen.

„Musyawarah untuk muafakat": Entscheidung durch Übereinstimmung

Vom Fischmarkt bis zur Vorstandsetage – überall in Indonesien wird gehandelt und verhandelt. Verhandeln vor dem Handeln, „Palavern" vor der Entscheidung sind die Merkmale eines Aktivitätsprinzips auf der Grundlage von Harmonie. Dies gilt für die familiären, freundschaftlichen und geschäftlichen Beziehungen, für alle sozialen Beziehungen. In verschachtelten geschäftlichen/sozialen/familiären/behördlichen Problemfällen ist immer die ranghöchste b a p a k -Persönlichkeit der ausrichtende Pol.
Die westliche Ellbogen-Mentalität widerstrebt den Indonesiern. Sie begreifen Verhandlungen nicht als offenen oder versteckten Verdrängungswettbewerb. Es geht ihnen vielmehr um die Balance der Gefühle und Sichtweisen, um die Wahrung des Gesichts und das Einpendeln der Statusverhältnisse. Es ist ihnen schier unvorstellbar, am Ende einer mit harten Bandagen geführten Auseinandersetzung aufzustehen und einander die Hände zu reichen. „Niemand mag lächeln und Hände schütteln, wenn er das Gefühl hat, soeben ausgepunktet worden zu sein", meinte ein indonesischer Jurist, der an vielen Verhandlungen teilgenommen hatte.

Erfolgreich verhandeln

Ein wesentlicher, unerläßlicher Teil von Verhandlungen sind die im Vorfeld stattfindenden Gespräche mit einer „Lobby". Dies ist auch im Westen üblich, gleicht in Indonesien jedoch nahezu einer Kunstform. Das formale Geschäftstreffen kann einem s a n d i w a r a ähneln – einem Rollenspiel, in dem jeder seinen vorbereiteten, ausgefeilten Text vorträgt. Wurde dieses Spiel zuvor erfolgreich geprobt, entstehen bei der „Premiere" keine Überraschungen, kein Ärger, nicht das Gefühl, verloren zu haben oder ausgenutzt worden zu sein. Da die Rollenfächer und Stichworte schon generalgeprobt wurden, ist die letztliche Aufführung nurmehr Harmonienspiel der Beteiligten. Und wenn es dennoch nicht gelingt, alle Tagesordungspunkte beim Treffen zu regeln, dann sollten Sie keinesfalls Ihren Unmut zeigen, sondern über erneute informelle Vorgespräche eine erfolgreichere Verabredung vorbereiten.

„Den Dienstweg einhalten"

Bei der Verwirklichung von getroffenen Entscheidungen ist das „korrekte" Vorgehen ausschlaggebend. Sie müssen die angemessene Form einhalten, die richtige Reihenfolge beachten und den „Marsch durch die Institutionen" in der richtigen Schrittfolge antreten.

Subalterne Beamte verlangsamen häufig die laufenden Vorgänge durch ihre wohlbekannte Abneigung, Verantwortung zu übernehmen, und ihre Neigung, sich an Formalitäten festzuklammern, selbst wenn bereits von oben verfügt wurde, die Angelegenheit rasch zu erledigen.
Die Erfahrungen eines seit langem im Lande lebenden Ausländers illustrieren diese Erkenntnis. Er hatte seinen Paß verloren. Nachdem er den Verlust dem Einwanderungsbüro mitgeteilt hatte, bot sich der höhere Beamte entgegenkommenderweise an, mit einem Schreiben den Papierkrieg zu beschleunigen. Als der Ausländer diesen Schriftsatz den mit dem Vorgang betrauten Sachbearbeitern und unteren Beamten vorlegte, bestätigten diese zwar kopfnickend, daß es sich um ein wertvolles und hilfreiches Papier handelte – doch es galt ihnen nicht als Teil der gehörigen Prozedur. Sowohl Ausländer als auch Indonesier führen dieses träge Verzögerungsmoment, das auf einer konservativen und zurückhaltenden Einstellung beruht, darauf zurück, daß alle ihre Arbeitsplätze erhalten wollen, indem sie auf ihrer „Funktion" beharren.

Arbeitsschutz und Entlassungen

In der nationalen Aufbruchsstimmung nach dem Zweiten Weltkrieg wollte Indonesien auch in internationalen Belangen aktiv werden und schloß sich unter anderem der ILO, der Internationalen Arbeitsorganisation, an. Daraus ergaben sich beispielsweise Gesetze zum Schutz von Frauen und Kindern im Arbeitsleben, die internationaler Übereinkunft entsprechen.
Es werden nicht alle Firmen auf die Einhaltung der gesetzlichen Vorschriften hin kontrolliert, meist sind es nur die größeren, vor allem aber die multinationalen Firmen. In den 50er Jahren wurden auch Kündigungsschutzgesetze verabschiedet. Die Entlassung eines Beschäftigten benötigt die Zustimmung des lokalen Arbeitsamtes. Auch ist gesetzlich vorgeschrieben, daß jede Firma, die unter das Arbeitsgesetz fällt, ein Beschäftigten-Handbuch führt, das vom Arbeitsamt geprüft wird.
Um die Kündigungsschutzgesetze zu unterlaufen, haben die Firmen flexible informelle Methoden entwickelt, um „Anreize zu geben, das Beschäftigungsverhältnis zu beenden". Zu diesen Mitteln zählt die „Leerlauf"-Beschäftigung: Ein Angestellter behält Rang und Bezüge, darf aber keine wichtigen oder nur noch in begrenztem Maße Tätigkeiten ausüben.
Mitunter ist es für den Arbeitgeber überaus schwierig, sich von einem ungeliebten Angestellten zu trennen, nicht allein aus Gründen der Arbeitsgesetzgebung, sondern auch, weil dieser womöglich mit einer einflußreichen Persönlichkeit verwandt oder eng befreundet ist.

Der Ausländer und der indonesische Nationalismus

Wir haben bereits erwähnt, daß Indonesien ein junger Nationalstaat ist. Er erhielt seine Unabhängigkeit nach harten antikolonialen Kämpfen, und etliche Angehörige der

„Generation von 1945", der Unabhängigkeitskämpfer also, leben noch heute und sind im Geschäftsbereich aktiv.
Selbstverständlich sollten Sie diesen tief empfundenen Nationalismus angesichts der Tatsache respektieren, daß das Land über dreihundert Jahre lang von Ausländern ausgebeutet wurde. Dem nationalen Empfinden der Indonesier kommt der Ausländer unter anderem dadurch entgegen, daß er sich bemüht, die Sprache zu lernen, und nationale Sinnbilder wie Flagge und Landeswährung respektiert.

Unterschiedlicher Geschäfts-Geist
Kleine Soziologie des indonesischen Geschäftslebens

„Suku-isma": Stammes-/Vetternwirtschaft

Einige ethnische Gruppen, insbesondere die Batak und Minahasa, favorisieren bei Einstellungen und Stellenbesetzungen Angehörige des eigenen Stammes.

Die Elite

Diese relativ kleine, gebildete Gruppe lebt in den Städten, ist sprachgebildet, pflegt internationale Kontakte und kennt sowohl die materiellen wie auch die geistigen Aspekte der westlichen Zivilisation. Meistens sind es ältere Männer, von denen viele in den holländischen Eliteschulen ausgebildet wurden. Sie gelten als bikulturell und weltoffen und haben sich mit unterschiedlichen Philosophien und Weltanschauungen auseinandergesetzt. Von ihrer antikolonialen Lebensgeschichte her neigen sie häufig zu einem extrem nationalistischen Standpunkt, sind jedoch kulturellen Unterschieden gegenüber liberal eingestellt. All dies wirkt sich im Geschäftsleben aus: auf die Einstellung zu Verträgen, zum wirtschaftlichen Wert der Zeit und auf die Funktion des Geldes im öffentlichen und privaten Leben. Sie verstehen es, ihre eigenen Wertvorstellungen vom internationalen Geschäft zu trennen.

Die „opportunistische" und die konservative Gruppe

Die „opportunistische" Gruppe von Geschäftsleuten ist der oben genannten Elite zahlenmäßig weit überlegen. Auch sie leben überwiegend in den Städten und verfügen über eine formale Bildung, die allerdings dem internationalen Standard weniger gerecht wird. Immerhin wurden einige im Ausland ausgebildet und machten dort auch ihr Diplom, andere haben eine Auslandsausbildung ohne Abschluß hinter sich. Sie sind mit der indonesischen Kultur eher lose verbunden, doch ist ihre oberflächliche Weltanschauung nicht selten weitaus rigider und konservativer als jene der Elitegruppe.
Die Angehörigen der „opportunistischen" Gruppe streben nach dem materiellen Kom-

fort des Westens, häufig jedoch ohne den arbeitsethischen und wirtschaftsstrukturellen Unterbau dieses materiellen Standards zu sehen. Ein indonesischer Geschäftsmann charakterisierte bei einem internationalen Treffen von Geschäftsleuten die typische Einstellung des priyayi (des Beamten, der zur „opportunistischen" Gruppe zählt) folgendermaßen: „Er ist weniger an der Frage interessiert, ob das Endergebnis der Arbeit in einem angemessenen Verhältnis zum Arbeitsaufwand steht. Auch kümmern ihn die Fertigkeiten, die er durch Fortbildung erlangt hat, weniger als das erhaltene Zertifikat oder Zeugnis zum Zweck der Statusförderung."
Innerhalb dieser Gruppe gilt eine vertragliche Vereinbarung nicht als vertrauensbildende Maßnahme, die beide Seiten auf ein Vertragsethos verpflichtet, sondern als ein pragmatisches Mittel zum Zweck. Dem entspricht eine nachsichtige Einstellung gegenüber ungedeckten Schecks oder anderen Tricks aus der „Zauberkiste des schnellen Geldes".
Die dritte und größte Gruppe umfaßt die restliche wirtschaftlich tätige Bevölkerung. Sie respektiert den westlichen Lebens- und Geschäftsstil, ohne damit jedoch weitergehend vertraut zu sein. Ihre Angehörigen sind der eigenen ursprünglichen Kultur verpflichtet und auch im geschäftlichen Bereich von diesen kulturellen Werten geprägt.

Ost-West-Kontrast

Zwischen dem westlichen industrie-zivilisatorischen Kapitalismus und dem immer noch von dörflich-sozialen Strukturen beeinflußten Geschäftsleben in Indonesien bestehen verständlicherweise bedeutsame Unterschiede.
Der westliche Kapitalismus gründet sich auf den wettstreitenden Individualismus („celeriter – fortiter – altiter"), eine liberale Wirtschaftsverfassung, materialistische Leistungs- und Zielorientierung und naturwissenschaftlich-technologisch abgeleitete Verfahrensweisen; das erkenntnisleitende Interesse ist die Gewinnmaximierung.
Davon unterscheidet sich die sozialökonomische suku-Ethik Indonesiens ganz deutlich. Ihre idealen Wertsetzungen lauten: Gemeinschafts- und Familiensinn bei Arbeit und Besitz; traditionsorientierte dörfliche Demokratie; „Sozialisierung" durch Leistung erzielter Erfolge, d.h. Erfolg verpflichtet zum Teilen und zur Fürsorge.

Der indonesische Geschäftsgeist in sozialwissenschaftlicher Sicht

Indonesische Sozialwissenschaftler, Psychologen und Völkerkundler versuchen seit geraumer Zeit eine Skizze des „Nationalcharakters" zu entwerfen. Wir wollen einige dieser interessanten Mutmaßungen vorstellen, insbesondere jene, die sich auf den Vergleich mit der westlichen Arbeits- und Geschäftsethik einlassen.

Theorie I: Die Arbeitsethik der Indonesier (aus indonesischer Sicht)

1. *Die Indonesier vernachlässigen Arbeits- und Produktqualität.*
2. *Sie sind nicht bereit, ihren beruflichen Werdegang von unten zu beginnen, von „der*

Pieke auf" zu lernen. Man liebt den schnellen und sichtbaren Erfolg und Statusgewinn.

3. *Die Autorität von Vorgesetzten beruht nicht auf* a u c t o r i t a s *(Wertschätzung aufgrund von Können), sondern auf formeller Ranghöhe.*
4. *Die Indonesier folgen einem weitherzigen Disziplinverständnis. Stichworte: Unpünktlichkeit, ausgedehnte Mittagspausen, lockere Vorstellung von Terminverbindlichkeiten etc.*
5. *Es widerstrebt ihnen, Verantwortung zu übernehmen; die Verantwortung wird wie eine heiße Kartoffel weitergereicht. („Ich habe nur Befehle ausgeführt!")*
6. *Sie springen gern auf den „fahrenden Zug", d.h. geben die erprobte Initiative anderer als die eigene aus.*

Ein Kulturanthropologe faßte die Eigenarten des indonesischen Geschäftsgebarens und Arbeitsmilieus in einigen Punkten zusammen:

Theorie II:
Wesentliche Merkmale der besonderen Arbeitsorganisation Indonesiens

- *Bei der Stellenbesetzung sollten sowohl familiäre wie Stammeszugehörigkeit berücksichtigt werden. Die (negative wie positive) Bedeutung des* s u k u - i s m a *ist nicht zu unterschätzen. (Dabei sind die indonesischen Chinesen und die Eurasier besonders zu berücksichtigen.)*
- *Leistungsgerechte Entlohnung von Angestellten läßt sich kaum durchsetzen. Die Beziehung zwischen Arbeitgeber und Arbeitnehmer ist moralisch, nicht von der Leistung bestimmt. Der Angestellte erwartet, daß man ihn für seine Loyalität und langjährige Betriebszugehörigkeit belohnt, nicht unbedingt für seinen Arbeitseinsatz.*
- *Eine unverblümte Bewertung der Arbeitsleistung ist zumindest sehr heikel.*
- *Die Entlassung von Angestellten ist kaum möglich, sie wäre ein „Kulturschock". Schlechte Leistung ist kein Grund zum „Feuern", sondern zur Übertragung einer anderen Aufgabe.*
- *Direkte Meinungskonfrontationen sind zu vermeiden. Moderne betriebliche Motivierungsprozesse wie „Gruppendiskussionen", „Feedback" oder „Sensitivitätstraining" werden von den Angehörigen des mittleren und unteren Managements nur baß erstaunt und verlegen zur Kenntnis genommen. (Anders verhalten sich die im Ausland ausgebildeten höheren Manager.)*
- *Vermittler spielen im Geschäftsleben bei der Entscheidungsvorbereitung eine wichtige Rolle (siehe oben).*
- G o t o n g   r o y o n g *(Gemeinschaftsarbeit) kann leistungsmotivierend und integrierend im Sinne eines betrieblichen Gemeinschaftsgefühls wirken.*
- *Partizipative Führungsorganisation (gar nach dem Modell „primus inter pares")*

Kleines Wörterbuch der Wirtschaft

Korupsi: Korruption im zeitgenössischen, unverblümt gemeinten Sinne.

Sogok: „Das Geld unter dem Tisch". Dieses alte javanische Wort fand Eingang in die Bahasa Indonesia und bezeichnet eine etwas ehrenwertere Form der Korruption, etwa das Bemühen um einen Platz in einer guten Schule oder ähnliche Vergünstigungen. Sogok ist seit alter Zeit Teil des normalen Geschäftsgebarens und häufig auch nur ein bescheidenes Geschenk als Dank für eine kleine Gefälligkeit.

Pungli: Dieses Kunstwort ist die Abkürzung für pungutan liar. Es kennzeichnet insbesondere die Bestechlichkeit von Beamten („unautorisierter Geldempfang") und ist der zentrale Begriff bei den offiziellen Anti-Korruptions-Kampagnen.

„Indonesisierung": Dieses (im Deutschen) zungenbrecherische Wort bedeutet schlicht das Bemühen der Regierung, alle ausländischen durch kompetente indonesische Fachkräfte zu ersetzen.

PT, CV, Yayasan: Die verbreitetsten Firmengesellschaftsformen sind die PT (GmbH) oder die CV (KG). Daneben werden Sie zahlreiche Regierungskooperativen und gemeinnützige Institutionen (Yayasan) vorfinden. Viele der Mittelsmänner/Agenten, die (wie oben beschrieben) beim Einfädeln von Geschäften nützlich sind, erfüllen auch bei der Konstruktion von Gesellschaften und der Vermittlung geeigneter Partner eine wichtige Rolle; ihre Dienste werden häufig in Gesellschaftsanteilen vergolten.

„Dankeschön" im Geschäftsleben:
Sie sollten sich stets daran erinnern, daß ein Lächeln und/oder Nicken meist ein „Dankeschön" ersetzt. Besonders im geschäftlichen Bereich ist überschwenglicher Dank unangemessen; man würde ihn zurückweisen, um nicht den Eindruck von Selbstgefälligkeit und Eitelkeit entstehen zu lassen.

ist in Indonesien fehl am Platz. Der Untergebene erwartet vom Vorgesetzten autoritäre Distanz.

- *Die klare Statushierarchie ist das Rückgrat der wohlvertrauten Sozialordnung.*

Indonesier wollen nicht, daß der Chef „einer von uns" ist.

- *Es ist äußerst wichtig, in allen Lagen die Höflichkeitsregeln strikt einzuhalten und Gefühle unbedingt zu verbergen. Auch bei nicht-formellen Zusammenkünften ist distanziertes Betragen beizubehalten.*
- *Pünktlichkeit und technische Präzision sind nicht als gegeben vorauszusetzen, können aber durch verständnisvolle Anleitung erreicht werden.*

10
Kulturschock

Reisekrankheiten

Es sind im wesentlichen drei Krankheiten, die den Reisenden befallen können. Zwei von ihnen, „Jet-lag" (Zeitumstellungsprobleme bei Fernflügen) und Magenbeschwerden, sind so verbreitet, daß sie kaum der Erwähnung wert sind. Die geröteten Augen, schwarzen Augenringe und der „Hoppla-hopp"-Schlafrhythmus sind bekannte Symptome und entschuldigen die Stimmungen des Patienten: Trübsinn, schlechte Laune, Reizbarkeit und Erschöpfung. Von Magenbeschwerden geplagte Reisende sprechen wie selbstverständlich mit Fremden und Mitreisenden über ihre Darmprobleme und drohende Durchfall-Attacken. Und meistens können sie auf das mitleidende Verständnis des Zuhörers rechnen. Anders jedoch steht es mit dem Kulturschock:
Der Kulturschock berührt die Gefühlswelt, und seine Merkmale sind Verwirrung, Angst, Wut, Weinerlichkeit, aggressive „Frustrationskompensation" und/oder auch das Gegenteil – wehleidiges Verkriechen ins Schneckenhaus. All dies sind Gefühlsaufwallungen, die die Umwelt belasten.

Mutmaßungen über den Kulturschock

Die Krankheits- und Genesungsgeschichte beim Kulturschock läßt sich in vier Phasen einteilen:

1. Die euphorische Kontaktphase, in der wie während der Flitterwochen alles durch die rosarote Brille wahrgenommen wird.

2. Die Ernüchterungsphase, wenn die Fänge und Zwänge des Alltags nach einem greifen. Die Ernüchterung kann in Aggressivität umschlagen, wenn Hilflosigkeit und Unverständnis zusammentreffen.
3. In der dritten Phase schließt der Fremde Kompromisse mit der Realität, zähneknirschend – oder eine neue Welt entdeckend.
4. Schließlich setzt die eigentlich wichtige Phase ein: Überlebt der Fremde lediglich, um so bald wie möglich abzureisen, oder beginnt er neugierig offen und freundlich, diese neue Welt zu entdecken?

Wir neigen natürlich dazu, unsere „Betriebsblindheit", unsere Verfangenheit in der eigenen Kultur, zu unterschätzen. Wir sind verschanzt in der Sicherheit, in der „festen Burg" unserer kulturellen Identität, und nehmen das Fremde, Exotische im freundlichen Sinne als „bemerkenswert, interessant oder bezaubernd" wahr; oder als „anders", was häufig auch „falsch" meint. Das Lächeln verkrampft sich allmählich, wenn sich im Alltag die Begriffe „bemerkenswert" zu „bedrängend", „interessant" zu „lästig" und „anders" zu „anstrengend" verwandeln.

Fühlt der Fremde sich in einer verwirrenden Situation gefangen, ohne genau zu begreifen, was ihm widerfährt, erweist das Handwerkszeug der Alltagsbewältigung sich als untauglich – dann schlägt der Kulturschock zu.

Der Kulturschock ähnelt jenen Empfindungen, die zur Gänsehaut führen, man fühlt sich gepackt, wehrlos und schüttelt sich in Abwehr. Alle Verhaltensweisen, die während des kulturellen Lernens in der Heimat erworben wurden, greifen nicht mehr.

Denkweisen überdenken

Die westliche Denkweise gilt als logisch, linear, zielorientiert, „geradeaus" nach dem Motto: „Die Gerade ist die kürzeste Verbindung zwischen zwei Punkten." Dieses Denken ist zudem geprägt von weiteren „-Ismen": Materialismus, Funktionalismus, Strukturalismus etc.

Die Indonesier hingegen sehen Probleme als „leibhaftig und lebendig" und nähern sich ihnen eher von einer gefühlsmäßig-intuitiven Seite. Das zu lösende Problem verändert sich ständig – und somit auch der Wahrnehmungswinkel. Das erkenntnisleitende Interesse dieser Denklogik richtet sich nach folgenden Fragen: Wie wird die Harmonie des Äußeren gewahrt? Was dient der Übereinstimmung der Gruppe, was läuft ihr zuwider? Die westliche Logik gilt oft als gewaltsam, korsetthaft, die sanften Regeln der sozialen Übereinkunft mißachtend.

Der Zeitplan des Kulturschocks

Der Kulturschock scheint nahezu immer nach einem Zeitplan von sechs Monaten zu verlaufen, währenddessen der Spannbogen der Empfindungen in einer Achterbahnfahrt von schwindelnder Höhe in gähnende Tiefe und wieder nach oben führt.

Vorfreude

- Verhalten: Planen, packen, Abschied feiern.
- Einstellungen: Vorerwartung auf das Neue, Abwenden von bislang Vertrautem.
- Empfindungen: Begeisterung und aufgeregte Vorfreude, gelegentlich auch die Kehrseite: Zukunftsängste, Gefühl der Entwurzelung, Heimatlosigkeit o.ä.
- Reaktionen des Körpers: Streß, Erschöpfung, herrührend sowohl aus der Hektik der technischen Vorbereitungen als auch aus der „manisch-depressiven" Widersprüchlichkeit der Empfindungen (Vorfreude – Zukunftsängste).

Erster Monat: „Honeymoon"

- Verhalten: Sie erleben eine Fülle an Neuem, Unbekanntem, Aufregendem. Die Sinne sind hellwach und aufnahmebereit.
- Einstellungen: Sie sind positiv voreingenommen. Alle Probleme schmelzen dahin in der Sonne der Freundlichkeit, die Ihnen entgegenstrahlt.
- Empfindungen: Sie wittern eine neue Aufgabe („challenge and response"). Sie haben einen Überseekoffer voller Ziele, Hoffnungen und Erwartungen mitgebracht. Sie sind Tourist und Kundschafter.
- Reaktionen des Körpers: Beim Höhenflug des Geistes bleibt der Körper allerdings bleiern am Boden. Die Hitze raubt Ihnen die Energie zur Ausführung von Großtaten, das scharfe Essen verursacht Magenverstimmungen, und zu guter Letzt ereilt Sie auch noch „Montezumas Rache" (Durchfall).

Zweiter Monat: Der veruntreute Himmel

- Verhalten: Sie kommen in Ihren Sprachstudien nur mühsam voran, die Luftfeuchtigkeit drückt schwer auf das Gehirn. Die Last der alltäglichen Probleme zeigt sich zum erstenmal: Die Telefonleitung ist unterbrochen, das Auto hat seine erste Beule, eine Schlange im Garten läßt Ihnen die Haare zu Berge stehen, Küchenschaben krabbeln die Wände hoch, und der betörende Orchideenduft, der alles einzuhüllen schien, steigt mit einemmal als widerlicher Gestank in die Nase.
- Einstellungen: Skepsis vergiftet Ihre reinen Gefühle. Wird das verschiffte Gepäck noch vor der nächsten Eiszeit eintreffen? Wie kann man nur ohne warmes Wasser baden und duschen? Wer hat beim Renovieren sogar die toten Fliegen am Fensterrahmen überstrichen?
- Empfindungen: Sie werden nervös, unsicher und ruhelos. Was haben Sie hier überhaupt verloren? Sie fliehen in die Geborgenheit des Vertrauten, verkehren nur noch in der Ausländergemeinde und sehnen sich nach gewohntem Essen („Ein Königreich für einen Zwiebelrostbraten mit Spätzle!"). Oder Sie ziehen sich völlig zurück, denn bei diesen Verkehrsverhältnissen würde jeder Schritt außer Haus akute Lebensgefahr bedeuten!

- Reaktionen des Körpers: Erkältungen, Kopfschmerzen, Tropenmattigkeit, unspezifische Krankheitsgefühle zu bestimmten Tageszeiten. Dazu tritt die zwanghafte Neigung, allen von Ihrem Durchfall zu erzählen, so als wären Sie von einer äußerst seltenen, todbringenden tropischen Krankheit befallen.

Dritter Monat: Die Hölle auf Erden

- Verhalten: Sie brechen den Sprachkurs ab, verschanzen sich in den eigenen vier Wänden oder im Botschaftsklub, werden gar zum stillen Trinker, weil Sie nur am Whiskyglas festen Halt zu finden glauben.
- Einstellungen: Sie sind mutlos, reizbar und hyperkritisch. Sie entwickeln zum eigenen Erschrecken rassistische Gefühle. Sie übernehmen die dümmlichen Stereotypen und Vorurteile der blasierten und isolierten Ausländergemeinde. In Ihren Gesichtszügen zeigt sich jener starre Tropenkoller-Blick, der die allgegenwärtige Angst ausdrückt, bestohlen, betrogen, vergiftet oder tätlich angegriffen zu werden.
- Empfindungen: Sie fühlen sich „ausgepowert", ausgebrannt. Die Freunde enttäuschen, weil sie Ihrem Klagelied nicht mehr zuhören. Sie mißtrauen den Hausangestellten, fühlen sich verfolgt in den eigenen vier Wänden. Sie leiden unter einem Hygienefimmel: „Ob man wohl die Luft abkochen kann?"
- Reaktionen des Körpers: Allgemeines Krankheitsgefühl, vollkommene Ermattung, Sehnsucht nach Heimaturlaub oder endgültiger Rückkehr.

Vierter Monat: Erste Wehen der Wiedergeburt

Die „Seelen-Akkus" laden sich wieder auf. Kleine Energiefunken führen zum wiedererwachten Interesse an der Umwelt („Rate mal, was ich gestern auf dem Markt entdeckt habe!"). Soziale Kontakte bilden sich neu oder beleben sich wieder.

Fünfter Monat: Phönix aus der Asche

- Verhalten: Sie nehmen Ihre Sprachstudien wieder auf. Arbeit und Alltag gehen leichter von der Hand. Gekonnte Routine setzt ein, die Ziele sind abgeklärt, und Sie schmieden auch privat Pläne. Am nächsten Wochenende wollen Sie einen Ausflug zum Toba-See unternehmen.
- Einstellungen: Ihre Sichtweise ist konstruktiv und positiv, Ihr Verhalten im asiatischen Sinne kompromißbereit.
- Empfindungen: Sie spüren wieder Boden unter den Füßen, ein Alp ist von Ihrer Seele genommen.
- Reaktionen des Körpers: Normal.

Sechster Monat bis zum Ende des Aufenthalts: Daheim in der Fremde

- Verhalten: Das Leben läuft „wie geschmiert", und Sie erfreuen sich mit angenehmen Unterbrechungen des Alltags. („Nächsten Monat findet in Bali ein großes traditionelles Fest statt – da fahren wir hin!")
- Einstellungen: Stabil.
- Empfindungen: Sie nehmen die Sorgen und Nöte des Alltags gelassen hin nach dem Motto: „Na, heute geht aber mal wieder alles schief!" Ihre Uhr ist stehengeblieben und deshalb ein Termin geplatzt. Der Monsunregen drückt bereits vom Toilettenabfluß hoch . . . Oder drücken wir diese Gelassenheit positiv aus. „Es ist mir gleichgültig, ob die Wäscherin die Handtücher wie Origami-Figuren faltet, Hauptsache, die Tücher sind sauber."
- Reaktionen des Körpers: „Mens sana in corpore sano."

Abschiedsschmerz und Vorfreude

Wenn Sie Ihre Zelte abbrechen, sich im Geiste schon auf die neue (alte) Lebenssituation vorbereiten und natürlich auch auf daheim freuen – dann werden Sie wohl auch gelegentlich innehalten und sich vielleicht schmerzhaft bewußt werden, was Sie zurücklassen: das Land, in dem Sie eine wesentliche und aufregende Selbsterfahrung gemacht haben, nämlich die Überwindung des Kulturschocks.

Freunde gewinnen

In der Heimat sind Freunde ein gewachsener Teil der natürlichen sozialen Bindungen. In der Fremde, besonders unter den Bedingungen des Kulturschocks, sind sie möglicherweise ein Rettungsring, der Ihnen aber erst einmal zugeworfen werden muß. Sie müssen Freunde, ausländische wie indonesische, also erst einmal gewinnen.

Eingewöhnung mit Familie

Als Einzelgänger können Sie den Kulturschock als Psychotest, Grenzwerterfahrung, eben als persönliche Herausforderung begreifen. Wenn Sie mit Familie nach Indonesien reisen, wird das Problem sehr viel komplexer.

Kleine Kinder

Natürlich suchen Kinder bei ihren Eltern Unterstützung und Antworten. War Ihr Kind während der Umzugsvorbereitungen noch zu klein, um die Veränderung bewußt zu erleben, dann stellen Sie sich jetzt darauf ein, ihm zu erklären, weshalb Sie hier sind.

Dies ist besonders wichtig, wenn das Kind den Umzug als Verlust an Geborgenheit erfährt. Bereiten Sie sich darauf vor, Fragen über das fremde Land beantworten zu müssen. Ihre Fähigkeit, seine Neugierde zu stillen und auf seine Fragen einzugehen, wird das Kind beruhigen und positive Erwartungen wecken.
Die Kinder müssen sich in einer neuen Schule zurechtfinden und mit Klassenkameraden auskommen, die anders aussehen und sprechen. Neuankömmlinge haben es immer schwer, sich in bestehende Cliquen und die „Hackordnung" einzugliedern. Um einen Freund zu besuchen, müssen häufig aufwendige Transportvorbereitungen getroffen werden, wobei Mütter oder Hausangestellte als Chauffeur dienen. Für Kinder, die in kleinen Städten oder überschaubaren Stadtteilen aufgewachsen sind, kann dies eine große Umstellung bedeuten.
Das Verhältnis der Hausangestellten zu den Kindern ist meistens voller Zuneigung und Vertrauen. Sie sollten allerdings wissen, daß indonesische Erziehungsmethoden sich sehr von westlichen unterscheiden. Indonesische Kinder können fast nichts „falsch" machen. Sie werden beschützt und ihr Verhalten wird entschuldigt, erklärt und hingenommen. Wird der Bogen überspannt, versucht man versöhnlich entgegenzuwirken, etwa mit Leckereien, Ablenkung oder anderen kleinen Aufmerksamkeiten. Die härteste pädagogische Maßnahme ist es, mit Geister zu drohen.
Kinder durchleben in Indonesien bewußtseinsverwirrende Erfahrungen. Situationen und Verhaltensweisen, die daheim als ungefährlich galten und akzeptiert wurden, lösen mit einem Male schrille Alarmglocken und strikte Verbote aus. Leitungswasser zu trinken und Obst zu essen ist plötzlich begleitet von Warnungen vor Bazillen, Würmern und anderen Krankheitserregern.
Das kleine Kind, das gerade zu sprechen beginnt, bemerkt, daß die anderen Bewohner des Hauses es nicht verstehen. Schlimmer ist jedoch, daß sogar die eigenen Eltern die fremde Sprache sprechen. Ein kleines Mädchen aus unserem Bekanntenkreis wünschte sich sehnlich ein Tomaten- und ein Marmeladenbrot. Die Köchin brachte ihm ein Marmeladenbrot mit Tomatenbelag – Kulturschock auf beiden Seiten, häufig mit der Folge, daß sich das Kind verstockt und trotzig eine Weile einkapselt.
In Indonesien lebende ausländische Kinder lernen sehr schnell, daß ein Hausangestellter fast nie „nein" sagt. Als eine europäische Mutter ihren kleinen Sprößling mit einem scharfen Küchenbeil spielen sah und entsetzt das Hausmädchen fragte, warum es dem Kind ein derart gefährliches Spielzeug gegeben habe, lautete die schlichte und logische Antwort: „Dia mahu!" („Er wollte es haben!")
Für viele kleine Kinder sieht das indonesische Essen ungewohnt und sonderbar aus, es schmeckt und riecht nicht „richtig". Möglicherweise fühlen sie sich gezwungen, diese seltsamen Speisen zu essen, um damit ihre indonesischen Freunde zu beeindrucken. Fern sind die Delikatessen des europäischen Kinder-Schlaraffenlandes: „Schnipo" (Schnitzel mit Pommes frites und Ketchup) und Hamburger.

Kinder im Grundschulalter

Wenn Sie in eine abgelegene Gegend ziehen, kümmern Sie sich rechtzeitig um die

Ausbildungsmöglichkeiten. Es gibt internationale Schulen, die über das ganze Land verteilt sind. In Jakarta finden Sie die meisten und größten. Es handelt sich bei diesen aber nicht um Internatsschulen, die Ihnen die gesamte formale Ausbildungsfürsorge abnehmen.

Teenager

Sowohl wissenschaftlicher Sach- wie „gesunder Menschen"-Verstand wissen, daß es problematisch ist, Teenager während der Schulzeit aus ihrer vertrauten Umgebung herauszureißen. Für halbwegs selbständige junge Menschen wäre es sicher eine sehr verlockende Vorstellung, während der Schulzeit unabhängig (ohne elterliche Aufsicht) zu sein und die Ferien bei den Eltern im „exotischen" Indonesien zu verleben.
Wollen Sie Ihre Teenager-Familienangehörigen mit nach Indonesien nehmen, sollten Sie sich zuvor einige spezifische Probleme vor Augen halten.
Zur (möglichen) pubertären Unsicherheit tritt verstärkend die Außenseiter- bzw. Ausländerrolle. In seiner positiven Auslegung heißt dies, daß der junge Ausländer als Repräsentant seines Landes, der Firma seines Vaters und seiner Familie gilt und so in die Pflicht genommen wird – eine Zumutung für einen jungen rebellischen Geist im Generationenkonflikt, der sich „abnabeln" will, um endlich selbständig zu werden. Ein westlicher Jugendlicher wird in Indonesien kaum Möglichkeiten für einen Ferienjob finden, wodurch ihm neben der Aufstockung des Taschengeldes vielleicht auch eine wichtige soziale Erfahrung entgeht. Der Besitz eines Autos als vermeintliches Sinnbild von Freiheit und Unabhängigkeit liegt in Indonesien aus Kosten- (und Gefahren-) Gründen für Jugendliche in unerreichbarer Ferne, während dies im Westen schon zwanghafter Fetisch des „Erwachsenseins" ist, ein Problem, das Sie nicht unterschätzen sollten.

Ehemann und Vater

Es gibt verschiedene Gründe, eine Arbeit in Übersee anzunehmen: Karriereförderung, Berufserfahrung unter extremen Bedingungen, Abenteuerlust oder schlicht Mangel an Stellenangeboten in der Heimat.
Die Arbeits- und Lebensbedingungen in Indonesien fördern häufig nicht das Ansehen und die Stellung des Mannes in der Familie. Die belastende Arbeit unter tropischen und unbekannten Bedingungen hinterläßt oft nur noch Erholungsbedürfnis und die Unfähigkeit, auf die Anpassungsprobleme der Familie im fremden Land verständnisvoll einzugehen. Leicht geschieht es dann, daß der Vater, der um seiner Karriere willen die Familie hierher „verschleppt" hat, als Buhmann für alle möglichen Probleme herhalten muß. Andererseits bietet die spannende Erfahrung des Lebens in „exotischer Fremde" einer Familie auch die Chance, einander näherzukommen, aus gemeinsamer Erfahrung auch gemeinsame Kraft zu schöpfen.

Ehefrau und Mutter

In 99 Prozent der Fälle wird der Mann das Haushaltseinkommen verdienen. Dies bedeutet, daß die Ehefrau und Mutter auf sehr konservative Aufgaben zurückverwiesen ist: „Guter Geist" der Familie, ausgleichendes, vermittelndes Zentrum, Haushaltsorganisatorin, Chauffeuse, Innenausstatterin, Sekretärin, Krankenschwester etc.
Wir wollen hier keine „Anleitung für die tugendhafte und tüchtige Hausfrau" im Stile des 19. Jahrhunderts abfassen, aber immerhin einige Hinweise anbieten, die wir Ihrer kritischen Überprüfung überlassen.
Eine deutsche Freundin führte ihre Probleme einmal zur tragik-komischen Erkenntnis: „Mein Mann ist im Geschäft, die Kinder sind in der Schule - aber ich bin in Indonesien." Tatsächlich ist die Ehefrau und Mutter diejenige, die den vielfältigsten Kontakt zum fremden Land hat. Sie erleidet ihren „Kulturschock", wenn sie hektisch nach Möbeln und Vorhängen sucht und der Ladenbesitzer, der ihre Terminnot verspürt, ihr warmherzig die Lieferung binnen Stunden verspricht – um sie dann zwei Wochen warten zu lassen. Sie muß die Landessprache am besten beherrschen, um alle Haushaltsangelegenheiten mit Lieferanten, Handwerkern und Hausangestellten zu regeln.
Eine Ehefrau findet in Indonesien nur sehr begrenzte Arbeitsmöglichkeiten. Wollen Sie Ihre berufliche Karriere ausbauen und einem aktiven Berufsleben nicht den Rücken kehren, so sollten Sie sich die Folgen eines längeren Aufenthalts in Indonesien deutlich vor Augen führen. Neben der Hausfrauentätigkeit bleibt Ihnen im wesentlichen, sozialen und kulturellen Freizeitbeschäftigungen nachzugehen, worin viele Frauen auch tatsächlich eine quasi-professionelle Betriebsamkeit entfalten.

Hausangestellte

In der Beschäftigung von Hausangestellten sehen viele Ausländer ein großes Problem. Die Personalkosten sind gering, die Arbeitserleichterungen beachtlich - wäre da nur nicht die psychische Hemmschwelle, andere die „niedrigen" Arbeiten verrichten zu lassen. Seltsamerweise hält diese erste Phase des Dienstboten-Kulturschocks nie lange an. Aus der besorgten Frage: „Wie können diese Leute nur von dem wenigen leben, was wir ihnen bezahlen?" wird bald der (unter Ausländern verbreitete) Argwohn: „Wird das Haushaltsgeld richtig abgerechnet? Warum um Himmels willen verbrauchen wir soviel Waschmittel?" o.ä.

Wertschätzung des „Dienens" in Indonesien

Sie werden insbesondere in Java auf eine soziale Dienstleistungskultur stoßen, bei der sich die komplementären Seiten Diener/Bediente sehr wohl miteinander eingerichtet zu haben scheinen. Wir wollen gar nicht so weit gehen, die „soziale Akzeptanz" des Dienens auf die überkommene „feudale" Struktur der indischen Königreiche zurückzuführen, wie dies manche Völkerkundler und Soziologen tun; es ist nun einfach eine

Tatsache, daß sich in Zentral-Java ganze Dörfer als Hausangestellte verdingen. Die Familien der Hausangestellten waren traditionell über Generationen hinweg mit den Familien der jeweils „Bedienten" verbunden. Der sehr niedrige Lohn wurde so in gewisser Weise durch eine lebenslange Versorgungsgarantie verbessert. Da der Ausländer meistens nur kürzere Zeit in Indonesien verweilt, ist er bereit, höhere Löhne zu zahlen und während der Beschäftigung auch noch für Kost, Logis und medizinische Versorgung aufzukommen.
Auf anderen Inseln als Java und bei anderen Volksstämmen ist der Dienstbotenkontrakt manchmal auch Teil der Familienstruktur: Reiche Verwandte beschäftigen ärmere und bieten als Entgelt Essen, Wohnung, Schulausbildung der Kinder und Gesundheitsfürsorge.

Einstellung von Angestellten

Obwohl Indonesien mitunter als industrielles Schwellenland bezeichnet wird, weist es doch noch wesentliche Merkmale eines sogenannten Entwicklungslandes auf, zum Beispiel Slum- und Squattergebiete und eine teilweise verelendete ländliche Bevölkerung. Daraus ergibt sich ein reichhaltiges Arbeitskräfteangebot für den einfachen Dienstleistungsbereich, zu dem auch Haushaltstätigkeiten zählen. Sie werden kaum in Indonesien eingetroffen sein und sich schon einer Warteschlange von Jobanwärtern gegenübersehen. Verlassen Sie sich bei Ihrer Entscheidung auch auf die Erfahrungen (und möglicherweise auch personellen Empfehlungen) anderer Ausländer.
Es gibt informelle Gruppen von Hausangestellten (vielleicht aus der gleichen Region), die sich wiederum bestimmten Gruppen von Ausländern „andienen" – Angehörigen einer bestimmten Botschaft, eines Konzerns, Ölexperten usw.
Zu den minimalen Arbeitsbedingungen für Hausangestellte zählen: Ein freier Tag (24 Stunden) pro Woche, der auch gesammelt vierzehntäglich oder monatlich genommen werden kann; zwei komplette Sätze Arbeitskleidung pro Jahr; Gesundheitsversorgung (einschließlich zahn- und augenärztliche Behandlung und Krankenhausaufenthalt); sieben bis zehn Tage Urlaub am Lebaran (oder einem anderen Feiertag); ein Monatslohn Sondervergütung am Lebaran.

Lohn

In der traditionellen indonesischen Gesellschaft war Arbeitslohn kein „Privat"-Einkommen. Zwar hatte jeder Verdienende Anspruch auf Kostenersatz für Reis und Mahlzeiten und Verkehrsmittel, aber darüber hinaus war sein Einkommen Familieneigentum (gaji). Heute hat sich diese Eigenart insofern geändert, als alle jungen Verdienenden ihr Geld bis zur Hochzeit der Familie zur Verfügung stellen, danach aber pro forma finanziell unabhängig sind – mit der kleinen Einschränkung, daß sie von anderen Familienmitgliedern „angepumpt" werden, ohne ablehnen zu können. Die soziale familiäre Verteilung des persönlichen Einkommens dient wichtigen Aufgaben: Schulgebühren, Gesundheitskosten, Hochzeits- oder Bestattungsfeiern (und den sonstigen Festen und Feiern im Lebensablauf) und natürlich den Grundkosten für das Leben.

Eine etwas ungewöhnliche Art, „Sonderfinanzierungsquellen" für die Familie anzuzapfen, ist das „Anpumpen" von Arbeitgebern. Es kann Ihnen widerfahren, daß eine Hausangestellte soeben erst ihre Stelle angetreten hat und sich schon Geld leihen will. Geraten Sie nicht in Panik. Lernen Sie vielmehr aus der folgenden Anekdote: Eine Wäscherin erfuhr, daß ihr im Heimatdorf lebendes Kind erkrankt war. Sie bat um Urlaub und ein Darlehen in Höhe eines Monatslohns. Anstatt ärgerlich zu werden und ihr Geldverschwendung vorzuwerfen (beide Reaktionen wären für Indonesier im übrigen völlig unbegreiflich), erkundigte sich die Nyonya teilnahmsvoll nach dem Zustand des kranken Kindes. War es schon beim Arzt gewesen? Welche Diagnose hatte man gestellt? Dann erklärte die Nyonya, daß sie bereit sei, einen halben Monatslohn als Vorschuß, nicht aber als Darlehen zu zahlen. Ihre Hausangestellte erklärte, sie werde wohl auch für Medikamente sorgen müssen. Daraufhin meinte die Nyonya, daß das Geld, das sie womöglich doch nicht für diesen Zweck verwenden müßte, ihre Familie im Dorf verleiten könnte, andere Ansprüche zu stellen, so daß sie schließlich ohne einen Pfennig in der Tasche zurückkäme. Die Haushaltshilfe war erleichtert. Nun konnte sie ihrer Familie ohne Bedenken mitteilen, daß ihre finanziellen Möglichkeiten begrenzt waren, und zwar nicht deshalb, weil sie nichts zu geben bereit war, sondern aufgrund der Entscheidung der Nyonya (die zugleich ihr Entgegenkommen bewiesen hatte).

Natürlich steht es jedem Arbeitgeber frei, finanzielle Ansinnen solcher Art abzulehnen. Aber dies würde als brüsk und wider den Geist der sozialen Oberflächen-Harmonie und der patriarchalischen Verantwortung gerichtet gelten. Schließen Sie einen Kompromiß. Im Westen läuft die „protestantische Ethik" (frei nach Max Weber) darauf hinaus, den einzelnen anzuleiten, sorgsam und sparsam mit Geld umzugehen und Schulden zu vermeiden. In diesem Sinne versuchen manche Ausländer, Sparkonten für ihre Hausangestellten einzurichten – mit sehr unterschiedlichen Ergebnissen. Setzen Sie auf jeden Fall die „Spielregeln" für Ihr hausinternes Bankgeschäft selbst fest. Führen Sie sorgfältig Buch, man wird es Ihnen nicht verargen. Darlehensrückzahlungen ziehen sich meist sehr lange hin, weil sie dem geringen Lohn angepaßt sind. Bestimmen Sie eher den Zeitrahmen der Rückzahlung als die Höhe der Raten.

Probezeit

Wenn Sie eine Haushaltskraft einstellen wollen, gilt üblicherweise der erste Monat als Probezeit. Sind nach Ablauf dieser Zeit beide Seiten miteinander zufrieden, wird der Lohn meistens etwas angehoben, eine ärztliche Untersuchung durchgeführt und der erste Satz Arbeitskleidung übergeben. Dies gilt als Besiegelung des Arbeitsverhältnisses.

Arbeitsmoral

Sie erwarten mit Fug und Recht, daß ein Gärtner Gras schneiden und eine Wäscherin waschen und bügeln kann. Wichtiger aber noch ist das „Betriebsklima". Höchstes Ziel ist die Zufriedenheit aller (insbesondere Ihrer eigenen – asal bapak senang). Appellieren Sie an den Geist des cocok (gemeinschaftliches Leben und Einfügen in die Gruppe), und wünschen Sie sich ein harmonisches Arbeitsteam (rukan), auch wenn dies Ihrer individualistischen westlichen Vorstellung nicht entspricht. Wenn es Ärger gibt, können Sie mit dem gewichtigen und sozial anerkannten Argument tidak cocok (er/sie hat sich nicht in die Gemeinschaft eingefügt) ein Arbeitsverhältnis lösen.

„Führungsqualität"

Das westliche Konzept des „Selbst-ist-der-Mann", des „Hau-ruck"-Individualisten ist für Indonesier eine barbarische Schreckensvorstellung, der „Rambo" im Arbeitsleben. Der westliche Ausländer setzt Kontrolle mit Beschneidung der persönlichen Freiheit gleich, der Indonesier erwartet vom Arbeitgeber (in diesem Falle dem Tuan und der Nyonya) eine „Richtlinienkompetenz", eine kontrollierende Verantwortung, die allerdings nicht brutal autoritär sein darf.

„Pflichtbewußtsein"

Unser zerteiltes soziales Sein (Arbeit hier, Privatleben dort) hat eine rigide Vorstellung von Arbeitseinsatz hervorgebracht. Vom Lohnabhängigen in einem freiwirtschaftlichen Betrieb wird während der Arbeitszeit erwartet, daß der Kopf raucht und der Körper dampft. In Indonesien sind Hausangestellte im umfassenden Sinne engagiert: als materielle Hilfen und ideelle Gefährten in der Hausgemeinschaft. Dies erklärt vielleicht, weshalb sie sich nicht dem strengen Arbeitszeit = Arbeitsleistung(s)-Prinzip unterwerfen wollen.

Ihr Zornausbruch beim Anblick des Gärtners, der gerade seine zweite Morgenteepause einlegt oder nachmittags am Tor Karten spielt, wird auf Unverständnis und daher auch auf taube Ohren stoßen. Ebenso verhält es sich bei den Routinearbeiten. Sobald die alltäglichen Pflichten erledigt sind und Sie nicht ausdrücklich auf eine neue Aufgabe hinweisen, werden Ihre Haushaltshilfen die Arbeit als beendet ansehen. Der Nietzsche-Spruch „Wir sind nicht geboren, um glücklich zu sein, sondern um unsere (verdammte) Pflicht zu tun!" (freies Zitat) oder die philosophische Erkenntnis „Arbeit macht das Leben süß" oder die schwäbische Lebensweisheit „Schaffe, schaffe, Häusle baue, Hund verkaufe, selber belle!" ist glücklicherweise noch nicht bis Indonesien vorgedrungen.

Hinweise für die Beschäftigung von Hausangestellten

Kleidung:

Hausangestellte sehen sich in einem Dienstrang und möchten dem Rang entsprechend gekleidet sein. Ältere weibliche Angestellte bevorzugen traditionelle Kleidung, ältere männliche Hausbedienstete (wie Koch oder Chauffeur) tragen meist einen weißen Anzug als bequeme „Uniform". Junge Mädchen legen durchaus Wert auf hübsche Alltagskleider, während der Gärtner seiner Tätigkeit entsprechend grobe Kleidung trägt (es sei denn, er arbeitet auch noch als Pförtner).

Entlassung:

Meist ist es für Hausangestellte günstiger, gekündigt zu werden, als selbst zu kündigen. Wer aus freien Stücken kündigt, erhält lediglich den noch ausstehenden Anteil vom Monatslohn, während er andernfalls einen zusätzlichen Monatslohn als Abfindung bekäme. Wenn ein Angestellter in der Zeit seiner Beschäftigung bei Ihnen verstirbt, erwartet seine Familie zwei bis drei Monatslöhne extra, um für die Bestattung und damit verbundenen anderen Kosten aufkommen zu können.

Hat sich Ihr Verhältnis zu einem Hausangestellten sehr verschlechtert, dann vergeuden Sie keine Zeit. Wenn Sie bei der Einstellung deutlich gemacht haben, daß das wichtigste Arbeitskriterium darin besteht, Sie zufriedenzustellen, dann sollten Sie rasch und ohne Umstände den noch ausstehenden Lohn auszahlen, ihm ein Empfehlungsschreiben mit auf den Weg geben und ihm erklären, daß er nicht länger in die Hausgemeinschaft paßt (tidak cocok) und sich anderswo wohler fühlen wird. Es ist wichtig, sich nicht in Diskussionen über einzelne Probleme verwikkeln zu lassen. Machen Sie es einfach, kurz und unpersönlich. Sprechen Sie mit ihm dabei unter vier Augen, nicht vor anderen Angestellten oder Freunden, und seien Sie höflich, niemals ärgerlich. (Ärger, persönliche Bemerkungen und Anschuldigungen können einen schlechten Nachgeschmack (malu) und mitunter sogar Gewalttätigkeiten hervorrufen.) Fühlen Sie sich bei dieser Angelegenheit unwohl, so bitten Sie einen indonesischen Freund herbei; man würde dies noch als diskretes Gespräch unter „vier Augen" werten.

Ehrlichkeit:

Sie können davon ausgehen, daß die meisten indonesischen Haushilfen ehrlich sind. Sie können diese Tugend nach dem Motto „Vertrauen ist gut, Kontrolle ist besser" vor der Versuchung schützen, indem Sie regeln,

- wer die Essenreste aus dem Kühlschrank erhält,
- wie Sie sich Abrechnungen und Belege vorstellen,
- ob Ihre Haushilfen sich an Kaffee, Tee und Zucker bedienen können,
- und indem Sie Kilometerstand und Benzinverbrauch überprüfen
- und sich um Geld und Schmuck selbst kümmern.

Zusätzliche Dienstleistungen:

Wenn Sie eine Gesellschaft mit vielen Gästen eingeladen hatten, sollten Sie dem Personal etwa einen Tageslohn als Sondervergütung geben.

Familienintegration:

Von Indonesiern haben wir oft vernommen, daß sie Dienstboten als „Teil der Familie" bezeichneten. Wenn wir dann erfreut über diese egalitäre Einstellung lächelten, folgte meistens der Zusatz: „Wir behandeln sie wie Kinder." Paff – damit war unsere Seifenblase geplatzt. Der ausländische Beschäftigungsgeber ist nicht hier, um das Sozialsystem zu revolutionieren. Es gehört zu seinen Pflichten als Gast, daß er sich den Gegebenheiten im Lande anpaßt. Es ist nicht neo-kolonial, sozial hochnäsig oder paternalistisch, zu erkennen, daß die Dienstboten sich selbst als eine besondere (durchaus im positiven Sinn) Klasse von Arbeitern begreifen. Sie haben einen sicheren Arbeitsplatz, ihre Grundkosten sind gedeckt, und sie erhalten einen Mindestlohn – das sind Arbeitsbedingungen, die nur für etwa 15% der Bevölkerung zutreffen. Wollten Sie also versuchen, eine trotzkistische Mini-Revolution in Ihrem eigenen Haushalt durchzuführen, dann wären Sie gewiß mit der „Konterrevolution" aus Unverständnis und Kulturschock der „Befreiten" konfrontiert. Befreien Sie also lieber die Raum-Service-Damen in Ihrer Heimat.

„Hackordnung":

Ihre Hausangestellten werden untereinander eine Rangordnung festlegen, bei der der Stammeshintergrund, das Alter, die Erfahrung und das Geschlecht eine Rolle spielen. Akzeptieren Sie diese Festlegung, und richten Sie Ihr Verhalten danach. Meist zählt der Fahrer sich nicht zu den Hausangestellten, er steht also außerhalb der Rangordnung; in der Regel steht der älteste Diener oder Koch an der Spitze und ist Sprecher der anderen.

Gäste der Hausangestellten:

Gastfreundlichkeit ist in jeder Lage eine hohe Tugend, und nahezu jede andere Verpflichtung steht hinter ihr zurück. Am freien Tag Ihrer Angestellten (besonders am Sonntag) müssen Sie damit rechnen, daß Freunde und Verwandte zu Tee und Plausch kommen (mampir). Seien Sie freundlich, wenn Sie den Gästen im Wohnbereich der Angestellten begegnen. Dies ist jedenfalls nicht der Zeitpunkt, Arbeitsanweisungen zu erteilen.

Gedächtnisstützen:

Wenn Sie Regelungen über Geld, freie Zeit usw. treffen, sollten Sie dies vor den Augen aller schriftlich notieren. Sollte es später zu Unklarheiten kommen, ist die schriftliche Notiz die gesichtwahrende, neutrale Entscheidungsgrundlage.

Als Alleinstehende(r) in Indonesien

„Singles" treffen in Indonesien auf bestimmte Probleme. Wir haben bereits darauf hingewiesen, daß für Indonesier im Ledigsein nur der Sinn liegt, es möglichst bald nicht mehr zu sein. Deshalb müssen Sie stets mit der besorgten Frage rechnen: „Warum noch nicht?" Man/frau tut es einfach – es ist wie ein Naturgesetz. Berufliche Entschuldigungsgründe stoßen auf Skepsis.

Der Junggeselle

In Indonesien leben und arbeiten zahlreiche ausländische Junggesellen. Ihr Seelenfriede wird zwar beeinträchtigt durch die bohrende Neugier, den Grund für den Junggesellenstand zu erfahren, ansonsten ist ihr Leben jedoch recht komfortabel. Die Möglichkeiten, gelegentliche Bekanntschaften zu schließen, sind sicherlich nicht allzu begrenzt. Und Waschsalon und „Fast Food" als Merkmale des Junggesellendaseins in der Heimat heißen hier Wäscherin und Koch.

Die Junggesellin

Obwohl Indonesierinnen in vieler Hinsicht selbständig und selbstbewußt sind, ist es jedoch nicht üblich, allein durch die Welt zu reisen oder allein im Ausland zu arbeiten. Eine junge ledige Ausländerin, wenn auch hochqualifiziert und berufserfahren, mag Schwierigkeiten haben, die ihr zustehende Anerkennung zu finden. Möglicherweise benötigt sie einen Mann als „Trojanisches Pferd". Wir kennen eine junge Frau, die im Gesundheitswesen tätig ist. Obwohl von westlichen Kollegen sehr geschätzt, hielt sie es für sinnvoll, einen Indonesier einzustellen, der sie bei Terminen mit lokalen Behörden vertrat. Wesentlicher leichter haben es jedoch Frauen, die sich zuvor schon intensiv mit Sprache und Kultur beschäftigt haben und sich als Kennerin von Land und Leuten großen Respekt erwerben.

Privatsphäre

Eines der „heißesten" Themen für Ausländer in Indonesien ist ihre Privatsphäre, der persönliche Schutz- und Freiraum.

„Privat" im westlichen Verständnis

Zu unserem westlichen Begriff von Individualismus gehört auch das „Private": Abgeschieden- und Sicherheit in der eigenen Klause, kein zu „intimer" Körperkontakt und sogar innerhalb der Gruppe eine „private Aureole". Beim Reisen ist ein persönlicher

Sitzplatz selbstverständlich, ein überfüllter Fahrstuhl löst Klaustrophobien aus ebenso wie mehr als vier Personen in einem PKW. Gruppen im Freibad, am Strand (Sandburgen!) oder im Park halten abgezirkelten Abstand.

„Privat" im indonesischen Verständnis

Der beherrschende sozial-ethische Grundsatz ist Konformität. Indonesier fühlen sich in einer großen Zahl von ihresgleichen sicher, geborgen und entspannt. Nur die intimsten Gedanken sind frei, d.h. „privat", alles andere ist Teil der Gemeinschaft. Die westliche Vorstellung von Privatheit = Ungebundenheit stimmt Indonesier traurig,

Anti-Kulturschock-Quiz

Wenn Ihnen die psychologische Phasenbeschreibung des Kulturschocks (Euphorie, Schock, Anpassung, Eingliederung) zu trocken ist, dann nehmen Sie doch einfach am folgenden Spiel teil. Wenn Sie bei mindestens der Hälfte der Punkte zustimmend nicken, sind Sie auf dem besten Wege, sich in Indonesien wohl zu fühlen.

- Sie bewegen sich bereits mit weichem asiatischen Hüftschwung und glauben nicht mehr daran, daß Zeit Geld ist.
- Sie drehen sich zufrieden murmelnd um und schlafen seelenruhig weiter, wenn der Muezzin zum ersten Morgengebet ruft.
- Sie kichern, während Sie Ihrer Familie mitteilen, daß Sie einen kleinen Autounfall verschuldet haben.
- Sie bestellen im Restaurant Chilisauce nach.
- Sie verbringen eine peinigende Nacht mit Durchfall auf der Toilette, angestrengt die Kacheln zählend, und vergessen am nächsten Morgen völlig, Ihr Leiden zu erwähnen.
- Sie sind zu einem festlichen westlichen Abendessen eingeladen und wundern sich, warum nicht nur Schüssel, Gabel und Löffel aufgedeckt sind.
- Während Ihres Heimaturlaubs drücken Sie allen Ihren Gästen, die zur Toilette streben, Papiertaschentücher in die Hand.
- Sie erzählen eine brüllend komische Geschichte über die Fettnäpfchentritte eines Ausländers und vergessen dabei ganz zu erwähnen, daß Sie dieser Ausländer waren.
- Beim Autofahren ziehen Sie den frischen Fahrtwind der Klimaanlage vor.

denn sie bedeutet ihnen Alleinsein = Einsamkeit. Daher macht all dies Spaß: drei bis fünf Personen auf einem Motorrad; zum Bersten volle Busse, die nichtsdestotrotz neue Fahrgäste aufnehmen; wuselnden Bienenwaben gleichende Parks und Strände; Kohorten von Großfamilien auf den Straßen.
Läßt sich das westliche und östliche Verständnis des Privaten harmonisieren? Statt einer klippklaren Antwort wollen wir wieder eine kleine Anekdote anbieten: Schweizer Freunde in Indonesien planten einen Familienausflug mit dem Bummelzug in die Berge. Sehr früh am Morgen fuhren sie zum Bahnhof, und es gelang ihnen tatsächlich, Sitzplätze zu ergattern. Doch während der Zugfahrt veränderte sich alles. Die Sitzplätze erfuhren eine Zellteilung nach innen. Bei jeder Station kamen mehr Fahrgäste an Bord, und je länger der Zug vor sich hin ratterte, desto mehr Passagiere teilten sich einen Sitzplatz, erst einer, dann zwei, dann ... Endlich am Ziel, fühlten die Schweizer sich wie Ameisen im Bau.
Später unternahmen sie nochmals einen solchen Ausflug – allerdings unter inzwischen völlig verändertem Blickwinkel. Die lebhafte Stimmung im Zug und am Ausflugsort ließ Erinnerungen an die Familienfeste der Kindheit aufsteigen; das Schaukeln auf den Gleisen und der dichte körperliche Kontakt waren wie ein einlullendes Wiegenlied ...
Alles ist nur eine Frage der Wahrnehmung, diese Binsenwahrheit wird immer wieder aufregend bestätigt.

Rückfall in den Kulturschock

„Hari nahas": Glücklose Tage

Es gibt glücklose Tage. Überall in der Welt tauchen sie mit gewisser statistischer Regelmäßigkeit auf. Wir neigen nur dazu, sie zu Hause nicht so bewußt wahrzunehmen, weil wir uns insgesamt geschützter fühlen als in fernen Landen.
Der länger in Indonesien verweilende Ausländer erfährt zwei Arten von glücklosen Tagen. Die erste ist „kosmischen" Ursprungs und liegt völlig außerhalb Ihrer Einflußnahme. Glücklose Tage dieser Art bringen Zusammenbrüche der Hauptstromversorgung gerade dann, wenn Sie zwei Dutzend Gäste zum Abendessen erwarten und Sie lieber klimatisierte Luft als Essen servieren würden; sie bringen trommelnden Regen, bei dem sich die Straßen und das Dach über Ihrem Kopf gemeinsam mit Ihrer Geduld auflösen; sie bedeuten unter Umständen, in einen unendlichen Tatzelwurm von Verkehrsstau zu geraten und zur Erkenntnis zu gelangen, daß das großartigste Ereignis des Tages darin bestünde, wenigstens rechtzeitig zum Abendessen daheim zu sein.
Die zweite Art von glücklosen Tagen ist weniger „apokalyptisch" und liegt eher in den kleinen, jedoch gehäuften Tücken des persönlichen Alltags. Da stehen zu viele tukang (Handwerker) müßig herum, statt endlich die Toilette, die in die verkehrte Richtung spült, zu reparieren; das Telefon klingelt nur dann, wenn Sie den Hörer abnehmen, um selbst nach draußen zu telefonieren; der Lieferant hat Ihre Adresse ver-

gessen; Sie sind davon überzeugt, daß die sich um den Baum windende Stromleitung einzig und allein aus dem Grunde ausfällt, um Sie zu ärgern; Sie fragen sich, ob Schwitzen tödlich enden kann . . .
Keine einzige dieser Heimsuchungen wurde von Indonesiern erfunden, um Ihnen persönlich das Leben schwer zu machen. Schlechte Tage sind Ihr Problem! Die Indonesier nennen sie „glücklose Tage" – dies nur als Hinweis darauf, daß „gute Tage" reiner Zufall und pures Glück sind. Für den länger hier lebenden Ausländer beinhalten glücklose Tage meist auch Zweifel an seinem gesunden Menschen- und intakten Geisteszustand.
Glücklose Tage lösen häufig einen Kulturschock-Rückfall aus. Solche Rückfälle sind vorhersehbar. Oft liefern sie Pointen für wundersam komische Geschichten, die lediglich einen Nachteil haben: Der Hauptdarsteller sind Sie.

Das Unglückliche an glücklosen Tagen

Wenn sich abzeichnet, daß heute alles schief läuft, und Frustration, Wut und Ermattung Ihre Gefühlswelt bestimmen, dann sollten Sie den Weg des geringsten Widerstands gehen, die Lage als jenseits aller Hoffnung akzeptieren, das ganze Elend zu einem Bündel schnüren, mit der Bemerkung „Alles für die Katz'" beschriften und es an die Hölle adressieren. In solchen Augenblicken fühlen Sie sich in der Fremde ausgestoßen, in die Ecke gedrängt und ohne jegliche Kontrolle über die Lage. Möglicherweise sind Zorn und Wut Zeichen ohnmächtiger Gegenwehr. Dann verkriecht sich der Hund vor dem Zorn der Nyonya, die Hausangestellten huschen davon, um in einem entfernten Winkel längst vergessene Gegenstände abzustauben oder zu polieren. Ehepartner bezichtigen sich persönlich, Kinder werden angeschnauzt und der Fürsorge des Fernsehers für den Rest des Tages überlassen.
Welche Alternativen gibt es? Nun, vielleicht helfen ein wenig die folgenden Vorschläge, die uns sehr indonesisch erscheinen, nicht nur in einem pragmatischen, sondern auch in einem geradezu lebensphilosophischen Sinne:

1. Meiden Sie den Ort der Turbulenzen. Tauchen die Probleme in den eigenen vier Wänden auf, dann gehen Sie einfach aus. Besuchen Sie Freunde, gehen Sie in das Museum, das Sie längst besuchen wollten, treiben Sie Sport o.ä.
2. Versuchen Sie nicht, gegen einen übermächtigen Strom anzuschwimmen. (Jakartas Verkehr zum Beispiel ist ein solcher Strom.) Lassen Sie sich treiben, und suchen Sie sich eine ruhige Insel. Ändern Sie Ihren Zeitplan, nehmen Sie ein Bad, lesen Sie ein Buch, machen Sie ein Nickerchen.
3. Setzen Sie keine Freundschaften aufs Spiel, indem Sie jeden mit Ihrem Lamento langweilen.
4. Vermeiden Sie wichtige Entscheidungen. Widerstehen Sie dem Drang, in solcher Stimmung Haushilfen einzustellen oder zu entlassen, größere Geldbeträge zum Fenster hinauszuwerfen oder Ihre Kinder als Hauptgewinn für die Schultombola anzubieten.
5. Lachen Sie und haben Sie Geduld.

Kulturschock nach der Heimkehr

Heimatliche Fremde oder fremde Heimat – die Rückkehr nach Hause ist nicht immer Heimkehr in den warmen Schoß der Vertrautheit und des Verständnisses. Odysseus wurde nach langer Abwesenheit nur von seinem Hund wiedererkannt, Marco Polo gar ins Gefängnis geworfen.

Wenn Sie Indonesien verlassen, ist es nicht damit getan, einen Container mit Ihren Habseligkeiten packen zu lassen und Ihren Bekannten und Freunden ein „Selamat tinggal!" („Friede den Zurückbleibenden!") zuzurufen. Sie treten möglicherweise eine Entdeckungsreise ins eigene Land an. Wie aktuell und (wichtiger noch) lebensnah sind Ihre Kenntnisse von wichtigen Themen im eigenen Land (Ökologie, Frauenbewegung, Aids-Disput, Ausländerfrage und vieles mehr)? Haben Sie die Ausbreitung der Mikroelektronik wie im Dornröschenschlaf erlebt? Wie werden Ihre Kinder zu den neuesten Trends bei den „Kids" in der Schule aufschließen? Werden die Haushaltsgeräte den Komfort von Hausangestellten ersetzen? Gelingt es Ihnen, Ihre mittlerweile verlangsamte Gangart in den schnelleren industriellen Lebensrhythmus zu übersetzen? Wie werden Sie mit der aggressiven sozialen Umgangsweise fertig? . . .

11
Kultur-Spiel

Situation 1

Während Sie ein erholsames Wochenende am Meer verbracht haben, hat in der Zwischenzeit Ihre verhätschelte Hauskatze den restlichen spärlichen Vorrat an Trockenfutter aufgefressen. Ihre Hausangestellten wußten, daß Ihre Katze Fisch und Reis verschmäht, und wollten daher im Supermarkt Katzenfutter einkaufen. Nun kann Ihr Küchenmädchen aber leider nicht lesen und erwarb so statt des Futters einen Sack Katzenstreu. Wieder zurück, werden Sie von einer halb verhungerten, maunzenden Katze und einem besorgten, aufgeregten Küchenmädchen empfangen.
Wie verhalten Sie sich?

☐ A Vor Erbarmen mit dem armen Kätzchen werden Sie fuchsteufelswild und drohen dem Küchenmädchen mit der Entlassung.

☐ B Sie brechen in hysterisches Gelächter aus und auf dem nächstbesten Stuhl zusammen.

☐ C Sie loben das Mädchen für seine Eigeninitiative.

Kommentar:
Die beste Wahl ist (C). Es ist wichtig, den guten Willen des Mädchens anzuerkennen und es für sein gutgemeintes Bemühen zu loben. Sie sollten ihm in Ruhe erklären, daß sie nicht Katzenfutter, sondern Streu für das Katzenklo gekauft hat. Erst wenn d a s M ä d c h e n lächelt, sollten auch S i e sich amüsiert zeigen. Andernfalls wird es m a l u (Scham, Verlegenheit) empfinden, und das sollten Sie unbedingt vermeiden. Ein Kreuz bei (B) läßt Sie Gesicht verlieren, und Lösung (A) ist indiskutabel.

Situation 2

Ein indonesischer Freund berichtet Ihnen, daß ein gemeinsamer indonesischer Bekannter vor einigen Wochen gestorben ist. Sie kannten den Toten flüchtig und wissen, daß seine Familie in der Stadt weilt.
Wie verhalten Sie sich angemessen?

□ A Sie übergehen die Angelegenheit, da der Todesfall bereits einige Wochen zurückliegt.
□ B Sie schicken einen Blumenstrauß mit einer Beileidskarte.
□ C Sie statten bei der ersten Möglichkeit einen Kondolenzbesuch ab.

Kommentar:
Die beste Lösung ist (C), denn ein persönlicher Besuch gilt als herzlichster Ausdruck von Anteilnahme. Wahl (B) ist eine formell akzeptable Lösung, ein Kreuz bei (A) zeugt von unkultiviertem Benehmen.

Situation 3

Sie haben sich mit einigen europäischen Bekannten in einem der indonesischen w a r u n g (Straßenrestaurants) niedergelassen und fühlen sich abenteuerlustig und voller Erwartung. Sie sind die einzigen Ausländer weit und breit. Die Bedienung bringt Ihnen die Speisekarte, ein Stück Papier und einen Bleistift und verschwindet wieder. Sie rätseln: Will man ein Autogramm von Ihnen? Sollen Sie „Stadt – Land – Fluß" spielen? Wie verhalten Sie sich?

□ A Sie notieren Ihre Bestellung selbst.
□ B Sie unterschreiben schwungvoll und lächeln gönnerhaft.
□ C Sie bereiten das „Stadt – Land – Fluß"-Spiel vor und fordern die Bedienung zur Teilnahme auf.

Kommentar:
Vorgehen (A) ist eine in Indonesien gebräuchliche Art, Essen zu bestellen. Damit werden Erinnerungsfehler vermieden, und sogar Schreibunkundige können als Bedienung arbeiten. Neigen Sie zu (B), dann vergessen Sie aber auch bitte nicht, zuvor die typische Kolonialherren-Kleidung mit Tropenhelm anzuziehen. Wahl (C) mag den Kellner erfreuen, wird Ihren Magen aber weiterhin knurren lassen.

Situation 4

Sie kaufen zusammen mit Ihren Kindern auf dem Markt ein. Mit ihren hellblonden Lockenschöpfchen und himmelblauen Augen fallen die Kleinen in der fremden Umgebung auf. Sie bemerken, daß viele Indonesier die Haare der Kinder streicheln, sie betasten und sogar in die Ärmchen zwicken. Ihre Kinder werden allmählich nervös, ängstlich oder gar wütend. Ihnen ist bewußt, daß Sie nicht laut oder ärgerlich werden sollten.
Wozu entscheiden Sie sich?

- ☐ A Sie schleudern mit den Augen Zeus'sche Blitze um sich und rauschen mit den Kindern davon.
- ☐ B Sie versuchen zu erläutern, warum Ihre Kinder nicht betatscht und befingert werden wollen.
- ☐ C Sie gehen so bald wie möglich nach Hause, um Ihren Kindern in Ruhe erklären zu können, wie Indonesier Zuneigung zum Ausdruck bringen.

Kommentar:
Ihre richtige Wahl ist (C). Sie sollten allerdings schon mit Ihren Kindern gesprochen haben, ehe Sie Märkte besuchen oder durch die Straßen bummeln. Indonesier lieben Kinder heiß und innig – die eigenen ebenso wie Ihre. Bereiten Sie Ihr Kind also auf diese zärtliche „Tuchfühlung" vor. Variante (B) führt in die Irre, ebenso (A), denn man würde Sie nicht verstehen, handelt es sich bei den „Annäherungsversuchen" doch nur um eine natürliche und freundlich gemeinte Reaktion.

Situation 5

Bei einer Fahrt durch sintflutartigen Regen bleibt Ihr Auto in einem Wasserloch stecken. Eine Rasselbande von kleinen Jungen taucht auf, die das Auto mit vereinten Kräften herausschieben und es dann umringen. Sie erwarten offensichtlich Geld als Belohnung.
Wozu entscheiden Sie sich?

☐ A Sie rufen den Buben ein fröhliches „Danke schön" zu, werfen ein paar Münzen aus dem Fenster und fahren von dannen.

☐ B Sie winken den ältesten Jungen (bzw. den erkennbaren Anführer der Gruppe) zu sich und geben ihm etwa zweihundert Rupiah für jeden seiner Freunde, der sich tatkräftig an der Rettungsaktion beteiligt hat, und bitten ihn, den Betrag zu verteilen („B a g i - b a g i !").

Kommentar:
Die bessere Entscheidung ist selbstverständlich (B). Dies setzt voraus, daß Sie darauf achten, wer und wie viele Jungen tatsächlich zugepackt haben – andernfalls stellen sich alle Lausbuben Indonesiens hinten an und warten auf Belohnung.

Situation 6

Sie laden zum Essen ein und möchten als Vorspeise halbierte Pampelmusen, garniert mit je einer Kirsche, servieren. Sie haben versucht, der Köchin, deren Englisch ebenso dürftig ist wie Ihr Bahasa Indonesia, Ihren Wunsch zu erklären. Sie beschreiben ihr die Kirschen als klein, rund und rot und weisen darauf hin, daß sie im Kühlschrank lagern. Bei Tisch stellen Sie zu Ihrem Entsetzen fest, daß jede Grapefruit von einem fiebersenkenden, pinkfarbenen Kinderzäpfchen gekrönt ist. Ihre Köchin indes wartet nach getaner Arbeit stolz auf ein Lob von Ihnen.
Was nun?

☐ A Sie erklären Ihren Gästen gelassen und ruhig, daß bei der Garnierung ein Mißgeschick geschehen ist, und legen die Zäpfchen auf einen Teller außer Reichweite.

☐ B Sie erkennen entsetzt den Irrtum, entreißen dem Mädchen das Tablett und tragen es hastig in die Küche zurück.

☐ C Sie lachen herzlich und bereichern mit dieser Anekdote Ihre Kuriositäten-Erzählsammlung.

Kommentar:

Sie sollten sich nach Vorschlag (A) verhalten; hat das Mädchen den Raum bereits verlassen, nach (C) – auf keinen Fall nach (B).

Situation 7

Sie überprüfen einen wichtigen Kostenvoranschlag, den ein indonesischer Mitarbeiter erstellt hat, und entdecken darin einige der simpelsten Rechenfehler, die nicht einmal einem Grundschüler unterlaufen sollten. Sie sind aufgebracht und drauf und dran, dem Missetäter Ihre Empörung in allen Einzelheiten darzulegen und mit ihm ein Hühnchen zu rupfen.

Was tun Sie?

☐ A Sie leiten die Aussprache mit der Frage ein, ob das Einmaleins schon höhere Mathematik sei.

☐ B Sie stürmen in sein Arbeitszimmer, nageln den Angestellten mit dem Zeigefinger fest und fragen lauthals, ob er eins und eins zusammenzählen könne.

☐ C Sie schlendern langsam in seinen Büroraum, überzeugen sich davon, daß Sie diskret sprechen können, und beginnen mit: „Ich glaube, wir haben da ein kleines Problem . . . "

Kommentar:

Bei Lösung (C) vermeiden Sie eine Situation, die malu erzeugen könnte. Werden Sie nicht persönlich, und betonen Sie die Schwierigkeit der Arbeit, nicht seinen Fehler. So wird vermutlich alles wieder ins rechte Lot kommen, ohne daß jemand dabei Gesicht verliert. Die Lösungen (A) und (B) würde man Ihnen als schiere Feindseligkeiten auslegen, und sie würden unweigerlich malu verursachen.

Situation 8

Sie wissen noch nicht, welches Elektrofachgeschäft empfehlenswert ist, benötigen für Ihr Heim aber unbedingt eine Klimaanlage. Sie erkundigen sich bei einem indonesischen Geschäftsmann, den Sie oberflächlich kennen. Er ist sehr hilfsbereit und erkundigt sich eingehend nach Ihren Bedürfnissen. Sie sind jedoch vollkommen überrascht, als wenige Tage später ein Lastwagen mit einer Klimaanlage vorfährt und Arbeiter erscheinen, um die Anlage zu installieren – ohne daß Ihnen Kosten entstünden.
Wie reagieren Sie?

☐ A Sie glauben ein „Sesam-öffne-Dich!" gefunden zu haben und erkundigen sich beim nächsten indonesischen Bekannten nach einem Kühlschrank.

☐ B Sie schicken die Arbeiter mit dem Gerät davon und belehren sie über Geschäftsgepflogenheiten.

☐ C Sie erkennen, daß Sie mit Ihrer Frage ein kulturelles Mißverständnis ausgelöst haben, und schicken Ihrem freundlichen Helfer einen Scheck in Höhe des abzuschätzenden Betrags.

☐ D Sie rufen Ihren Gönner an und erklären ihm, daß es sich um ein Mißverständnis handelt und Sie ein solches Geschenk nicht annehmen können. Dürfen Sie ihm die Ausgaben rückerstatten? Falls nicht, senden Sie das Gerät zurück.

Kommentar:
Sie können zwischen (C) und (D) wählen. Sie können in Indonesien leicht in eine derartige Lage geraten, sollten sie aber besser vermeiden, da sie zu wechselseitiger Verpflichtung führen kann. Vorgehen (B) wäre sehr unfreundlich, bei Verhalten (A) könnte der legendäre „Schnorrer-Poldi" noch von Ihnen lernen.

Situation 9

Einer Ihrer liebsten Singvögel ist in der Nacht in seinem Käfig verendet. Frühmorgens präsentiert man Ihnen auf nüchternen Magen den Tierkadaver zur „Leichenbeschau". Sie sind entsetzt, und Ihr Magen dreht sich um.
Wie verhalten Sie sich?

☐ A Sie würgen und schimpfen mit dem pietätlosen Gärtner, der Ihnen den Vogel vorgeführt hat.

☐ B Sie brechen in Tränen aus und beschuldigen hysterisch den Gärtner, er allein habe Ihren Liebling auf dem Gewissen.

☐ C Sie danken ihm, Ihnen das tote Tier gezeigt zu haben, und bitten, den Kadaver zu beseitigen.

Kommentar:
Es gehört zum Dienstethos indonesischer Hausangestellter, daß der Tuan und die Nyonya von ihrer Ehrlichkeit überzeugt sind. Deshalb war es notwendig, den Kadaver vorzuzeigen, um zu beweisen, daß der Vogel eines natürlichen Todes gestorben ist. (Sollte er allerdings entflogen sein, weil man die Käfigtür zu schließen vergaß, wird man Sie vermutlich nicht auf den Verlust hinweisen!) Also ist Lösung (C) zu empfehlen. Die Verhaltensweisen (A) und (B) sollten auch in aufgeregter Stimmung nicht vorkommen.

Situation 10

Sie lernen bei einer Gesellschaft eine sympathische Indonesierin kennen und stellen erfreut fest, daß sie in Ihrer Nachbarschaft wohnt. Spontan laden Sie sie zu sich nach Hause ein, und sie sagt auch für den nächsten Tag zu. Sie kaufen Kekse, kochen Tee und warten. Doch sie erscheint nicht.
Was ist geschehen? Und was bleibt Ihnen zu tun?

☐ A Sie glauben etwas falsch gemacht zu haben und verbringen den Rest des Nachmittags mit quälenden Selbstzweifeln, Sie kommen sich entwurzelt und vollkommen fehl am Platz vor und wollen nur noch zurück in die Heimat.

☐ B Sie haben Ihre erste leidvolle Erfahrung mit dem indonesischen Begriff von „morgen" (besok-besok) gemacht und beginnen nun ein dramatisches Buch mit dem Titel: „Zwielicht in den Tropen – ein ‚morgen' kommt nie".

☐ C Sie begraben endgültig die Hoffnung, jemals indonesische Freunde kennenzulernen und schließen sich einer Bowlinggruppe der Ausländergemeinde an.

Kommentar:

Wahl (B) wäre am vernünftigsten. Auch wenn Sie vielleicht nie ein Buch schreiben wollen, werden Sie lernen, daß „morgen" ein sehr dehnbarer Begriff ist. Er kann tatsächlich „morgen", aber auch „nie" bedeuten. Wollen Sie sich wirklich mit jener Indonesierin anfreunden, sollten Sie sie zuerst besuchen. Ein Kreuz bei (A) kann einen Rückfall in den Kulturschock zur Folge haben. Lösung (C) bedeutet, die Flinte ins Korn zu werfen, ehe überhaupt der erste Treffer hätte erzielt werden können.

Situation 11

Sie verbringen einen entspannenden freien Tag mit Ihrer Familie in einem Park. Dort werden Sie von Indonesiern angesprochen, die Sie bitten, ein gemeinsames Familienfoto mit Ihrer Familie machen zu dürfen. Sie wissen nicht so recht, wie Sie reagieren sollen.

Wofür entscheiden Sie sich?

☐ A Sie sagen mit Vergnügen zu.

☐ B Sie geben vor, nichts zu verstehen, und gehen.

☐ C Sie versuchen zu erklären, weshalb Sie diesen Vorschlag eigenartig finden.

Kommentar:

Je nach Lust und Laune sollten Sie zwischen (A) und (B) entscheiden; (A) wäre natürlich liebenswürdiger, (B) mit freundlichem Lächeln auch kein Affront; (C) führte erneut in eine Sackgasse.

Situation 12

Sie nehmen an einem Treffen von verschiedenen Firmenangehörigen teil. Plötzlich fragt man Sie unverblümt, welche Art von Verhütungsmitteln Sie verwenden (oder auch nicht). Sie spüren, wie Sie unwillkürlich erröten, und wissen nicht recht, was Sie antworten sollen.
Wie sollten Sie sich hierbei verhalten?

- ☐ A Sie antworten der Wahrheit entsprechend.
- ☐ B Sie reagieren mit einem Scherz, der die Angelegenheit harmlos ins Lächerliche zieht.
- ☐ C Sie weisen darauf hin, daß dies doch wohl niemanden etwas angehe.

Kommentar:
Die Wahlmöglichkeiten (A) und (B) sind beide akzeptabel, je nachdem wie Sie selbst die Situation wahrnehmen. Die Indonesier sprechen ohne Scheu über Sex und Verhütungsmittel, reden hier also nicht „um den heißen Brei herum". Außerdem lieben Indonesier spaßige und kecke Antworten, und eine schlagfertige Bemerkung wie: „Mein Mann hat sich im vergangenen Jahr die Gebärmutter entfernen lassen!" wird herzliches Gelächter hervorlocken und die Unterhaltung von Ihrem Unterleib wegführen. Wahl (C) wäre ungeschickt und engstirnig.

Situation 13

Die Hausangestellten scheinen sich verschworen zu haben, Sie in den Wahnsinn zu treiben. Nichts kehrt auf seinen Platz zurück, und Sie spüren, daß Sie bald zu einem Amoklauf ansetzen werden. Sie fühlen sich entfremdet und entmündigt im eigenen Haushalt.
Was können Sie unternehmen?

- ☐ A Sie trommeln alle Hausangestellten zusammen und halten ihnen eine Strafrede.
- ☐ B Sie legen nochmals Ihre Ansprüche fest und setzen sie in diskreten Gesprächen mit den Hausangestellten durch.

☐ C Sie folgen Ihren Haushaltshilfen wie ein Schatten, räuspern sich vermerklich, wenn sie einen falschen Handgriff tun, und lächeln anerkennend, wenn sie Ihre Zustimmung finden.

Kommentar:
Die beste Lösung ist in diesen Fall (B). Ohne zu zeigen, daß Sie erbost waren, und ohne eine direkte Anrede zu verwenden, führen Sie den einzelnen Angestellten vor, wie die Arbeit nach Ihren Vorstellungen zu verrichten ist. Sprechen Sie in ruhigem Tonfall und unter vier Augen, und hoffen Sie auf Erfolg. Entscheidung (A) zöge großes m a l u nach sich, und Ihre Hausgehilfen würden Gründe erfinden, um zu kündigen oder einfach zu gehen. Bei Wahl (C) böten Sie sicher reichhaltigen Gesprächsstoff für sämtliche Hausangestellten der Nachbarschaft, aber Ihre eigenen Haushaltshilfen zögen, da sie Ihr Verhalten nicht verstehen würden, kaum die erwünschten Konsequenzen.

Situation 14

Sie sind der „Neue" im Büro und müssen erst einmal herausfinden, wie die Statushierarchie der ausländischen und indonesischen Mitarbeiter aufgebaut ist. Man hat Ihnen lediglich mitgeteilt, daß „jeder seinen Platz und Rang" hat, und Sie wollen nun erkunden, wie es sich damit genau verhält.
Wie gehen Sie vor?

☐ A Sie bitten den Personalchef um eine Liste der Angestellten, die nach Rang (Funktion und Seniorität) gegliedert ist.

☐ B Sie beobachten Ihre Arbeitskollegen, um die „Hackordnung" herauszufinden, und skizzieren diese Rangleiter zur Erinnerung.

☐ C Sie bitten die Sekretärin, alle im Büro Beschäftigten in eine Liste für Weihnachten, Neujahr und Lebaran aufzunehmen, um zu diesen Zeitpunkten Grußkarten versenden zu können.

Kommentar:
Wahl (C) ist wohl der beste Treffer. Wenn Sie die Sekretärin unverfänglich bitten, wird sie die Personalliste instinktiv nach Rangordnung erstellen. Die Entscheidungen (A) und (B) könnten Ihnen den Ruf einbringen, ein wunderlicher Kauz zu sein.

Situation 15

Während eines festlichen Abendessens bewundert eine an Ihrem Tisch sitzende Indonesierin Ihren Halsschmuck und bemerkt: „Eine wunderschöne Kette! Sie sieht sehr kostbar aus. Wie teuer war sie?" Sie suchen verlegen nach einer Antwort.
Welche wählen Sie?

☐ A Sie lächeln, indem Sie „bekennen", sie sei gestohlen.
☐ B Sie entgegnen, die Kette sei ein Geschenk Ihres Mannes und somit von unschätzbarem Wert.
☐ C Sie werfen der Fragenden einen vernichtenden Blick zu und belehren sie, daß Sie nie über Preise von Schmuck sprächen.

Kommentar:
Lösung (A) ist ein Treffer, wenn Sie durch den Klang Ihrer Stimme, ein Lächeln oder Augenzwinkern deutlich machen, daß Sie eine „charmante Lügnerin" sind. Wenn eine solche Bemerkung nicht als persönlich gemeinter Sarkasmus aufgefaßt wird, werden die Anwesenden Ihre Schlagfertigkeit mit bewunderndem Lachen belohnen. Die Lösung (B) ist sehr galant und, wenn Ihr Mann anwesend sein sollte, taktisch nicht ungeschickt, da er sich vielleicht sanft aufgefordert fühlen könnte, seine Großzügigkeit erneut zu beweisen. Lösung (C) werden Sie inzwischen wohl selbst bewerten können. Ansonsten zurück zu den Anfängen! Sie sollten dieses Buch dann besser nochmals von vorne lesen oder nie nach Indonesien reisen.

Tu! und Tabu!

Was Sie tun und lassen sollten – in Kürze

Ärger sollten Sie nie zeigen, denn all seine Äußerungsformen (bis hin zu Schreien, Drohgebärden und Wutausbrüchen) sind Aggressionshandlungen, die zu Gesichtsverlust und schließlich malu führen. Ventilieren Sie diese Gefühle besser durch schweißtreibende Sportarten, zum Beispiel ein anstrengendes Tennisspiel. (Stellen Sie sich einfach vor, Sie wollten „Bumm-bumm-Boris-Becker" zu seiner berühmten aggressiven Verzweiflung treiben . . .)

Aufmerksamkeit auf sich ziehen: Dies erreichen Sie am besten, wenn Sie die entsprechenden indonesischen Rufwörter „mas" („junger Mann"), „pak" („alter Mann") oder „sus" („junge Frau") benutzen. Sie rufen jemanden höflich herbei, indem Sie mit den geschlossenen Fingern nach unten in Ihre Richtung winken. Pfeifen Sie niemals! Gleiches gilt (vor allem im Restaurant) für „Hallo Sie!"-Rufe, „Schschscht!"-Laute, Knöchelklopfen, Klappern mit dem Besteck o.ä.

Besuch: „Mal kurz vorbeischauen" (mampir) ist eine indonesische Lieblingsbeschäftigung. Es steht Ihnen ebenso frei, unangemeldet bei indonesischen Freunden vorbeizuschauen.

Bezahlen wird im Restaurant immer derjenige, der die Einladung ausgesprochen hat. Getrennt zahlen ist sehr ungewöhnlich und wird auch bei Europäern als „ungezogen" bewertet.

Bitte: Indonesier hören es gern, wenn Sie Sätze, die im Deutschen meist mit „Bitte" beginnen, mit einem entsprechenden „graziösen" Ausdruck der Bahasa Indonesia einleiten.

Diskretion wird sowohl im Privat- wie auch im Geschäftsleben geschätzt. Sie ist wichtig, um die „Harmonie des Äußeren" zu wahren.

Einladungen zu großen Anlässen, wie etwa einer Hochzeit, erreichen auch die äußersten Verästelungen von Familie, Freunden und Bekannten. Mit der Versendung der Einladung ist die äußere organisatorische Vorbereitung beendet. Eine Rückantwort ist nicht nötig, denn die Indonesier scheuen es, verbindliche Zusagen für die Zukunft einzugehen. (Dies käme einer Herausforderung der Souveränität des Schicksals gleich.)

Essen im Kreis der Familie ist meist locker und munter, und die Zeiten sind nicht so präzise festgelegt wie bei uns. Man benutzt meistens die rechte Hand, einen Löffel oder eine Gabel für die „Nahrungszufuhr". Bei Festessen zu zeremoniellen Anlässen biegt sich oft die Tafel unter dem überreichen Angebot. Wappnen Sie sich dann mit Zurückhaltung oder Pfauenfeder (altes römisches Gourmandzubehör).

Füße sollten nie dazu dienen, auf Dinge oder Personen zu zeigen; sie sollten unter dem Schreibtisch bleiben oder beim Sitzen auf dem Boden seitlich angelegt werden. In den Innenräumen läuft man oft barfuß.

Geduld sollte in Indonesien als Bedingung für die Erteilung des Visums gelten. Wenn Sie bei den Geduldproben Verkehrsstau, Straßenüberflutung, Telefonverbindung usw. „ruhig Blut" bewahren, dann gewinnen Sie bei Indonesiern Respekt.

Genießen Sie Indonesien und seine Bewohner. Und verkünden Sie, daß es Ihnen hier gefällt. Damit machen Sie sich und den Indonesiern das Leben angenehm.

Handeln ist mehr als das Erschachern eines Preisnachlasses beim Einkauf. Es ist vor allem eine soziale Handlung, auf die man sich freut und die von beiden Seiten ausgiebig genossen wird.

Hausangestellte sind ein wesentlicher Teil des umfassenden Dienstleistungsbereiches der indonesischen Wirtschaft. Diese Tatsache steht im gewissen Widerspruch zu den egalitären Vorstellungen westlicher Ausländer, aber die familiäre Zusammengehörigkeit zwischen Dienstgebern und Dienstnehmern harmonisiert den möglichen Widerspruch.

Hunde werden von Moslems als unsauber betrachtet, sind aber auch geschätzte Haustiere und/oder Leckerbissen auf der Speisekarte von verschiedenen ethnischen Gruppen Indonesiens. Für manche „Gast-Arbeiter" in Indonesien sind sie Haustiere und Wachhunde. Sie müssen vor Tollwut geschützt werden.

Kleidung: Frauen sollten sich nicht zu „offenherzig" und auffällig kleiden. Schlichte Kleider oder Röcke und Blusen mit Ärmeln bieten sich hier an. Shorts und schulterfreie Sonnentops sollten Sie in der Öffentlichkeit nicht tragen. Bei formellen Anlässen sollten sich Frauen weder hervorstechend modisch noch in hellen Farben kleiden. Männer tragen geschäftlich „tropische Safarianzüge" oder die international verbreitete „Business-Uniform". Shorts sind (anders als in Australien) nur sportlichen Anlässen vorbehalten und werden üblicherweise nicht in der Öffentlichkeit getragen. In einem Batik-Hemd (bei formellen Anlässen sollte es langärmelig sein) sind Sie für nahezu alle Anlässe „gerüstet".

Kleinkinder werden verhätschelt und geliebt. Indonesier hören gern Komplimente über ihre Kinder und wenden ebensogern auch Ihren kleinen Kindern liebevolle Aufmerksamkeit zu. Freuen Sie sich darüber, denn Sie haben ein ganzes Volk als „Großfamilie" für Ihre Kinder gewonnen (und denken Sie dabei vielleicht an die kinderfeindlichen Vermieter, Hausmeister und Nachbarn zu Hause).

Kopf und Haar: Der Kopf, besonders der eines kleinen Kindes, gilt als heilig. Es ist daher tabu, den Kopf eines anderen zu berühren.

Kritik sollte vermieden werden. Erscheint sie unbedingt notwendig, sollte sie diskret und feinfühlig geäußert werden. Man sollte sie niemals direkt an eine Person richten und nicht in der Öffentlichkeit, auch nicht vor einzelnen Zeugen, zum Ausdruck bringen.

Lachen ist in Indonesien oft zu hören. Es drückt jedoch nicht immer nur Erheiterung und Befreiung aus, sondern gibt häufig auch Gefühle wie Nervosität, Angst, Verlegenheit, Entschuldigungswillen, Wut oder Trauer wider. Seien Sie hellhörig, um je nach Lage die Bedeutung des Lachens zu verstehen.

Lächeln ist schön, macht schön und sichert die Oberflächenharmonie. Lächeln auch Sie – heimgekehrt, werden Sie das Lächeln vermissen.

Lärm entsteht bedauerlicherweise durch Autos und Hunde und erlaubterweise durch Kinder. Wird ein ernsthaftes Thema besprochen, sollte die Stimme verhalten, sanft und ruhig sein. Laute Stimmen gelten als brutal und aggressiv.

Namen: Wenn Sie vorgestellt werden oder sich selbst vorstellen, sollten Sie Ihren Namen klar und deutlich aussprechen. Vice versa können Sie auch einen Indonesier bitten, seinen Namen zu wiederholen. Allerdings verbietet es die soziale Etikette, Ihre/n Gastgeber/in später nach den Namen der Gäste zu fragen.

Parties: Viele westliche Ausländer neigen dazu, alle sozialen Feiern als „Parties" zu bezeichnen. Für Indonesier sind die wichtigsten „Parties" zeremonielle Feste.

Reis ist das Hauptnahrungsmittel aller Indonesier. Er ist dem Auge wie ein grünes, wogendes Meer, ist neben der Sprache über den Magen das Bindeglied der Nation, inspiriert Maler und Sänger . . .

Schenken macht Freude. Wenn Sie privat zum Essen oder zu einer Feier eingeladen werden, sollten Sie bei Ihrer Ankunft der Gastgeberin ein kleines Geschenk (Leckereien oder Blumen) überreichen. Erwarten Sie nicht, daß Geschenke vor Ihren Augen geöffnet werden und man Ihnen dafür Dank ausspricht.

Schuhe werden meistens an der Eingangstür abgestreift.

Schweinefleisch ist für jeden Moslem ein Brechmittel; bei balinesischen Hindus gilt dies für Rindfleisch. Denken Sie als (möglicher) Gastgeber an diese Widersprüche und Besonderheiten.

Sitzordnung: Wenn man Ihnen diskret oder offensichtlich einen Platz zuweist, sollten Sie ihn behalten und nicht im Sinne westlicher Höflichkeit einem anderen anbieten.

Sprache: Viele Indonesier können sich außer in Englisch auch in Holländisch, Deutsch und Französisch und anderen Sprachen verständigen. Man wird es allerdings sehr schätzen und Ihnen auch dabei helfen, wenn Sie versuchen, sich in Bahasa Indonesia zu unterhalten. Denken Sie daran, daß diese Sprache Sinnbild der Einheit des Landes ist.

Status: Sie sind Teil einer Rangordnung, ob Sie es wollen oder nicht. Sie müssen nur lernen, wie diese Rangordnung jeweils feststellbar ist und wie Sie sich in ihr einzugliedern haben.

Toiletten sind „Wasserzimmer", also nützlich und naß. Informieren Sie sich als allererstes über die Besonderheiten der indonesischen „Bedürfnisanstalten" (Hocktoilette mit Keramikfußtritten, Spülkübelchen für die Naßhygiene etc.). Erwarten Sie kein Toilettenpapier, am besten wäre es, auch Sie gewöhnten sich an die Naßhygiene.

Überreichen (im Sinne von Geben, Weiterreichen, Empfangen) geschieht nie mit der linken Hand. Wenn Ihnen eine Dienstleistung oder ein Gegenstand in gebeugter Haltung angeboten wird – nur keine Panik! Die Hausangestellte (der Kellner etc.) leidet nicht an einer Kolik, sondern drückt nur auf traditionelle Weise Respekt aus.

Verkehr – ein Nerven und mitunter auch Menschen tötendes Thema. Verkehrsregeln sind in der Regel dazu da, ignoriert zu werden. Die weiße Trennungslinie in der Mitte der Straße scheint nur für Ausländer vorhanden. Allgemein gilt das Recht des Stärkeren. Ansonsten: siehe unter Geduld!

Zeigen: Mit dem Zeigefinger auf jemanden deuten kommt einer Beleidigung gleich. Wenn Sie nicht umhin können, direkt auf jemanden zu weisen, dann tun Sie dies mit dem Daumen oder einer leichten Kinnbewegung. Üben Sie diese Gesten ruhig zunächst im stillen Kämmerlein, auch wenn Sie sich dabei wie ein Schauspieler ohne Engagement vorkommen.

Zeit: Die Indonesier nennen sie jam karet (Gummi-Zeit). Zeit ist relativ. Eine Verabredung für 3.00 Uhr kann 4.00 Uhr bedeuten. Sie als Ausländer sollten aber nicht zu spät kommen, da man Ihnen (westliche) Pünktlichkeit unterstellt.

Zuneigung in der Öffentlichkeit durch Händchenhalten, Umarmen (oder mehr) zu zeigen, ist zwischen den Geschlechtern tabu. Gleichgeschlechtliche Freunde/innen aber dürfen dies unbekümmert tun.

Zwicken: Indonesier zwicken als Zeichen von Zuneigung kleine Kinder gern sanft in die Wangen oder die Oberarme. Festeres Kneifen bedeutet Bestrafung.